1972 年，就讀台大時期，國務院邀請訪美。（作者提供）

1973 年 3 月 29 日，獲頒青年獎章，由時任行政院長蔣經國頒獎，林百里（前排右一）、溫世仁（後排左二）、李大維（前排左一）。（作者提供）

〔左〕約民國四十六年時（1957）的全家福。（作者提供）

〔右〕岳父池孟彬與幼年的池琳，攝於華府。（作者提供）

〔左頁〕華府是個人外交工作生涯的起點，也是和池琳相識、結婚的所在地，而我們的一雙兒女，也在此出生。後排左起：女兒、孫子、兒子、兒媳婦。（作者提供）

1997 年 7 月 1 日香港主權移交典禮，新聞局邀請國際記者於返國途中來訪台北，7 月 3 日於台北賓館舉辦國際記者會，由連戰院長主持。（作者提供；高希均／贈）

錢復部長伉儷拜會麻州州長韋德（William Weld），
由李處長夫婦陪同。（作者提供）

外交部次長李大維（左）迎接來台參加陳水扁總統就職典禮的美國特使團團長、美國眾議院前外交委員會主席漢米爾頓（中）及美國在台協會理事主席卜睿哲（右）。（聯合報／提供；陳嘉寧／攝）

宏都拉斯大使杜瓏（左）向李總統登輝呈遞到任國書。
外交部次長李大維陪同。（聯合報／提供；林俊良／攝）

2004 年 7 月 9 日，在外交部長陳唐山的監誓下宣誓
就任駐美代表。（聯合報／提供；胡經周／攝影）

候任駐美代表李大維（右），與陳水扁總統（左）共乘火車至宜蘭進行新內閣閣員訓練。（聯合報／提供；鄭瓊中／攝影）

與時任參議員歐巴馬（Barack Obama）
於辦公室合影。（作者提供）

與時任參議員拜登（Joe Biden）於辦公室合影。
（作者提供）

與時任軍事委員會主席約翰・麥肯（John McCain）
於參議院辦公室合影。（作者提供）

與時任參議員希拉蕊．柯林頓（Hillary Clinton）於辦公室合影。希拉蕊後來出任國務卿。（作者提供）

與前國務卿、四星上將柯林．鮑爾（Colin Powell）合影。（作者提供）

與時任眾議院議長裴洛西（Nancy Pelosi）會面。
（作者提供）

與時任參議員約翰・凱瑞（John Kerry）會面。
凱瑞後來出任國務卿。（作者提供）

駐美時期於華府國家新聞俱樂部演講。
（張宗智／提供）

2006 年於大都會俱樂部舉辦耶誕餐會。（作者提供）

國會惜別酒會。井上健參議員（左起）、洛克菲勒參議員、池琳。

〔左上〕時任軍委會主席華納（右）。（作者提供）

〔左下〕阿米塔吉副國務卿（右）。

Congressional
Common

2005 年 10 月 29 日，於南卡州查爾斯頓交艦典禮，參訪基隆艦。（右起）海軍總司令陳邦治上將、駐美代表李大維、海軍武官楊大偉上校、支隊長浦澤春少將。（作者提供）

加拿大渥太華「台灣之夜」，台上的樂手演奏〈望春風〉。（作者提供）

新任駐外代表宣誓典禮後，新任駐加拿大代表李大維（左起）、駐印尼代表楊進添、駐印度代表夏立言，禮成之後接受觀禮同仁致賀。（聯合報／提供；林俊良／攝影）

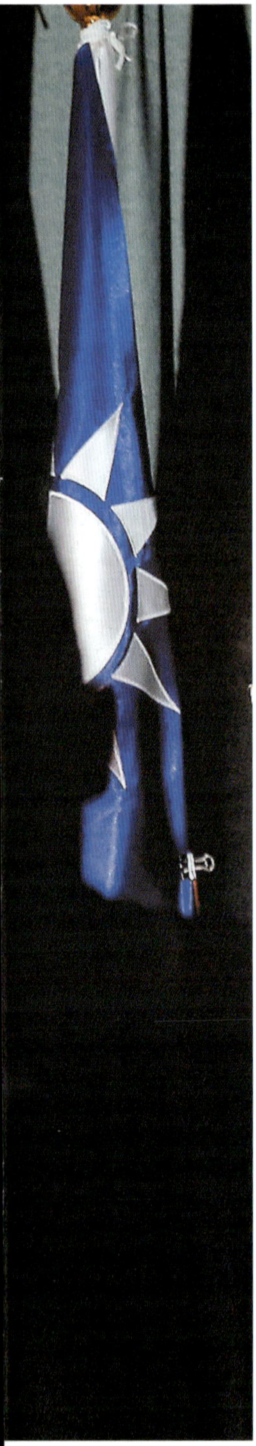

外交部長時期。

〔上〕與行政院長林全（左）共同接受立法院質詢。
（聯合報／提供；余承翰／攝）

〔左〕聖多美普林西比宣布斷交，外交部舉行記者會。
（聯合報／提供；林澔／攝）

2017 年參觀聖伯多祿大教堂。由梵蒂岡圖書館總館長 Jean-Louis Brugues 總主教、李世明大使陪同。（作者提供）

LAGERFELD

陪同總統接見 2021 年 APEC 領袖會議代表張忠謀等。（總統府／提供）

2020 年任總統府祕書長。參加李前總統登輝先生奉安大典。（總統府／提供）

國安會祕書長時期，參觀美國在台協會（AIT）
內湖新館，由梅健華處長陪同。（總統府／提供）

中華民國 110 年（2021）元旦總統府升旗典禮。
（總統府／提供）

陪同視導海軍艦隊指揮部。背景為雄三飛彈。
（總統府／提供）

2018 年赴憲兵 211 營，端午節慰勉。
（作者提供）

於總統府虹廳接見哈佛大學費正清中心訪問團。
（總統府／提供）

參與總統國宴貝里斯總理布里仙紐伉儷。（總統府／提供）

H.E. Wilson

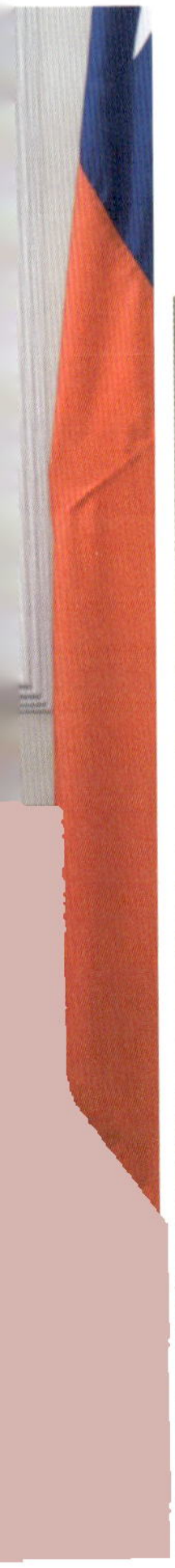

國安會祕書長惜別會。候任駐美代表
蕭美琴獻花。（總統府／提供）

2023 年 1 月 31 日，總統府祕書長交接予
新任林佳龍。（總統府／提供）

2023 年 3 月 3 日，獲頒
「一等卿雲勛章」。
（總統府／提供）

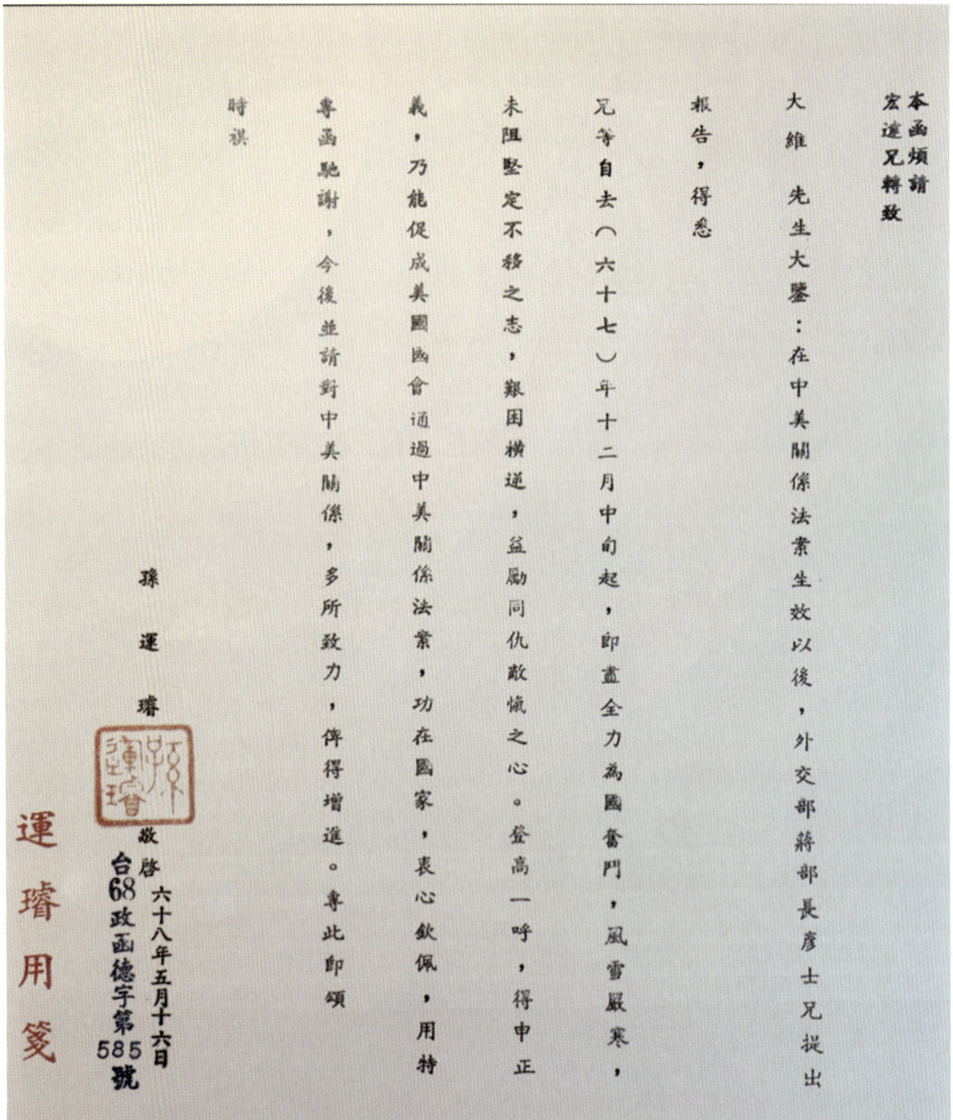
本函煩請
宏達兄轉致

大維　先生大鑒：在中美關係法案生效以後，外交部蔣部長彥士兄提出報告，得悉
兄等自去（六十七）年十二月中旬起，即盡全力為國奮鬥，風雪嚴寒，未阻堅定不移之志，艱困橫逆，益勵同仇敵愾之心。登高一呼，得中正義，乃能促成美國國會通過中美關係法案，功在國家，衷心欽佩，用特專函馳謝，今後並請對中美關係，多所致力，俾得增進。專此即頌
時祺

孫　運　璿　敬啓
六十八年五月十六日
台68政函德字第585號

運璿用箋

1979 年 5 月，孫院長經丘宏達教授轉交之勉勵函。（作者提供）

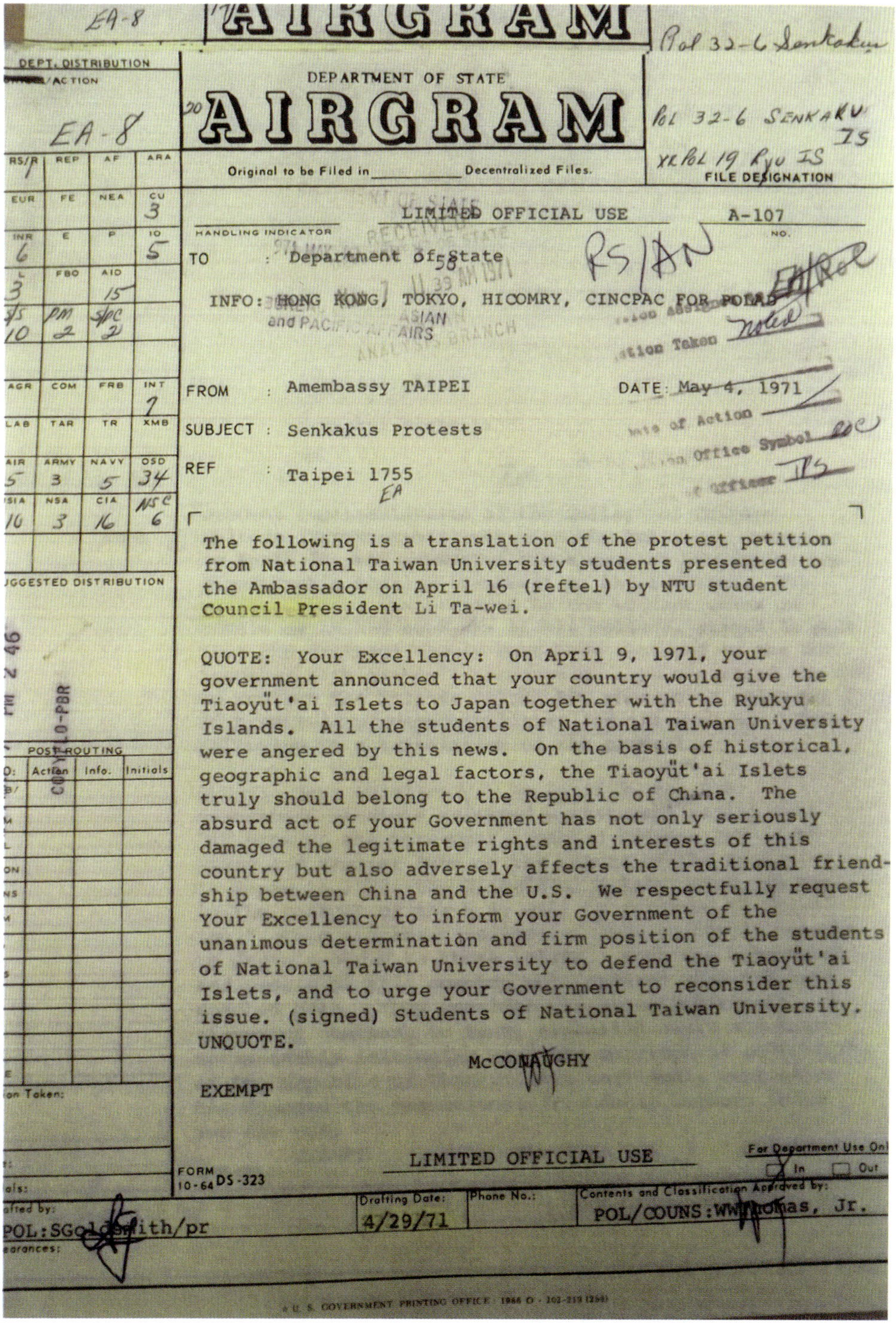

EA-8

DEPARTMENT OF STATE

AIRGRAM

Original to be Filed in ______ Decentralized Files.

POL 32-6 SENKAKU IS
XR POL 19 Ryu IS
FILE DESIGNATION

LIMITED OFFICIAL USE

HANDLING INDICATOR

A-107

NO.

TO : Department of State

INFO: HONG KONG, TOKYO, HICOMRY, CINCPAC FOR POLAD

FROM : Amembassy TAIPEI

DATE: May 4, 1971

SUBJECT : Senkakus Protests

REF : Taipei 1755

The following is a translation of the protest petition from National Taiwan University students presented to the Ambassador on April 16 (reftel) by NTU student Council President Li Ta-wei.

QUOTE: Your Excellency: On April 9, 1971, your government announced that your country would give the Tiaoyüt'ai Islets to Japan together with the Ryukyu Islands. All the students of National Taiwan University were angered by this news. On the basis of historical, geographic and legal factors, the Tiaoyüt'ai Islets truly should belong to the Republic of China. The absurd act of your Government has not only seriously damaged the legitimate rights and interests of this country but also adversely affects the traditional friendship between China and the U.S. We respectfully request Your Excellency to inform your Government of the unanimous determination and firm position of the students of National Taiwan University to defend the Tiaoyüt'ai Islets, and to urge your Government to reconsider this issue. (signed) Students of National Taiwan University. UNQUOTE.

McCONAUGHY

EXEMPT

LIMITED OFFICIAL USE

FORM 10-64 DS-323

Drafting Date: 4/29/71

Drafted by: POL:SGoldsmith/pr

Contents and Classification Approved by: POL/COUNS:WWThomas, Jr.

U.S. GOVERNMENT PRINTING OFFICE : 1966 O - 202-219 (250)

李大維的名字第一次出現在美國國務院檔案。（作者提供）

United States of America

Congressional Record

PROCEEDINGS AND DEBATES OF THE *110th* CONGRESS, FIRST SESSION

Vol. 153 WASHINGTON, THURSDAY, OCTOBER 25, 2007 *No. 163*

Senate

TRIBUTE TO DAVID TAWEI LEE

Mr. BAUCUS. Mr. President, I would like to acknowledge the service of Representative David Tawei Lee, who has given nearly 3 years of exceptional service as Taiwan's principal representative to the United States. Representative Lee recently departed Washington, DC, to take on his next assignment as Taiwan's Representative to Canada. He leaves behind a legacy of friendship, prosperity, and understanding.

When Representative Lee arrived in Washington, he came equipped with a wealth of experience and insight. A foremost expert on U.S.-Taiwan relations, Mr. Lee has studied, written, and published on U.S.-Taiwan political and economic ties, including the development of the Taiwan Relations Act. I believe Representative Lee will be remembered not only for his excellent knowledge of history but also for his accomplishments.

While serving in Washington, Representative Lee dedicated his energy, intelligence, and spirit to expanding Taiwan-American ties. He raised the cultural and political profile of Taiwan and its people with cultural and education programs. To enhance our economic ties, Representative Lee oversaw the successful acceleration of our bilateral Trade and Investment Agreement talks. And he worked tirelessly to raise awareness of the benefits of a potential U.S.-Taiwan Free Trade Agreement. In these areas alone, he has left a legacy of which he should take pride.

Representative Lee's dedication and efforts were also felt far beyond our Nation's Capital. Three years ago, I was delighted to personally welcome Mr. Lee to my home State of Montana. There he witnessed Big Sky Country in all its glory, making friends with hospitable and generous Montanans. But together we also saw the deep and healthy roots of the Montana-Taiwan economic relationship. At its core are Montana's finest agricultural products, which have long found their way to Taiwanese dinner tables and bakeries. Today, Taiwan purchases over 30 million bushels of Montana wheat annually. Our fine Montana beef is also in demand. This relationship benefits families in both Montana and Taiwan. And I hope it will continue to grow stronger.

It has truly been a pleasure to work with Representative Lee. His personal touch to everything he did will not be forgotten. And the value of his contributions will be remembered for many years to come. I wish him luck in all of his future endeavors.

離任駐美代表時，鮑可士參議員特列入國會紀錄。鮑可士後被歐巴馬總統任命為駐中國大使。（作者提供）

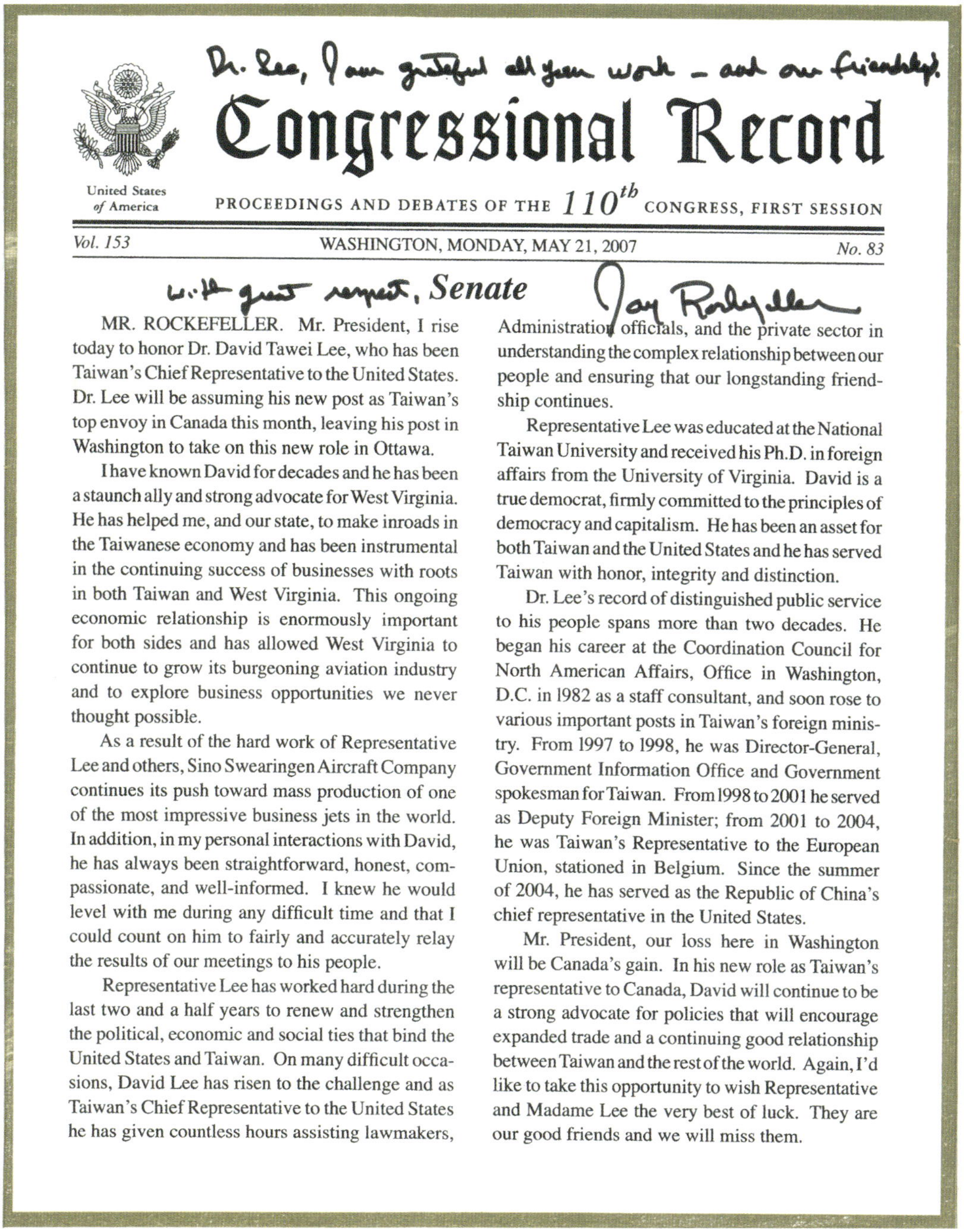

Dr. Lee, I am grateful all your work – and our friendship.

United States of America

Congressional Record

PROCEEDINGS AND DEBATES OF THE 110th CONGRESS, FIRST SESSION

Vol. 153 WASHINGTON, MONDAY, MAY 21, 2007 No. 83

with great respect, **Senate** Jay Rockefeller

MR. ROCKEFELLER. Mr. President, I rise today to honor Dr. David Tawei Lee, who has been Taiwan's Chief Representative to the United States. Dr. Lee will be assuming his new post as Taiwan's top envoy in Canada this month, leaving his post in Washington to take on this new role in Ottawa.

I have known David for decades and he has been a staunch ally and strong advocate for West Virginia. He has helped me, and our state, to make inroads in the Taiwanese economy and has been instrumental in the continuing success of businesses with roots in both Taiwan and West Virginia. This ongoing economic relationship is enormously important for both sides and has allowed West Virginia to continue to grow its burgeoning aviation industry and to explore business opportunities we never thought possible.

As a result of the hard work of Representative Lee and others, Sino Swearingen Aircraft Company continues its push toward mass production of one of the most impressive business jets in the world. In addition, in my personal interactions with David, he has always been straightforward, honest, compassionate, and well-informed. I knew he would level with me during any difficult time and that I could count on him to fairly and accurately relay the results of our meetings to his people.

Representative Lee has worked hard during the last two and a half years to renew and strengthen the political, economic and social ties that bind the United States and Taiwan. On many difficult occasions, David Lee has risen to the challenge and as Taiwan's Chief Representative to the United States he has given countless hours assisting lawmakers, Administration officials, and the private sector in understanding the complex relationship between our people and ensuring that our longstanding friendship continues.

Representative Lee was educated at the National Taiwan University and received his Ph.D. in foreign affairs from the University of Virginia. David is a true democrat, firmly committed to the principles of democracy and capitalism. He has been an asset for both Taiwan and the United States and he has served Taiwan with honor, integrity and distinction.

Dr. Lee's record of distinguished public service to his people spans more than two decades. He began his career at the Coordination Council for North American Affairs, Office in Washington, D.C. in 1982 as a staff consultant, and soon rose to various important posts in Taiwan's foreign ministry. From 1997 to 1998, he was Director-General, Government Information Office and Government spokesman for Taiwan. From 1998 to 2001 he served as Deputy Foreign Minister; from 2001 to 2004, he was Taiwan's Representative to the European Union, stationed in Belgium. Since the summer of 2004, he has served as the Republic of China's chief representative in the United States.

Mr. President, our loss here in Washington will be Canada's gain. In his new role as Taiwan's representative to Canada, David will continue to be a strong advocate for policies that will encourage expanded trade and a continuing good relationship between Taiwan and the rest of the world. Again, I'd like to take this opportunity to wish Representative and Madame Lee the very best of luck. They are our good friends and we will miss them.

洛克菲勒參議員感謝駐美期間的友誼與貢獻，特別列入國會紀錄並且親簽贈與。（作者提供）

THE WHITE HOUSE

WASHINGTON

April 2, 2007

Dear David,

Let me express my thanks on behalf of the entire NSC for your tireless service to promote relations between the people of Taiwan and the United States.

You know my profound admiration for Taiwan and the democratic values that it holds in common with the American people. You can be very proud of your accomplishments here in Washington and we will miss your wise counsel.

I wish you the best of luck in your future posting to Canada.

All the best,

J.D. Crouch II

離任駐美代表時，美國副國安顧問 J.D. Crouch 親筆函。（作者提供）

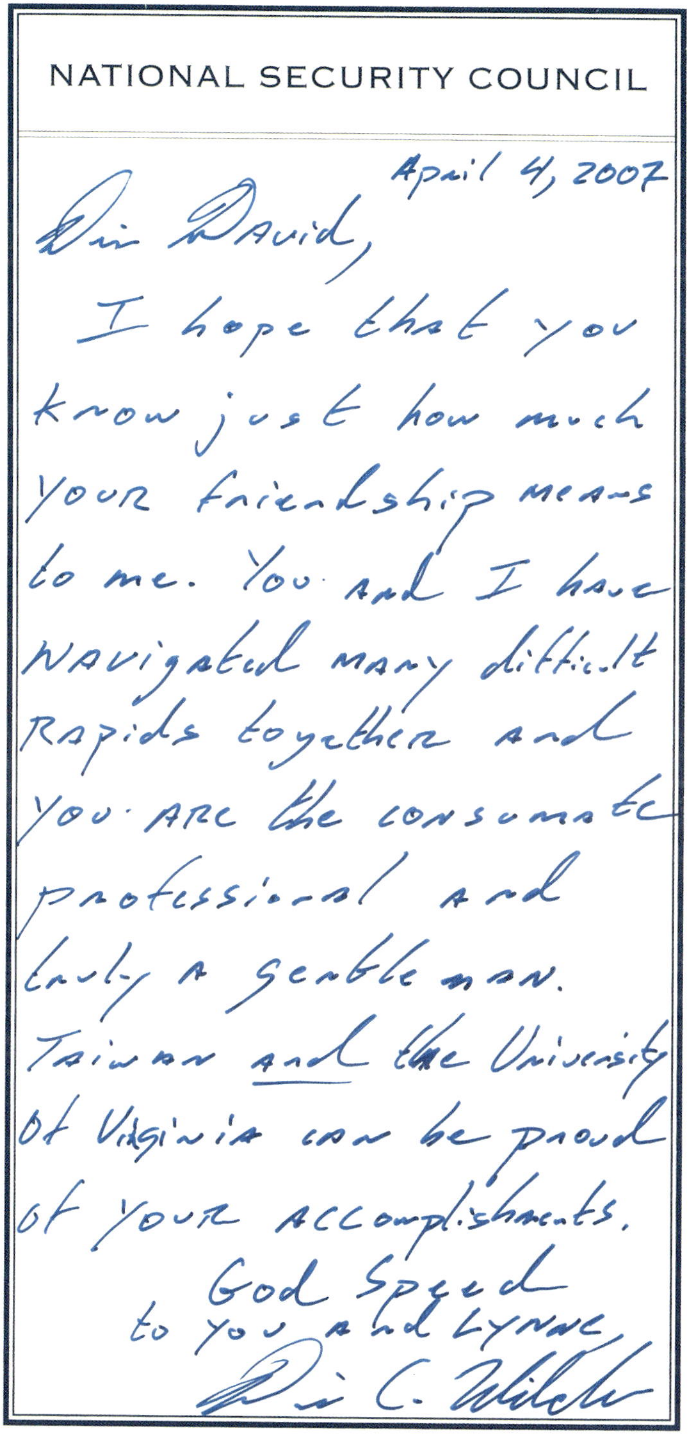

NATIONAL SECURITY COUNCIL

April 4, 2007

Dear David,

I hope that you know just how much your friendship means to me. You and I have navigated many difficult rapids together and you are the consummate professional and truly a gentleman. Taiwan and the University of Virginia can be proud of your accomplishments.

God Speed
to you and Lynne,
Dennis C. Wilder

離任駐美代表時，美國國安會韋德寧資深主任親筆函。（作者提供）

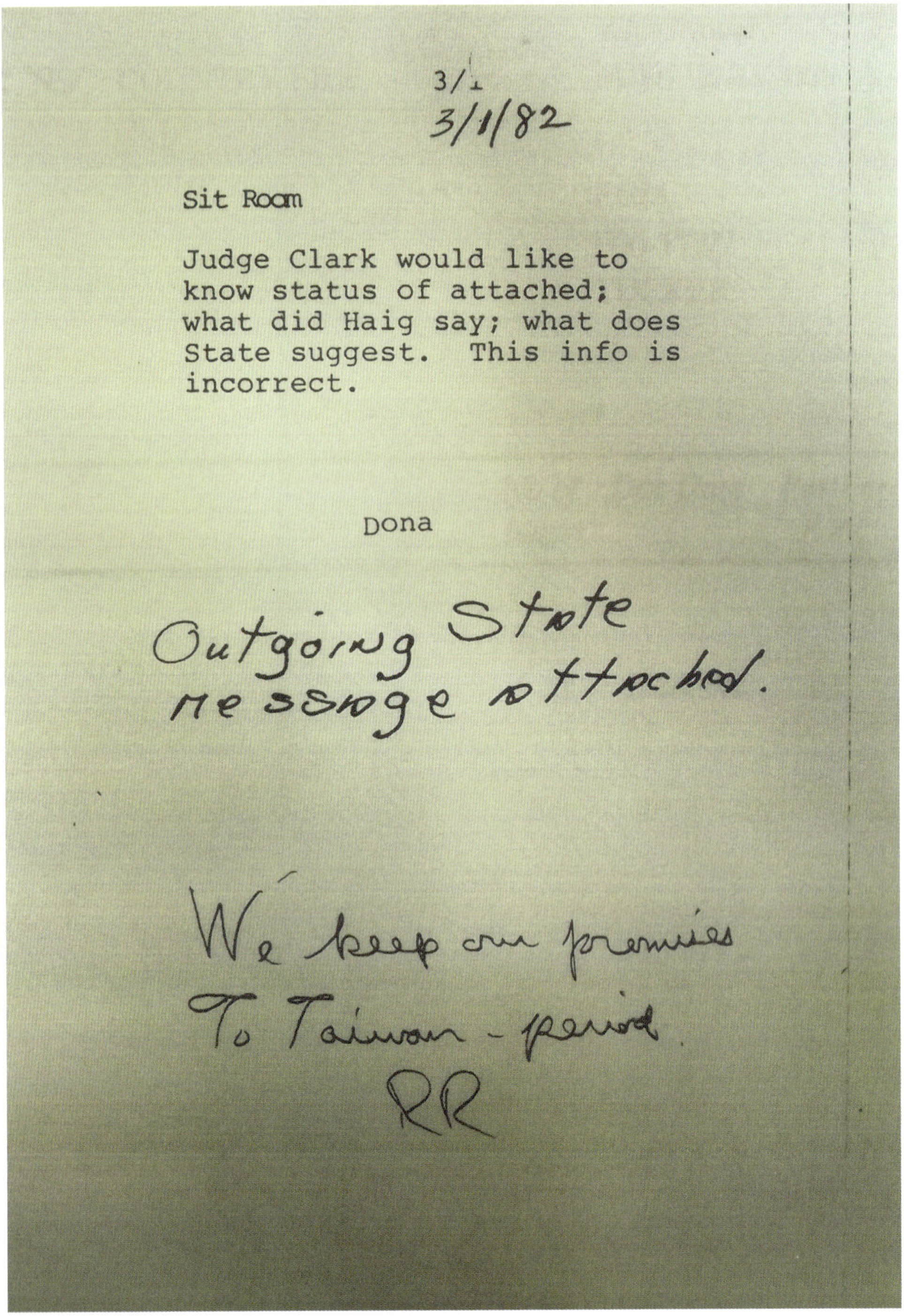

3/1

3/1/82

Sit Room

Judge Clark would like to know status of attached; what did Haig say; what does State suggest. This info is incorrect.

Dona

Outgoing State message attached.

We keep our promises to Taiwan - period.

RR

六項保證解密文件之總統批示。雷根總統親筆寫道：
We keep our promise to Taiwan-period.（作者提供）

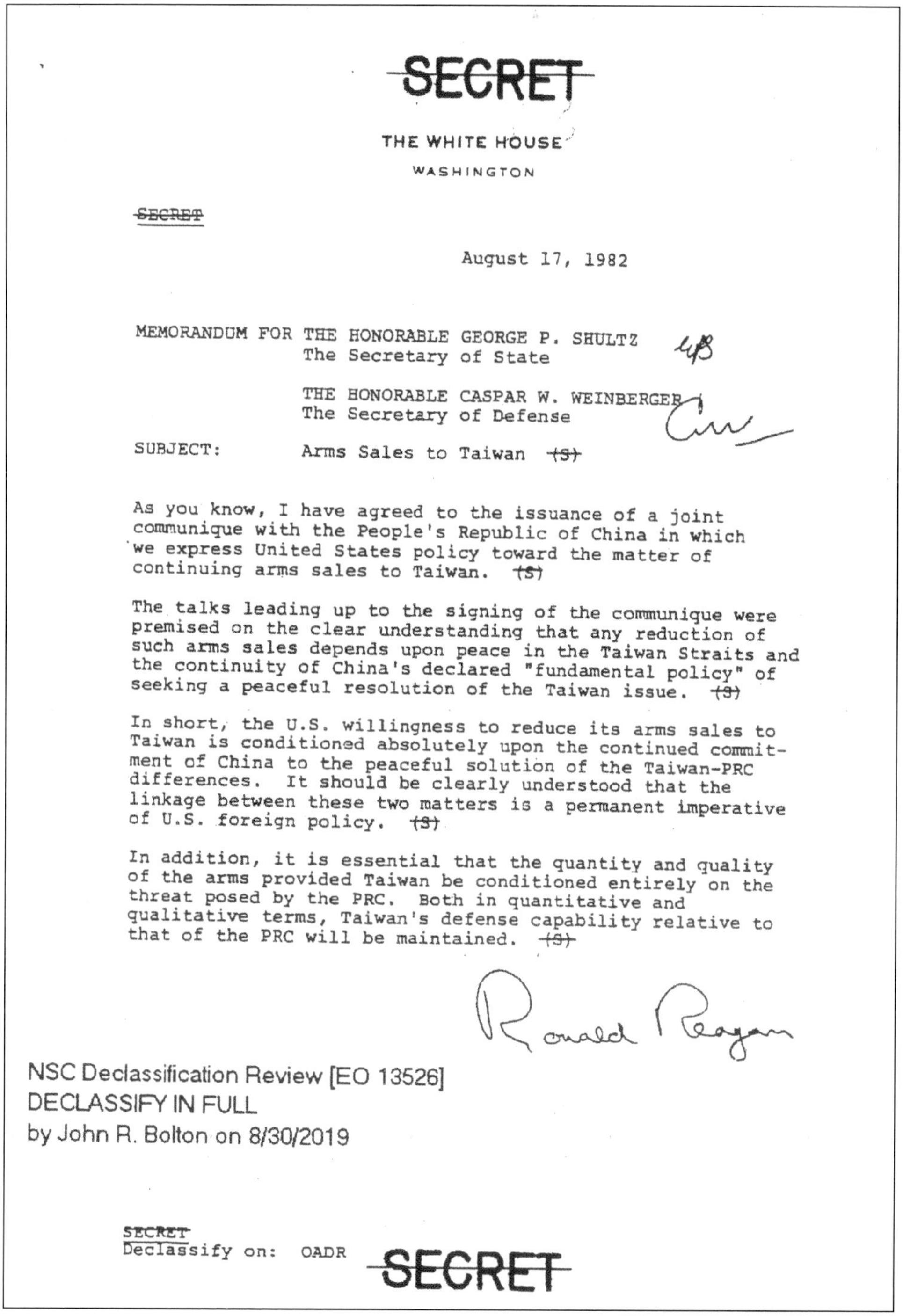

SECRET

THE WHITE HOUSE

WASHINGTON

SECRET

August 17, 1982

MEMORANDUM FOR THE HONORABLE GEORGE P. SHULTZ
The Secretary of State

THE HONORABLE CASPAR W. WEINBERGER
The Secretary of Defense

SUBJECT: Arms Sales to Taiwan (S)

As you know, I have agreed to the issuance of a joint communique with the People's Republic of China in which we express United States policy toward the matter of continuing arms sales to Taiwan. (S)

The talks leading up to the signing of the communique were premised on the clear understanding that any reduction of such arms sales depends upon peace in the Taiwan Straits and the continuity of China's declared "fundamental policy" of seeking a peaceful resolution of the Taiwan issue. (S)

In short, the U.S. willingness to reduce its arms sales to Taiwan is conditioned absolutely upon the continued commitment of China to the peaceful solution of the Taiwan-PRC differences. It should be clearly understood that the linkage between these two matters is a permanent imperative of U.S. foreign policy. (S)

In addition, it is essential that the quantity and quality of the arms provided Taiwan be conditioned entirely on the threat posed by the PRC. Both in quantitative and qualitative terms, Taiwan's defense capability relative to that of the PRC will be maintained. (S)

Ronald Reagan

NSC Declassification Review [EO 13526]
DECLASSIFY IN FULL
by John R. Bolton on 8/30/2019

SECRET
Declassify on: OADR

SECRET

雷根總統親簽，飭令國務卿、國防部長，給予台灣六項保證之指示原件（解密文件）。（作者提供）

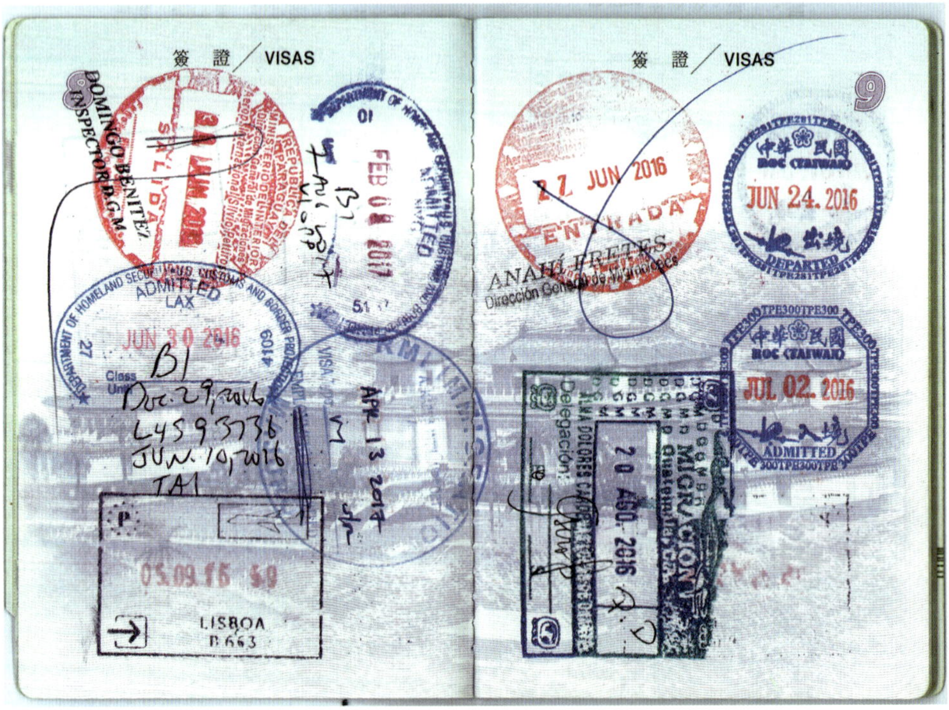
簽 證 / VISAS
簽 證 / VISAS
9
FEB 08 2017
ADMITTED
LAX
JUN 30 2016
APR 13 2017
JUN 2016
ENTRADA
JUN 24. 2016
JUL 02. 2016
MIGRACION
20 AGO 2016
LISBOA

3 李大維
中華民國
REPUBLIC OF CHINA
TAIWAN
外交護照
DIPLOMATIC PASSPORT

〔上、右〕外交護照。

李大維
David Tawei Lee
著

和光同塵

一位外交官的省思

COMPOSURE
AMIDST TURMOIL

獻給　池琳

推薦序

守護國家的穩定力量

蔡英文

在民主政治中，外交是一門高度專業的事務，它不是政黨政治的延伸，而是一項關乎國家整體利益與長期安全的重要工作。外交政策可以因政黨輪替而有所調整，但國家形象與對外關係的穩定發展，卻需要一個專業且連貫的外交體系長期支撐。

也因此，外交官除了維持中立、保持平衡，個性上也要穩定、謹慎、務實。唯有當外交官以專業為本、以理性為綱，才能夠延續國家的對外立場，並在國際事務的高度複雜與多變中，贏得國際盟友的尊重與信任。

李大維的外交生涯，正是這樣的典範。在他數十年的公職生涯中，歷經多位總統任期，從駐美代表、外交部長，到國安會與總統府祕書長，每個職務，他都以穩健與專業完成交付的任務。他不僅見證了國際局勢的變遷，也親身參與了台灣對外關係的諸多重要時刻。

李大維面對國會質詢以及國際媒體的謹慎發言，也都令我相當佩服。我相信，他明白外交官必須展現沉穩的力量，才能維持國家在外交立場上的方向，讓台灣穩健地走在世界的航道上。

他或許不是獲得最多媒體關注的那一位，但他的努力與付出，落實了台灣的外交政策，也在許多關鍵時刻，成為守護國家利益的堅實後盾。

在我擔任總統任內，李大維曾擔任國安會祕書長與總統府祕書長，為多項對外決策提供務實的建議。他明白台灣在國際關係中的處境，更深知民主政體要在國際社會中站穩腳步，靠的不是激情，而是長年累積的誠信與專業。

他清晰、獨到的見解，常常為我指引方向，讓我能在複雜的情勢中把握全局，並做出穩健的決策。

在《和光同塵》這本書中，除了有歷史現場的紀錄，也有對國家制度、國際關係與個人角色的深刻反思。李大維的低調務實，正是我們在推動民主深化、守護國家利益過程中最需要的穩定力量。

這本書除了能讓更多人一窺外交工作的神祕與真實，我也希望讓更多人了解，在陷入兩極化的民主政治過程中，有一群理性、平和、平穩的人，維持著國家最基本的共識與穩定，更成為台灣走向世界舞台重要的關鍵力量。

推薦序

謙卑、傑出的外交家

錢復

上個月，李大維大使給我他的省思錄書稿，要我寫推薦序。我一看書題是「和光同塵」，這四個字放在一起，過去沒有見過，經過一番查詢才知是源自老子《道德經》第四章：「挫其銳，解其紛；和其光，同其塵。」表示鋒芒內斂與世無爭，而與囂雜塵俗相融合。這是作者自我期許。我少年時師長都要我讀孔孟之學；對老莊之學十分生疏；而作者雙親都是教育家，尤其尊翁來台後一直擔任國文老師，家中藏書甚多，作者有過目不忘的天分，所以此次出書就以謙卑的心態定了這部書名。

事實上作者一生大致順遂，雖有少數挫折，他亦怡然處之，這應該是歸功於少年時所讀的《道德經》。

我和作者結識逾半世紀，他的聰明智慧超人一等，更難能可貴的是他雖然儀表出眾、待人謙和、博覽群書，均能收為己用，但是他從不以這些優點自豪，相反的他處人隨和圓融，無論對部屬或學生從無疾言厲色，總是溫和可親，這是他成功的主要原因。

作者獻身外交工作先後約四十年，所到之處為國家廣結善緣，為駐在國朝野所推崇，因此雖然我們國家處境艱困，而作者能克服先天的困難，為國家利益奮鬥不息。

此書不僅是一位傑出外交家的省思錄，更重要的是書中許多地方告訴我們：要做好外交工作先要學好「作人」，這包括廣泛的知識、樂於交友、治事以勤、為國家利益要忍辱負重。作者確實具備了這些條件，所以他所到之處廣受歡迎。如果說他是一位我國當代傑出的外交家，實在是非常恰當的。

推薦序

一碗大滷麵的交情

項國寧／聯合報執行董事

李大維出書了。而且在他從政府職務卸任後約一年就付梓，對很多人來說可能都是一個意外。但他確實在卸任之前就已經認真構思此事，我們曾經談過這個題目，我非常鼓勵他做這件事，因為以他四十餘年在外交界和政府的歷練，能寫、能談、能記述的事情必定很多，也一定很有意義。

李大維果然在過去這段期間，花了很多力氣在這本書上。他自嘲是寫博士論文般辛苦，我則認為這本書的價值不下於他的博士論文《台灣關係法立法過程》。前者是他當年在維吉尼亞大學求學，攻讀博士學位，勤跑美國國會，結合學術研究的成果。《和光同塵》則是他畢生從事外交工作的小結，而他的外交工作有很重要的一部分，和詮釋與執行《台灣關係法》有關，這恐怕也是冥冥之中自有定數了。

李大維用心用力寫成這本書，我覺得有幾重意義：首先，對美外交是中華民國所有外交工作的重中之重，但民眾很少知道幕後的折衝尊俎。外人多只見外交辭令、公報、國會決議等等檯面上的文章，但對這些文字背後的來龍去脈、前因後果卻不甚了解。事實上，對美外交工作，有太多折磨人的交涉及崎嶇的道路。舉例而言，我在當華府記者的時候，軍售的報導是一大禁忌，即令該筆軍售已成定局，台灣的媒體也受指示不能主動報導，以免給美方造成困擾。政府對美工作謹慎如此，再加上官方有時刻意「報喜不報憂」，外界真的不知外交工作的真相，也因此有許多迷思、誤解，和誤判。

李大維在美任代表期間，對美關係從平順走向顛簸起伏，他在華府第一線，承擔溝通、解釋、說明的重任，因此而來的挫折沮喪也不少。以往外界只能靠揣測，如今當事人娓娓道來，還原了當時的步步驚心。此中牽涉的不只是歷史真相，對後人尤其有許多示警作用。《和光同塵》中有許多「外交官出任務」的故事，對不了解外交工作的讀者來說，得以窺其堂奧固其一，更可進一步思考「外交都是內政的延伸」這句話，李大維做了很貼切的詮釋。他以第一線外交官的身分，陳述美、中、台互動的內幕，其中可能出現的良性互動契機，以及後來急轉直下的碰撞摩擦，對後來的執政者，應有重要的參考價值。

其次，李大維除了摘要記述他的公職生涯，也特別整理了他的省思。他因為經過學者的嚴謹訓練，在美、中、台關係中最敏感的地帶擔任外交官，又經歷過幾次因內政而觸發的外交電擊，所以遇事有周密的思考，也有事後務實的反省。此部分成為《和光同塵》有別於其他回憶錄的特色。

我與李大維結識於一九八二年。當時我是《聯合報》駐華盛頓特派記者，他是北美事務協調會國會組的諮議，國會組還有一名諮議是沈呂巡。當時《聯合報》在華府還有兩位資深特派員施克敏和王景弘，我是幼齒記者。李、沈兩位一是維吉尼亞大學博士，一是賓夕法尼亞大學博士，都是錢復找來協調會的新血。有關台灣的「大事」，都有兩位特派員擔當，我這個小記者就只有沒事就去協調會串門子，打交道的對象常是這兩位諮議。我們時常往來，中午最簡單的聚餐處就在離協調會不遠的一間叫「華北」的中餐館。因為收入有限，只能請他們吃華北的大滷麵，但也因為有此拮据的「患難之交」，竟成了四十年的老朋友，也眼看著諮議成了北美司長、波士頓處長、駐歐盟代表、駐美代表、國安會祕書長、總統府祕書長。李大維當諮議的時候，開著一部Datsun二手小房車，下雨天車內還會漏水，搞得我褲子全濕，成為我與李、沈之間的笑談；後來他當國安會、總統府祕書長，我們偶爾聚會，他座車已改為黑頭轎車，但他依舊平穩低調，專業務實，仍是當年的李大維。包括這本書的書名，他還是選擇了最傳統樸素的「和光同塵」。

李大維在卸下駐美代表職務後，轉任駐加拿大代表，兩個職務的重要性頗有落差。我曾趁著去蒙特婁公務之便，轉往渥太華探望他。時序入冬，氣候寒涼，我們在一家西餐館用餐，等級比大滷麵好太多。他沒有因為職務異動而處在低落狀態，反而談了許多全力推動加、台之間的合作。李大維後來調任北美事務協調會主任委員，更是一個閒差，他也沒有口出怨言，只是自嘲他的辦公室是以前老蔣總統午休之處，可見「職位重要」。

李大維能做事，會做事，也想做事。遇到信任他的長官，他會全力以赴；但就算未獲長官全部的信任，他也會在崗位上盡忠職守。他在外交部政務次長任內，有一次我們聊天，他說為了中美洲國家的邦交傷透腦筋，有些「檯面下」的工作，讓他夜不安眠，常常半夜驚醒，繞室徬徨。後來出任國安會和總統府祕書長，他說在任內，除非蔡英文總統交辦，他都刻意迴避參與政治性很強的會議或事務。他說政治並非他的強項，也非專長，他只能就自己熟悉的業務提供意見給總統。李大維在陳水扁總統任內出任駐美代表，又在蔡英文總統任內出任外交部長、國安會和總統府祕書長，在政治對立的台灣，許多人對他難免有所臧否，但他有自己的想法和信仰，《和光同塵》或許是他面對質疑的現身說法。

李大維把「公職人員」、「職業外交官」的角色發揮得淋漓盡致。英文說公職人員是 Public Servant，還更有些「公僕」的謙卑。我在前面說，這本書只是「小結」，以李大維經歷過的事，或許還應有下一本「總結」，才能讓公眾對許多歷史的問號和空白，補上真實的記錄。

所有國家都唯利是圖，彼此爾虞我詐，根本不存在國際倫理和道德，因為倫理道德僅存在有政府的社會，缺乏國際政府的世界秩序不可能存在……至於國際層面，公義（Justice）才是可行的原則。在政治上，公義取決權力的相互制衡，當然這不是理想狀況，卻是顧及現實的安排。

——引述自尼布爾（Reinhold Niebuhr）

普通的政治道德原則無法適用於國家行為。……掌國的政治人物必須視政治行為可能對國家、人民產生的各種後果，予以仔細權衡，這就是「審慎」，也是政治中的最高道德。

——引述自摩根索（Hans J. Morgenthau）

「如果人是天使，就不需要政府」、「野心必須與野心相抗衡」、「防止權力集中於同一部門的最大保障，是給予每個部門憲法手段和個人動機，以抵制其他部門的侵略」。

——麥迪遜（James Madison）

「公職人員沒有權力挑選報效國家的時機，也沒有辦法挑選任務。」

——季辛吉（Henry Kissinger）

序

這不是一本歷史書，也難稱回憶錄。說起來，更像是多年反思的紀錄與故事集。四十多年公職生涯是個學習過程，曾因經驗與認知不足而犯過錯誤，書寫時也忠實呈現出來，對國家社會談不上大貢獻，但確實也殫精竭慮，問心無愧。

本書的視角，只是來自一位專業外交官，不是國家領袖、政治人物或純粹學者專家。國家領導人特有的是更寬廣、深度的視野，有高度的使命感，要考量基本盤、擴大選民基礎，平衡黨內不同派系利益，主導政策方向朝向福國利民，同時權衡兩岸、國際因素、考慮政策後果、留下政治遺產並思考如何因勢利導，贏得下次選舉，使執政黨能持續掌握政權，都是重要目標，此外個人偏好或利益也是不可避免的因素。當然，最重要的是如何讓國祚得以延續。

而元首個人的理想、願景、個性、魅力，面對的政治現實及領導統御能力、政治操作技巧是否能引領風潮、引發共鳴，都影響執政績效。這是個相當陡峭的學習曲線，必須要在任期內從犯錯中汲取教訓，調整方向，做出較佳的決策。另外還有一個相當重要的特質——要有膽識。早在帝王時代對國家領導者的形容就有「稱孤道寡」之辭，的確作為最終決策者，不只孤獨寂寞，面對的更不見得只是理性分析建議後的抉擇，也未必是個人的偏好，更多的是在迷霧中摸索方向，憑藉經驗、智慧未必足夠，需要相當的勇氣、毅力，此外運氣也常是決定性因素，因為執政過程中有諸多不可測性，經常有黑天鵝或灰犀牛出現，古今中外皆然，也常見需要選擇風水、卜卦、禱告、求高人指點迷津等，各種非完全理性方式。

政府機器龐大、複雜，有不少「產品」或「副產品」未必符合領導人方向，主政者不可能完全顧及，但對選民及歷史家，還是要概括承受政策後果的。

近來，美國新領導人採取顛覆性的做法，徹底改變傳統思維，對二戰後的國際秩序帶來重大刺激與改變，各國政府及企業都面臨巨大衝擊，設法因應。

國家行為背後多有其戰略及國家利益的考量，絕不可視為「狂言」。川普總統的誇張表達方式，甚至是欠缺周全考量、反覆變化、難以預測的政策，也是僅見的。或許也是他策略的一部分，讓對手難以捉摸。

如何在既有實力基礎下妥善因應，謀取符合國家、人民利益的政策，對各國領袖都是重大的挑戰。任何國家作為背後都有國內政治、經濟、社會等因素，十分複雜，牽涉個人認知、主客觀形勢條件，利己乃是必然，必須併同考量，其壓力真是重如泰山。

政治競選廣告宣傳中常這麼宣言：「我們準備好了！」事實上，很難如此。領導人及首長每日面對的困難選擇常無前例可循，且時空背景不同，也未必能應用過往經驗，此外時間、精力均有限，問題的情資更常彙整未必完整，在壓力下做決定時常會有被壓垮、難以承受（overwhelmed）

之感。要長久支撐下去，唯靠使命、責任、榮譽感及毅力。

相對地，專業外交官視角就簡單許多。首先，不需做最後決策者，主要責任只在提供分析、建議、對外交涉與溝通。自然，此中仍有很多層次差異，如是否真了解對手、對自身實力評估精準與否，本人及團隊的智慧、手法、技巧能否應對變化，還要考量國內政治環境的支持程度，更重要的，是與元首間的互信關係。

摩根索（Hans J. Morgenthau）教授強調，外交素質與傳統是成功外交的要素，而傑出的外交家則是偶然出現。在對外交涉過程中，不同政治制度、經濟發展、社會文化及對手性格豐富多元，有相當差異，而如何妥適運用談判成果也是智慧、經驗耕耘的成果。其中有不少是繼承前輩辛苦結晶，不可或忘。個人在職涯中非常重視傳承，畢竟外交的火炬必須棒棒相傳，外交成就也不應抱持個人英雄主義。軍事史上有「一將功成萬骨枯」之說，雖無法全然對應，但一國之外交的成果的確也是國家、人民及前人努力的累積。書寫本書時，除了個人親自交涉者，儘量少用第一人稱，便是循此道理。

民主多元制度下的外交官，除了涉外能力，在應對國內民意機關、媒體、上級交辦與同儕互助上，更形重要。我擔任初官時，最高裁示者多可一錘定音，國會也可虛矯應付，媒體大致也在掌控範圍，現今則更為複雜，四十年前執行的好政策，今日可能成為圖利他人的指控。如今，元首不能只是考慮選擇好的政策、對的方向，需顧及許多層面、全方位思考，綜整出最佳選擇，而專業外交官若無法與國會、媒體、公民團體及民眾有效溝通，則難以擔起更重要的責任。

這本書無意批評或建議時政，也未引用機敏文件，最多只是彙整過去的工作經驗、個人閱讀筆記、思考反省的紀錄與故事，雖力求客觀、理性，但仍不免受個人識見、主觀、記憶與視角局限。期盼本書不只是留下些史實紀錄，期待能引發更多思辨討論，使對歷史感興趣者閱讀，可供有志國際關係、外交職涯及涉及人際溝通的後進啟發、參考，避免覆轍。

關於書名《和光同塵》，出版前集思廣益時，友人表示會否略顯文氣了？在此略提原委。有天看 YouTube 節目，偶見一支頗為吸睛的建案廣告，拍攝十分精美。此新建案的敘事者是好友江韋侖與次子 Scala，設計師與攝影製作團隊皆來自義大利。當建案名字「和光同塵」閃現螢幕，苦思書名已久的我，如遇知音。

「和光同塵」出於本名李耳的老子《道德經》，完整的文句是：「挫其銳，解其紛；和其光，同其塵，是謂玄同。」白話譯文為：「不露鋒芒，消解紛爭，挫去人們的鋒芒，解脫他們的紛爭，收斂他們的光耀，混同他們的塵世，這就是深奧的玄同。」

此般道法自然、超然物外，更見明心見性、世事洞明，與自己的理想、思維、溫和處事原則、職涯、經歷相合，是自己的夢境所望，也與畢生從事外交斡旋的原則相符，是以為書名。

目次

第2章　初入公職

第3章 新聞局長

第4章　再回外交部

第5章　比利時與歐盟：開闊視野

第6章 美國（一）：艱鉅挑戰（二〇〇四－二〇〇五）

第7章　美國（二）：分水嶺（二〇〇六－二〇〇七）

第8章　美國（三）：反思

第10章 澳洲：無羈的國度

第11章　外交部長（一）：逆風向上

第12章 外交部長（二）：面對挑戰

第13章 國安會、總統府祕書長

第 1 章

成長

動盪年代

一九四九年，我出生在台北一個小康書香之家。

祖父李連溪來自膠東半島棲霞縣農村，年少赴青島闖天下，成為一名成功的實業家，曾任青島紅十字會會長，一生行善積德。一九一六年山東青島出生的父親李文霖未及弱冠之年便負笈日本早稻田大學，直到中日戰爭爆發，返國就讀上海大夏大學（一九五一年與光華大學合併為今日華東師範大學）。一九四九年隨國民政府遷台後，父親陸續任教中壢中學、金陵女中、台北商業專科學校，擔任高中國文老師。記憶中，父親個性爽朗，淡泊名利，不留戀過往富貴榮光，對學生要求甚高，視教育為職志，廣受學生愛戴。他是尊重孩子的慈父，對我們兄弟的自我選擇，從不強加干涉。「黨是尚黑，將來不要碰政治。」這是父親給我的忠告，我也終生信奉。*

母親吳慧畢業於中央大學外文系，是「民國四大名校」之一，來台後擔任高中英文老師，也曾在台灣大學、淡江大學擔任講師，在學生間同樣評價甚好。她上課總穿旗袍，下課了也兢兢業業，不時認真查辭典備課，打扮素雅，一絲不苟。「好好學英文，將來一生受用。」這句話是母親留給我的重要資產，日後的發展也證明了她的遠見。

那是一個大遷徙、動盪的年代。

母親胞弟，也就是我只在襁褓時期看過的舅父吳仲渤，於著名的南開中學畢業後，毅然響應

「十萬青年十萬軍」運動，加入空軍，任國軍空軍少尉，二十三次成功戡亂，卻在一九五〇年三月二十九日駕機出擊廣東雷州半島時，不幸遭砲火擊中，為國捐軀，入祀忠烈祠，外祖母因此深受打擊，思慮失調至終。

大舅吳月從商，對我們家財務幫助不少，也協助舍弟國維創業，而若非舅父當年在空軍服役，我的父母極有可能無法赴台，我也不會誕生在台灣，而會如堂兄弟一般出身「黑五類」家庭，並遭逢「文化大革命」，沒有上大學的機會。

我在充滿書香的家庭成長。從小，父母便告訴我，為我取名「大維」，用意是希望我有朝一日能像前國防部長俞大維一樣，好好讀書以智慧報效國家。據母親回憶，我才呱呱墜地沒多久，還坐在竹製搖籃裡，就喜歡拿著書，縱使目不識丁，把書拿反，仍念念有聲、樂此不疲。他們也相當重視我們兄弟的教育，甚至為此額外兼課貼補家用。很感激父母能給我這樣的環境，讓一個中產家庭出身的孩子，從小身心健康，並能懷著讀書報國夢。

就讀外文系的母親沒能到海外留學，是她一生的遺憾。從小，她就希望我多接觸國際資訊。當時台灣離經濟奇蹟尚遠，整體生活環境頗為匱乏，但父母還是訂了美國老牌週刊《生活雜誌》（*Life Magazine*），上頭有形形色色的圖片，在美國二戰後國力最興盛的年代，建立我對美國與

＊因為人非聖賢或天使，負責監管、規則及運作的政府與政黨存在仍是必須。

世界的初步認識。此外，家中也訂閱台北美國新聞處在香港印製的刊物《今日世界》，以介紹美國為主，裡面同樣有五花八門的精彩圖片。

不少母親的同班同學負笈海外後，在各自領域開創一片天，像是擁有杜克大學英美文學碩、博士學位，曾在一九六九年至一九七五年擔任台大文學院院長的朱立民教授，還有到華盛頓大學歷史系求學，後成為史丹佛大學東亞圖書館第一任館長、哈佛大學燕京圖書館第二任館長的吳文津。我在波士頓任職時，便受吳館長關照頗多。

高中，有幸進入建國中學，並加入「建中青年社」，參與《建中青年》編輯工作，儼然是個「文青」，還曾發表過「論存在主義」，關於美國文豪費茲傑羅〈最後大亨〉的文章，論析二十世紀中葉由於近代經濟結構與社會逐漸龐大嚴密，而令人窒息之後產生的失落、虛無，以及費茲傑羅著作如何與該時代特質呼應，回想起來，實在不可思議！當時同學徐錚、錢永祥、李振瀛、李潮雄、張復、施智璋、張逸民、溫肇東、王宇東等，各有成就，五十多年後仍保持聯絡。

一九六〇年代，台灣裝設冷氣的建築甚少，離學校不遠的台北美國新聞處圖書館正好就是其一。對我而言，當時最樂之事莫過於下午時分，和三五好友打完籃球後到那裡喝冰水、吹冷氣、看書報或雜誌，也強迫自己看圖識字、聽錄音機播放甘迺迪總統的演說。我也是在那裡讀到台北美國新聞處發行的另一份中英對照刊物《新聞背景》（*News Backgrounder*），刊載的內容通常是美國總統、國務卿、國會議員的重要演講以及詢答新聞媒體，可說是奠定英文實力的基礎之一，對後來鑽研國際關係、於公職期間應對媒體，也發揮了引導作用。時常思及這段經歷，也常向美國外交官稱讚當年的美國文宣實在厲害！

在台大的日子

風起雲湧

台灣大學時期，我在政治系，並非名列前茅的典型好學生，總覺得當時部分老師授課內容太過傳統、不符期待，不喜歡坐在課堂內聽講，幾乎將大部分的時間都投入學生社團活動，當上了學生代表聯合會（簡稱代聯會）主席。

當時在我代聯會主席任內幫忙很多的兩位同學，個性互補且充滿熱情、才華洋溢，後來都成為知名人物。一位是數學系，曾任卡內基梅隆大學（Carnegie Mellon University）統計系助理教授，一九八一年不幸在台大意外殞命的陳文成。這是相當悲傷的結局，若沒有那場事故，想來他今天應該也是中研院院士級的統計學家。另一位是當時農工系（今生物環境系統工程學系）同學林正義。他在成功嶺訓練後毅然轉入陸軍官校，並在一九七九年五月在上尉連長任上，從金門游泳到廈門，投奔中國大陸後改名林毅夫，成為「經濟國師」，並曾擔任世界銀行副總裁。回憶他大一時主動走進辦公室要求做點事、積極的模樣，再看他之後做的兩個重要抉擇，說明他是有主見的逐夢人。

台大人才濟濟，個人在此結識了許多有為的同儕，大家在不同的領域各有成就，這恐怕也是大學四年最豐碩的收穫了。

與大學同班同學郭惠文結為幸福連理，後來轉攻金融的胡定吾，歷任中華開發總經理等要職，目前在創投、生技、預防醫學等領域均成就非凡，更重要的是，他慷慨回饋母校社科院、政治系，也是一位慈善家。

班上另一位同學王姍姍，與高一屆商學系會計組傑出的周邦基成為佳偶。當時讀會計組的多是女性，而周邦基畢業後，赴美攻讀哥倫比亞大學（Columbia University）企業管理，取得碩士學位後返國，跳脫藩籬，創立電子、生技、建築、投資等成功企業，可見其慧眼獨具，夫人姍姍也成功轉型為經理人襄助事業。他為人低調，但對各方相當慷慨，也持續捐款，為台大會計系網羅一流師資。

物理系的蔡力行積極參與國際事務相關活動，練就良好英文基礎，獲康乃爾大學（Cornell University）材料工程博士後，在美國惠普公司工作，於一九八八年毅然返國投入台積電初期創建，歷任台積電、中華電信、聯發科執行長，是唯一在台灣十大上市公司當中擔任過三家CEO者，夫人鄺沛泉鼎力支持，至今仍全心全力在打拚，我想也是熱情、責任感所趨吧！

一九七一年，正值海外「保衛釣魚台」運動風起雲湧，台大校園自然也積極響應，很快就有激進與保守勢力的對峙。有些同學拉起布條、上街頭，我也和同學以代聯會名義相偕到美國大使館遞交抗議書，獲馬康衛（Walter McConaughy）大使親自接見*。我們也到日本大使館抗議，但沒見到大使，日方只派館員接受文件。回想這些舉動，在當時是冒大不韙的！數百位台大學生從羅斯福路走到中華路，再到中山北路。為了避免外人介入，隊伍全著制服，十分引人側目，但隔日報紙卻未見報導，只有校內刊物《大學新聞》有記載。

當時年紀雖輕，但始終有個直覺告訴自己：走中道。不過，即便欲求中道，進步與保守派學生的想法與作為皆不同，批評自然接踵而來。當時課外活動組主任，後來轉任彰化師大心理輔導系的教授李東白，給了不少開導。他從不說應如何決定，只是從旁分析，給我做決定的空間，也尊重與支持我的做法，這可能也是台大自由學風的實踐。就如清代名臣曾國藩所言：「本事是逼出來的！」回顧過去，覺得真是幸運有此危機處理的磨練機會。大學時期對社團的投入，讓我體會怎麼管理、領導組織，深刻影響了往後的人生，這是書本上學不到的知識，當然，這些年紀尚輕時無法體察，是後來在年歲流逝間才體會出的道理。

另一重要的養分，是救國團，大學時我幾乎每個寒暑假都參加。還記得第一次學會怎麼用刀叉吃西餐，就是在救國團的國際事務研習營，只是可能因為預算有限，當時用刀叉切的不是牛

* 近年在美國官方檔案中發現，當時大使館把抗議書全文發回了國務院，而這應是我的名字首次於檔案中出現（見本書前彩頁）。

排，而是雞腿，所需技巧比吃牛排要困難許多。為期十日的研習營訓練，對我的外交實務可說是很好的養成，從國際禮儀、媒體應對，每堂課都聽得入神，而且參與的全程必須使用英文，能夠鍛鍊口說能力。包括馬英九前總統、胡志強前市長、聯發科執行長蔡力行、中華開發工業銀行前董事長胡定吾、TVBS聯利媒體前董事長張孝威、兩岸速食業開創人韓定國、女星胡茵夢等，均是前後屆國際事務研習營同窗。

身為中產階級子弟，當時沒什麼機會和歐美人士接觸。救國團不只練就我的實用英語底子，讓語言成為我往後職涯中的優勢工具，後來更讓我有機會在中美青年夏令營、亞洲青年育樂營等活動擔任輔導員，與年齡相仿的各國人士接觸，進一步了解他們的文化和思考模式。

因為常參加救國團活動，海外組組長徐抗宗、執行長宋時選這兩位團內長官，相當關懷我。值任代聯會期間，學潮洶湧，喚起情治單位自五四運動到內戰時期，為政局帶來重大衝擊的記憶。某日徐組長見到我，拉著我上樓見宋執行長，他以慣有的慈祥語氣，先是問候家中長輩健康，隨後掏出名片，囑咐我放在皮夾內隨身攜帶。後來一些熟識的「進步派」同學陸續被警備總部約談，甚至留置數日，我才了解這兩位長官的用心及照顧。宋執行長是時任行政院副院長蔣經國同鄉、遠親和親信，有相當影響力。

前述這些機會與培養，讓我獲選一九七二年美國國務院「東亞學生領袖訪問計畫」中華民國代表，赴美參訪十個星期。共同獲選的成員來自亞洲十二國。前一年獲選的是我的高中、台大同學，前總統馬英九。

面試時，主考官是政大校長，後來成為副總統的李元簇，以及教育部、台北美國新聞處官員各一位。三位輪番詢問我各種問題後，我聽到李元簇校長和另外兩位主考官低聲說道：「聯考制度還是很有用。」猜想應是仍在台大政治系國際關係組就讀的我，臨場表現受到他們肯定。

為期十週的訪美之行，開啟我對美國的初步認識與興趣。飛機緩緩降落在華盛頓國家機場，當高達一百六十九公尺的華盛頓紀念碑映入眼簾，是從小只能在雜誌、電視上看到的壯闊景象，心頭為之震撼。

美方的安排十分周到，為期兩週的寄宿家庭位於西雅圖郊外華盛頓湖畔的富裕小鎮貝維爾（Bellevue）。我們參觀傑佛遜紀念堂、國會山莊，並進入白宮戰情室（Situation Room），當時的簡報官是海格（Alexander Haig）准將，後來升為四星上將，並擔任雷根政府第一任國務卿。也曾參加紐約洛克菲勒三世家宴，看到餐廳裡掛著宋朝真跡國畫。此外，我們還去了阿拉巴馬州非裔美國人學校塔士奇基學院（Tuskegee Institute，現為Tuskegee University）寄宿兩晚，到紐約哈林區（Harlem District）參訪，充分體驗了這個多元且美麗的國家。

當時的我，從沒想過未來自己的人生及職涯，竟會和這個國家結下不解之緣。

三位恩師

大學時期的三位恩師，豐富我在國際政治領域的學養，更成為我一生不斷請益的對象，是我的貴人，分別是前副總統連戰、前監察院長錢復、憲法權威胡佛院士。

初識錢復老師，是在懵懂的大一新鮮人時期，因為政治系學刊要專訪傑出校友，我負責採訪當時擔任外交部北美司代理司長的錢復，那時他三十四歲，正值盛年。

至今我還能清楚回想起他在博愛路的辦公室，裡面沒有冷氣，只有電扇，夏天十分炎熱，他穿著全套西裝、打著領帶，氣定神閒地和我談了一個小時。採訪結束後，特叮嚀務必要把稿子先讓他過目，以免出錯，後來他也只微幅改了幾個字。

錢復任外交部北美司長時，在法學院開外交實務課程，每次下課，夫人田玲玲都會開著金龜車，載著兒女國維、美端到校接他，全家和樂。

錢老師的課開在週六下午兩點到四點，是選修課。他不受週末輕鬆的氛圍影響，上課依然一絲不苟，著西裝、打領帶，課程內容極為扎實，要求十分嚴格，絕非營養學分。印象深刻的是第二學期的第一堂課，錢老師進教室便痛罵了全班一頓，認為同學不夠用功，前一學期的成績無一人達到A的標準。這堂課不只奠定我對外交實務的認識，更重要的是，錢老師的一言一行與嚴謹處事態度，成為我日後自我鞭策的準繩。

現在回想起來，當時大二的我修這堂課時簡直是關公面前耍大刀，竟在美國政治專家、外交部北美司長的課程中，以尼克森主義為題分析評論作為期末報告，但錢老師卻給了我高分。

大三，我選修當時政治系主任連戰開設的西洋政治思想史課程。連主任是芝加哥大學（University of Chicago）政治學博士，該校向來以扎實的古典訓練聞名，而這也讓他這門課的風格獨樹一幟。

一般教授思想史課程，會分別講解柏拉圖、亞里斯多德、孟德斯鳩、洛克等不同思想家的原典，但連主任卻有本事在融會貫通後，相互交叉分析、比較不同時代的思想家，我大受啟發，學年成績也是全班最佳。

胡佛教授的比較憲法課程也深深影響了我。他帶著我們一起讀美國憲法判例，從「司法審查」案例開始，讓我第一次感受到大法官意見竟能分析得如此有條理、詞藻如此優美，而且句句言之有物，帶領我進入憲法學學思歷程的新境界，也讓我更了解美國國內政治基礎運作思維，為日後外交生涯打下厚實基底。

二十歲的我，對未來道路的想像仍蒙昧，只是因為單純覺得這幾位老師教得好，便特別認真研讀他們指定的讀物。他們是我在知識路上的引路人，日後會在我出國留學時為我寫推薦信，還在職涯上成為不遺餘力提攜的貴人，這是當時想也想不到的。

摩根索的啟發

大學時期，聽許多老師授課多從制度面或法律面分析，總覺得不足、難窺政治全貌，後來在好友胡定吾處得到不少幫助。他的父親胡炘將軍，時任國防部作戰次長，之前曾任蔣中正總統侍衛長，我在他的藏書中讀了有「西方兵聖」稱號的克勞塞維茲（Carl von Clausewitz）所著的《戰爭論》、英國軍事理論家李德哈特（Sir Liddell Hart）的《間接戰略》、毛澤東的《論游擊戰》、《論持久戰》等當時仍屬「限閱」的書籍，讓我有茅塞頓開之感。

大學四年級時，我讀課外讀物時與摩根索（Hans Morgenthau）的著作《國際政治學》（*Politics among Nations*）相遇，展卷後驚為「天書」。後來成為他首席高徒湯普森（Kenneth Thompson）的博士論文指導學生，冥冥中似有注定。

摩根索的政治現實主義，**認為政治的現象根源於人性，而政治人物的思想、行動以利益為準，利益則以權力為衡量準則。他認為，要了解外交政策不是去探究政治人物的動機，因為動機是心理現象，難以捉摸且模糊、無法辨認，政治人物的知識能力、政治能力才是重點。意即，在知識上除了要了解外交政策的要素，同時在政治上也要有能力轉化為成功的行動。一個模範的外交政策，能把危險降至最低，而把利益極大化，以符合審慎（prudence，或譯「智慮」）的道德上要求和政治上的成功所需。**

摩根索認為，**普通的道德原則無法適用於國家行為。他主張個人在道德上有權利犧牲自己以捍衛原則，但掌國政的政治人物必須視政治行為可能對國家、人民產生的各種後果，予以仔細權衡，這就是「審慎」，也是政治中最高的道德。**

他主張，國際政治就是權力的爭奪（struggling for power），而增加權力及影響力，就是目的。他對英國政治哲學家柏克（Edmund Burke）主張的英國不濫用權力，自我約制以避免各國聯合反彈，也有很高的評價。

摩根索啟發了並深遠地影響了我對國際政治的看法與思維，後來我在國內任職期間，曾在台大、政大、師大兼課教「國際政治」，雖然時下發展已有新變化，也有更多國際政治理論產生，但摩根索對現實主義、權力均勢、外交等篇章的論述，始終是我指定學生的必讀。身為一位外交實踐者，距離初次接觸摩根索主張已遙距逾半世紀，我仍十分認同他的分析。

赴美留學

退伍以後，我先在亞洲人民反共聯盟（簡稱亞盟，現為世界自由民主聯盟）祕書處服務兩年。亞盟在越戰爆發以前成立，祕書處設在南越首都西貢（今胡志明市），一九七五年北越統一南越後，祕書處遷至台北，由國大代表杭立武擔任祕書長，屬於國際組織*。

杭立武畢業於金陵大學文學院，還曾經考取公費留學，到倫敦大學深造，並在一九二九年獲得政治學博士學位。後來，他還擔任教育部長，駐菲律賓、泰國、希臘大使，並在結束駐外生涯後，被任命為尚未併入政大的國際關係研究中心主任，他因此深知智庫對國家的重要性，便透過亞盟祕書處為數不多的經費，成立和國際學術界聯絡、舉辦學術研討會的「亞洲與世界社」（Asia and the World Forum）辦理國際研討會及出版一系列專書，包括國內外學者的英文著作，

* 當時亞盟副祕書長是北京大學畢業的田寶岱，也是典型謙謙君子的職業外交官，曾任外交部亞東太平洋司司長、沙烏地阿拉伯大使，他與杭立武都是我的典範。

還有主辦國際研討會的論文集、國內學者在留學海外時所完成的博士論文。亞洲與世界社的首任總編輯是前考試院長關中，他當時剛獲得美國塔夫茲大學（Tufts University）佛萊徹爾法律與外交學院（Fletcher School of Law and Diplomacy）博士學位，返國任教政大外交系。

我在亞盟祕書處任職期間是唯一一位編輯，除了投入工作，飽讀眾家學術論著，也為了一圓留學夢，報考了國民黨中山獎學金。在那個「來來來，來台大；去去去，去美國」的年代，我對職涯的想像是：赴美攻讀學位，返國擔任教授。然而，中山獎學金遲遲沒放榜，我手上卻已經有三所學校的入學許可，分別是加州大學柏克萊分校（UC Berkeley）、塔夫茲大學佛萊徹爾法律與外交學院、維吉尼亞大學（University of Virginia）。

當年六月，維吉尼亞大學教授冷紹烇返國。冷紹烇教授是嚴家淦總統的女婿，住在離其官邸不遠的大同之家，我得知他歸國便前去拜訪，請教他該如何選擇？

冷教授告訴我，加州大學柏克萊分校太過自由派，恐怕不適合我這個台灣學生。接著他繼續問我，是想念碩士或博士？我回答，若可以，最好是碩、博士一起讀。他便為我分析，佛萊徹爾法律與外交學院是私立學校，恐怕所費不貲，建議我選擇公立的維吉尼亞大學，不只學費較可負擔，而且該校還是美國開國元勛傑佛遜（Thomas Jefferson）所創，排名全美前三十，我於是做了選擇。

一九七七年赴美前夕，我拜訪當時擔任外交部常務次長的恩師錢復，並告訴他自己將去維吉尼亞大學。他告訴我，這所學校相當好，「一定要多學一點美國的東西」。

那時，松山機場是北部唯一的國際機場。臨行前，我一身正式西裝、打著領帶，到場送行的親友則為我套上三、四個慶賀的花圈。脖子上的重量無形中鞭策著自己，此行一定要完成學業、好好地學成歸國，否則無顏見江東父老。

多學一點美國的東西

甫到美國，幾個震撼撲面而來。

第一個震撼是見到同學都穿牛仔褲、卡其褲，上半身套著T恤或牛津衫，一派休閒，這讓穿著西裝褲抵校的我，發現自己的穿著突兀又格格不入，只得趕緊去添購新裝。

第二個震撼，是我在台大政治系上過胡佛、呂亞力教授的課後，一直以為行為學派、計量方法研究在美國是新的潮流，但維吉尼亞大學政府系研究部主任克勞德（Inis Claude）一開始就對新生表示：「不管你是讀碩士、博士，我們會教你兩樣東西，分別是哲學和歷史。」聽他這麼宣告，我十分意外、失望。

事實上，當時我們的系名是 Department of Government and Foreign Affairs（政府及外交系），而不是常見的 Department of Political Science（政治科學系）。克勞德的名言，就是：「**政治不是一門科學，而是藝術。**」顯見維吉尼亞大學走的還是傳統學派路線。

我也沒忘掉錢復、連戰兩位恩師的耳提面命，陸續選了一些非常「美國」的課程。第一門課是「美國總統制」（American Presidency），授課教授是楊恩（James Sterling Young），專長政治人類學，成名作是寫十八世紀美國首都華府的權力運作（Washington Community），後來也在卡特（Jimmy Carter）以後共五位美國總統的口述歷史建立當中，扮演重要角色。

我是這門課上唯一的外國學生。楊恩教授看著我，那眼神彷彿在詢問我：「你坐在這是不是選錯了？」課程開始，他開口便問：「你們應該都讀過《聯邦主義論文集》（*Federalist Papers*）吧？」我是在場學生當中唯一沒看過的。課後正想找來看，一旁同學好心告訴我，不需從頭到尾看完，研讀幾篇重點即可，但我深怕遺漏，孜孜矻矻地，悶著頭讀完了。這本書是以十八世紀的語言書寫，閱讀過程相當費力，但對我日後做研究、對美國政治運作思維的了解，打下相當扎實的基礎。《聯邦主義論》第五十一篇，由麥迪遜（James Madison）撰寫的**「如果人是天使，就不需要政府」**、**「野心必須與野心相抗衡」**、**「防止權力集中於同一部門的最大保障，是給予每個部門憲法手段和個人動機，以抵制其他部門的侵略」**，給了我很大的啟發。這些瀰漫現實主義的論述，成為美國憲政制度三權分立，牽制與平衡的主要論據。美國制憲先賢的睿智奠定了強大國家的基礎。

到了第二學期，這門課的第一堂課結束後，楊恩教授請我到他的研究室。他告訴我，上學期的期末報告給了我 A⁻，認為我是一個外國學生，但報告還能寫得如此到位，相當不容易，勉勵我繼續努力求學。楊恩教授能給學生那麼多的溫暖、同理心，讓在異鄉求學的我十分感動，日後在做領導者時，每思及此，我便更能包容、理解同仁。

第三個震撼則是「思辨性思考」（critical thinking）。這一門課是教政黨、政治修辭的凱撒

（James Ceaser）教授，他出身哈佛，年輕且衝勁十足，期末考考卷上只有兩題，分別是整頁的論述，老師要求我們要「批判它」（criticize it），也就是批判一篇讀來言之成理的好文章，這對於遵從儒家思想、讀標準本，就老師上課觀點答卷的台灣學子來說，衝擊甚鉅。

黃金年歲

求學過程相當幸運，受到許多前輩與老師無私的指點與建議，尤其是在美留學時期，不只身在國外受美國師長與學人的薰陶。

博士論文指導教授冷紹烇先生，是我人生中重要的恩師之一。冷教授為人溫文儒雅，英文文筆極佳，令人嘆服，雖口才不如美國土生土長的教授，在取得賓州大學政治學博士後執教維吉尼亞大學，在一九五〇年代一個來自中國的學子能有此成就，相當不容易。

冷教授見台灣學生時必用國語交談，絲毫不忌諱美國同儕側目。猜想應是他的講座教授地位以及深厚資歷，使他能夠如此自信。目前在台灣至少有十位他指導的博士，號稱「冷門弟子」。

我的博士論文寫作，也是在冷教授的指點下明亮了路徑。在維吉尼亞大學就讀一年後，有天冷教授問我博士論文想寫什麼，我表示想研究「一九四九年中共為何能贏取政權」，他未發一言，轉身自書架上找出連戰在芝加哥大學攻讀政治學博士時的業師鄒讜所著《美國在中國之失敗》（*American Failure in China*），以及加州大學柏克萊分校（UC Berkeley）詹鶽教授著作《農民民族主義與共產政權》（*Peasant Nationalism and Communist Power*），囑咐我好好閱讀。

看完後，我醍醐灌頂，頓時明白這兩位巨擘著作難以超越。這就是冷教授的風範，從不責備，而讓學生自己去體會。我後來回台，先後兼課長達六年，也都是承襲冷教授的典範風格執教。

比起其他教授，冷教授更關心台灣學生，但多了中國儒家師長風範，不僅週末常請同學到家中用餐，師母嚴雋菊（Nora Leng）還會親自下廚，讓我們這些窮學生大快朵頤，唯一遺憾的是不會打麻將，無法與冷教授及師母同樂。他們夫婦不管在身教、言教，都是我畢生的人生導師。

能夠毅然回國拿到中山獎學金，也是有賴冷教授在關鍵時刻的鼓勵。在美第一年的十一月底，突然接到一通台北打來的電話，原來是中山獎學金初試放榜，要我回國參加複試。然而，離學期末還剩下兩、三個星期，我詢問冷紹烇教授自己是否該回國？他告訴我，既然有這機會，不妨試試。

該年中山獎學金政治學門錄取兩人，分別是我和曾任監察委員的台大政治系教授包宗和。包教授是我高中、大學晚一屆的學弟。還記得我考上台大政治系國際關係組，大一回母校建中分享大學生活，包宗和就坐在台下，最後他也選擇就讀同一系組，總戲稱是被我「拐」進政治系。

當時考上中山獎學金之後還得受訓一個月，以了解國情，但眼看維吉尼亞大學馬上就要開學。只受訓兩個星期的我為此發愁，便詢問當時擔任國民黨青年工作會主任的連戰。

連主任聽了，緩緩說道：「把書念好更重要。」悟不出話意的我，還在等著主任的下一句話，眼睛直直看著他略帶嚴肅的臉，就這樣沉默了幾秒，連主任給了我明確的答案：「就回去念書吧。」

有了中山獎學金的幫助，我再也不用住在陰暗的地下室，而能搬到和其他美國同學相仿的學生宿舍，生活環境大幅改善。

不只來自台灣的支持與關照，在美遇見的學人，也是我培養思考脈絡與知識奠基的重要導師。

除了前一節寫到的楊恩教授，曾擔任美國政治科學學會（American Political Science Association）會長的瓊斯（Charles O. Jones）影響我甚鉅。德高望重的他，有關美國國會的著作都清楚、易懂、有條理。後來年紀漸長，才愈發明白，這樣深入淺出把一個制度及行為講清楚，那是多麼厲害的真功夫。

著有《道德與外交政策》（*Morality and Foreign Policy*）等多本國際關係巨著的湯普森，也對我影響甚深。他擁有芝加哥大學政治學博士學位，是現實主義學派大師摩根索的得意門生，《國際政治學》（*Politics Among Nations*）第一版的序言裡，就寫到湯普森是得力助手，而三十年後的最後一版，則是由湯普森重新編輯。湯普森教授與冷教授，是我博士論文的共同指導老師。

湯普森教授認為，即便現實主義已成國際關係主流學派之一，但卻十分缺乏人性（humanity），身為牧師之子的他，因而在現實主義的討論中加入道德觀，成為「道德現實主義」（moral realism）。當時跟著他學習，相當辛苦，必須細讀神學家尼布爾（Reinhold Niebuhr）基督教現實主義的著作。

尼布爾認為，**所有國家都唯利是圖，彼此爾虞我詐，根本不存在國際倫理和道德，因為倫理道德僅存在有政府的社會，缺乏國際政府的世界秩序不可能存在。而現實的人性體現於自我中**

心，既自負且驕傲，也追求感官享受。他也主張，個人的利他主義（altruism）反而助長集體的自私自利，例如愛國主義，從個人層面是利他主義，願意為國家福祉犧牲個人的利益，然而從國際層面，一個人人愛國的國家，事事以國家利益為先，願意犧牲自己，那麼便是助長軍國主義。二戰時期的德國、日本即是。

尼布爾主張，在社會，**以至於國際層面，公義（justice）才是可行的原則。在政治上，公義取決權力的相互制衡**，當然**這不是理想狀況，卻是顧及現實的安排**。

二〇〇一年九一一恐怖攻擊後，尼布爾的思想再度復興，誠如恩師，也是尼布爾好友的湯普森所言，自由主義者、保守主義者、激進分子都聲稱尼布爾屬於他們的行列，這些矛盾的事實，恰恰反映了尼布爾思想的複雜性。

小布希（George W. Bush）總統時期的「新保守主義」稱他為始祖，而歐巴馬（Barack Obama）總統也稱尼布爾是他最喜歡的哲學家。尼布爾接納英國哲學家柏克的政治智慧，要求**「就事論事」**，**憑藉歷史經驗而非教條**，**充分體現「中道」（moderation）的方向**。

我特別欣賞尼布爾的寧靜祈禱文，充滿智慧，也直視現實：

請賜我寧靜，去接受我無法改變的事；
請賜我勇氣，去改變我能改變的事；
請賜我智慧，以分辨兩者的不同。

受到湯普森教授影響，「中道」（moderation）與「審慎」（prudence）成為我一生職涯的四字箴言。畢竟身為外交官，握有影響制訂外交政策的權力，一定要審慎評估政策可能造成的衝擊，不宜走偏鋒，也不能過於急躁，事後想來，也合乎自己的個性。

在美求學期間，另位幫助很多的是馬里蘭大學（University of Maryland）法學院教授、國際法權威丘宏達。雖然我沒上過他的課，但他仍將我們研習社會科學的研究生視為弟子，關懷備至。丘教授家也是「盍各言爾志」的場所，丘師母是生物科學家，常戳破許多迷思，「一語點醒夢中人」，讓我們可從不同角度思考問題。他們的恩情，我終身難忘。

另位幫助很多、亦師亦友的是美國大戰略學家魯瓦克（Edward Luttwak），他的著作等身，包括《羅馬帝國的大戰略》（*The Grand Strategy of Roman Empire*），深深影響我的戰略思維。魯瓦克夫婦是我國的好友，感謝他們的好客，讓我在訪問華府時，能有如家一般的下榻之所。

近半世紀後回想，維吉尼亞大學時期是我學習與親炙典範的黃金年歲，不只受諸多大師點撥、教誨，在歷史和哲學有充足扎實的訓練，當時選的四門不計學分的數量方法，學會了看懂統計、民調，對公務職涯所需的分析能力及高端視野，確實幫助甚大。

池琳

除了學識與智識的養成，人生也在赴美後有了重大的轉變。在這裡，我結識了相知相惜、相互扶持的另一半。

池琳與我結識於一九八一年七月三日，一場「美東留學生會長」集會上。當時我的任務是講「斷交後的中美關係」，她負責記錄工作。第一次見面，交換過意見後，直覺告訴自己：「就是她了！」

原本我每月都會開車出一趟遠門，橫跨一百四十英里（約合二百二十五公里），從維吉尼亞大學到華府散心，結識池琳後，就改為每週一次，但總感到去程迅速、返程緩慢。當時她仍在馬里蘭大學攻讀工商管理碩士（MBA）*。

交往過程中，動容與欽佩於她的嫻靜、大方、聰穎與麗質，實在是完美的人生伴侶。在密集、積極的追求下，我們翌年五月十五日在華府近郊貝塞達（Bethesda）的第一美以美教會教堂舉行婚禮。那是一場窮留學生的典禮，沒有鮮花錦簇，也沒有華服相襯，更沒有婚紗照，我們是在教堂地下室準備茶點招待貴賓。

結婚時，池琳原以為她會是位大學教授的妻子，但命運安排，她的另一半成了外交官，更未曾想過會晉升為特任政務官。

她秉持家訓，從未插手公務，是極成功的伴侶，不只儀態優雅、個性沉靜，她謙虛的為人、精準的直覺、卓越的語言能力，是我在家庭與事業上最重要的支撐。尤其是在世界權力的中心華府，現實與勢利是主流，她廣受美方及國際婦女、僑胞的尊敬與支持，對我的艱難任務有莫大助力。

在家中財務上，她更是主力。除了我們外放歐、美、加期間，她犧牲自己在金融界發展的機會外，在職時的收入始終超越我的公職待遇。

因職業因素，外交官的家庭四海為家，面臨的挑戰甚多，有賴池琳的堅持與努力，也要感謝一路上親人的協助。子女教育方面，英國皇家海軍學院（Royal Naval College）畢業的岳父池孟彬將軍正直、專業，是標準的海軍紳士軍官，岳母連怡生女士智慧，有無盡的耐心，並且有敏銳的直覺，給我們相當有力、溫暖的支援，他們賢伉儷是堅毅、充滿智慧的長輩，給小兒兆崧、小女兆容絕佳的導引，奠定他們求學、做人、處事的正確方向與原則。

小兒後來取得哈佛大學（Harvard University）電機工程博士學位，與大學同學，加州大學聖塔芭芭拉分校（UC Santa Barbara）電機工程博士的陳瑾萱結婚，育有一子，而小女也擁有普渡大學（Purdue University）學士學位，目前都在做自己喜歡的工作。回首從前，再看現在，對這莫大福報心存感激，相信必是父祖輩積德的成果。

＊有一次我們在台北招待馬里蘭大學校長牟特（Daniel Mote），我特別感謝在撰寫博士論文過程中，容許免費使用該校不少圖書資料，校長非常開心，直說我也是半個馬里蘭大學校友。

第 2 章

初入公職

任駐美代表處諮議

沉浸於追求知識、切磋學識的日子，在一九七八年十二月十五日，被冰冷的國際現實驚醒了。

卡特總統宣布與中華人民共和國建交，並與中華民國斷交，這看來與「中道」、「審慎」背道而馳的執行方式完全改變我的人生，不只紅著眼眶在白宮外頭舉牌抗議，甚至還到雙橡園「守夜」，避免在沒有警察巡邏的狀況下，雙橡園遭到親共人士闖入。但縱使悲憤萬分，早在一九七九年三月就選定《台灣關係法》（Taiwan Relations Act）作為博士論文題目的我，還是得繼續完成學業。

錢復次長來美

一九八一年十一月，正寫論文時，突然接到北美事務協調委員會行政組組長王維傑來電，要我到駐美代表處一趟。

見了面，王組長先帶我到港式飲茶餐廳午餐，後用探詢語氣問：「是否認識外交部政務次長錢復？」我回答：「他是我大學時期的老師。」王組長隨即透露「錢次長下午兩點要召見」。

錢復次長低調訪美，一看到我，就問書讀得怎麼樣？由於副國務卿克里斯多福（Warren Christopher）來台談判斷交事宜時，遭到民眾丟雞蛋抗議，美方大為光火，卡特政府原本不讓錢復次長到美國，在共和黨總統雷根上台後，他才得以成行。

我們簡單寒暄後，錢次長的下一批客人到訪，於是要我去找胡旭光副代表兼國會組組長談談。胡副代表看到我，第一句話就問，什麼時候到代表處來上班？並稱錢次長已交代，我可以直接到代表處來幫忙。

胡旭光副代表在上海租界長大，英語十分流利。上海交通大學航空工程系畢業後，赴美國密西根大學取得航空工程碩士學位，毅然返國從軍，在軍中升到空軍少將後，因為英文及辦事能力好，被行政院副院長蔣經國派往華府擔任軍事採購團團長，後來轉任大使特別助理兼國會組組長，也是駐美大使館和跨黨派的國會議員及助理直接建立起綿密、扎實關係的先驅。

面對副代表突如其來的邀約，我並未馬上答應，而是回去先徵詢了父母、冷紹烇教授的意見。雙親對電話另一端的我說：「你已經三十歲了，自己決定即可。」冷教授的反應則讓我十分意外，非但沒有勸阻我留在學術界，反倒是一副寬慰的樣子。他告訴我，學校規定是離校六年內要繳交博士論文，只要在這期限內即可。後來我才領悟個中原因，冷教授常幫學生寫工作推薦信，像我這樣在畢業前就找到工作的，屈指可數。

初任諮議

一九八二年七月一日，我正式到駐美代表處報到，擔任諮議。和我同日報到的，還有我的高中同學、老友，後來在二〇一四年到二〇一六年擔任駐美代表的沈呂巡。而在台北報到的，則是留學英國，後來擔任陸委會主委的夏立言。

政府當年的考慮是，國會外交長年掌控在孔祥熙家族，但交際對象多屬保守派，不願向外拓展，卻花費不少。胡旭光公使的責任，就是重新組建團隊接手，而美國才剛與中華民國斷交不久，《台灣關係法》也才通過，行政部門對我方態度冷淡，台灣更需全力發展對美國會外交，而美國參眾兩院議員、重要助理不乏教授、智庫人士出身，由在美國攻讀政治、外交領域博士、學有專精且已有若干歷練的年輕學子加入國會聯絡工作，能迅速提升國會外交實力。

在國會組服務期間，讓我受益良多的是追隨胡旭光公使拜訪國會，他常用美式足球術語，以說故事的方式向議員分析雙邊關係，對大部分仍不了解國外事務的對象，可說是一聽就懂，而且能夠產生共鳴，這是我一生都在努力學習、想練就的功夫。

諮議一年一聘，可以跟外交部拔尖人才共事，對我而言是難能可貴的機會。到職一個多月，就碰到美國與中國簽署《八一七公報》，幾乎全天奔走國會，美方雖然給我方「六項保證」，但當時亞太助卿何志立（John Holdridge）在國會聽證時答詢模稜兩可，參議院外交委員會主席，來自伊利諾州、共和黨的裴西（Charles Percy）逐項詢問有無此款、是否已經告知台灣，逼得何志立亞太助卿只能一一承認，並列入國會紀錄。

「六項保證」中，美方最不願明說的就是台灣主權問題。參議院司法委員會提出三十八個書面問題後，**國務院才白紙黑字表示美國對台灣主權問題「不採立場」（takes no position）**，足見國會繼《台灣關係法》後，在當時台美關係發揮的影響力，也彰顯蔣經國總統、胡旭光公使的遠見，在台北擘劃的則是錢復次長。

在這奔忙之中，沈呂巡和我偶然目擊了一個場景。公報發表後的翌日下午五點半，我們在國會聽證會結束後駕車返回代表處，踩著急匆匆的步伐要趕回辦公室撰寫長電報呈回台北，迎面走來一群下班的同仁，他們表情木然，似乎對一切無感，見此，內心受到了相當大的衝擊。

回想那段初官養成的日子，非常感謝錢復大使「師父領進門」，非常包容、保護，讓自己能體會、修練功夫，打下扎實基礎，也為國會聯絡略盡份心力。

參加甲考

一九八七年，身為冷紹烇教授眾多「冷門弟子」之一的我，寫完博士論文《台灣關係法立法過程》（*The Making of the Taiwan Relations Act*）。冷教授伉儷十分欣慰，帶我們到餐館吃牛排慶祝。

取得博士學位後，正當國會工作得心應手之際，一九八八年一月二十日，蔣經國總統過世一週後，接到當時外交部常務次長章孝嚴的電話，表示繼任的李登輝總統想請我擔任他的英文祕書，希望十天後回國。不料返台後情況丕變，人事案竟提前曝光。我並不失落於這擦肩而過的機會，但對妻子獨自收拾行李搬家返國、照顧兩個幼兒，同時結束在銀行工作的辛勞，感到十分不捨及歉疚。

我後來被分到外交部北美司擔任專員回部辦事。利用這段期間，我在幾位同事的協助下，把博士論文翻成中文，並準備「甲等特種考試」。這個拔擢高階人才為國所用的考試，必須過三關，分別是筆試、著作發明審查、口試。

當時「甲等特考」廣受詬病，原因在於面試、論文審查的人為干預空間大，因而被視為專為名門、政二代而設。時任考選部長的王作榮就非常反對甲等特考，甚至在接受採訪時坦言，甲考很少不舞弊的，在他任內不會再辦。外交部也宣布不參加。在這樣的情況下，我仔細閱讀簡章，得知新聞行政勉強和所學沾得上邊，又見歷屆考題均由潘家慶及另一位政大新聞系教授出題，就買了兩人著作苦心研讀。

潘教授曾在美國明尼蘇達大學攻讀新聞傳播博士，著作以政治傳播為主題，和我過去所學的政治發展有關。也許是因為這層背景，他的書我讀得興味盎然，思路相當合拍。另一位教授的著作只有兩本，分別是《孫中山新聞思想》、《蔣公的新聞思想》，但蔣公畢生只有兩次演講與新聞相關，而國父則是只有寥寥幾句話，能夠把如此稀少的材料變成兩本著作，代表我得花更多時間把作者對蔣公、國父思想的詮釋、演繹讀通和參透，於是，三分之二的準備時間，都花在苦讀這兩本書上。

蒙老天眷顧，當年是潘家慶教授出題。我在筆試這關拿到高分，考贏一票新聞系所畢業生。口試時，潘教授看到我，露出欣慰神情，認為我的答題角度不同，分析極佳且觀念扎實。另一位考官是王作榮部長，他端詳著我的博士論文，直說：「這本書是真的，不是假的。」畢竟，這是一本三百多頁，充滿附注，第一本研究《台灣關係法》的博士論文。順利考上甲等特考，從此便成為正式公務人員。

回首公務員甲等特考制度，固然有弊端，但也是經過優秀訓練的學子進入政府服務的路徑。一些沿襲英國制度的國家，像是新加坡，都有這類政府獎學金得主能快速晉升（fast track）的制度，前提是，這些人要是真材實料、表現優異才行。

轉調再轉調

七月二十一日，我突然接到時任行政院副院長連戰辦公室來電，表示連副院長召見。一進辦公室，連副院長和我進行了一段現在看來饒有趣味的對話。

「你現在在做什麼？」他直接問我。

「外交部專門委員回部辦事。」

「什麼是回部辦事？」連副院長再問。

「就是沒有特別任務，處理長官所交辦的事務。」

事實上當時我的座位在北美司大辦公室一角，身旁坐的是負責送公文、倒茶水的同仁（我們也結成好友）。

從以往校園裡的連教授，到國民黨青年工作會主任，再到行政院副院長，連先生的風格一向言簡意賅，因而這場會面短短五分鐘就結束，我也摸不著頭緒。隔天早上打開報紙，才發現內閣改組，由連戰接任外交部長，而我也隨即接到通知，調往祕書處。當時部長辦公室內共四位同仁，我年紀最長，於是順勢成為部長辦公室主任。

然而，素來有「王大砲」稱號的王作榮部長，認為我考上的是新聞行政人員，必須要分發到新聞局才對。於是擔任連戰部長辦公室主任不過短短數月，又被調往新聞局，由邵玉銘局長任命，擔任國際新聞處副處長。

又過了一年，完成考選部規定的實習後，連部長還是希望我留在外交部，於是把我調回，擔任等級相當於副司長的北美司幫辦。與司長王肇元一同成功推動在加拿大設處、通航後，原本內定要跟著駐韓大使金樹基派駐漢城（今首爾），擔任政治參事，但接到人事處電話，表示另有安排，而這一安排，開啟了我不同的駐外生涯。

波士頓處長

一九九〇年六月，內閣再次改組，原外交部長連戰轉任台灣省政府主席，而外交部長則由經建會主委錢復接任。該年十一月，我因加國設處案有功，升任北美司副司長，做了兩年多，於一九九三年四月得到外放美國波士頓的機會，這是我第一次當駐外館長，也就是歷練總領事職位，領事、僑務、地方政務是主要的工作。

人文薈萃的波士頓，匯聚哈佛大學、麻省理工學院（ＭＩＴ）等國際頂尖學府，有不少年輕僑胞在當地取得碩博士學位後留下深耕，國內長官及企業家們的第二代也有很多在當地求學，而中央研究院院士在此長居教學、研究者，當時多達十三位。上述背景也讓外交部派任館長時，多了一層考量，往往特別選擇具有博士學位者。

我在波士頓度過相當愉快的三年時光，雖有壓力，但一切新挑戰皆令人躍躍欲試。年僅四十三歲的我，初次當館長是誠惶誠恐，新聞局、教育部、僑委會派任的組長，都比我年長，我也花了一段時間琢磨領導、統御技巧，以政通人和為目標。

預算的分配是相當常見的問題，若能在合理範圍內靈活運用，有相當大的助益。當時，其他各組在辦事處時喝的是團體訂購的礦泉水，每個月得分攤二十美元，我到任後，審視過處內預算，發現尚有餘裕，便決定由辦事處統一支應這筆費用，大家都很開心。又有一次，擔任新聞局長的胡志強來此演講，要宴請當地重要人士，然而新聞局的預算只夠支應四桌費用，另外四桌的預算尚無著落。我得知此事，決定支付八桌費用，解決同事們的難題，大家從此更有向心力，辦事處內的工作氛圍自然融洽。

「誠」與「勤」的心法

我在波士頓淬鍊出一套「誠」與「勤」的心法，並以此應對僑界、學界、政界、商界。所謂「誠」，就是要誠懇，不能見人說人話，見鬼說鬼話，切忌東家長、西家短，「勤」則是要勤勞經營，不能有所怠慢。因此，大大小小的僑宴，不管是老一輩、有華人血統、認同中華民國，多半只能用廣東話溝通的老僑，還是年輕一代、持中華民國護照赴美發展，多數均擁有博士學位並落地生根的新僑，只要邀請，必定赴約。

老僑跟新僑的活動型態很不一樣。心向中華民國的老僑，中華總會館公開懸掛中華民國國旗、國父孫中山遺像。對他們而言，只要看到辦事處舉辦的活動有這兩項要素，就會打從心底支持。此外，老僑也很重視尋根祭祖，每年都會舉辦上香祭祀儀式，我初到任時，就到李氏公所，祭拜本名為李耳的老子。駐波士頓辦事處都會循例送上一頭被稱為「金豬」的烤乳豬，在祭典結束後，參與的會眾一同分食，聊天聯繫感情。當時一九九〇年代的台北，已經少見這樣敬天法祖、講求忠義的傳統了，與老僑打交道，彷彿走進四十年前的時光隧道。

我總是全程參加這些活動，深刻體會僑民們對中華民國的認同，真是豪氣干雲。有一次，波士頓中華公所主席一早就現身辦事處，令我十分訝異。開酒館的他通常都是凌晨四點才下班，中午前幾乎鮮少出現在公眾場合，之所以會一反常態，在早上九點登門拜訪，原來是因為他下班時發現「偽旗」（指中華人民共和國國旗）插在中國城內，於是立即令人拔除，並特地前來告知此事，足見赤膽忠心的情義。

至於新僑，多在一二八環城公路周遭的高科技公司工作，週末下午常在中文學校聚會，一見面就會聊誰家的孩子進了哈佛、康乃爾等常春藤盟校（Ivy League），用了哪種教育方式。對這些在科技公司任職的家長們來說，孩子能進一流名校可說是他們當下的願望，使得新僑圈內有不少「虎爸」、「虎媽」。

結束與新僑的下午茶活動後，我通常會開著車子進中國城，準備參加老僑活動。他們特別喜歡觀賞廣東大戲，每次有重要宴會，都會從紐約請戲班子來表演，裡面的名伶多是早期在香港發展，退休後移民美國，並以紐約為根據地，在全美僑社巡迴演出。

為了拉近和他們的距離，我還特別學用廣東話演講，其實是硬背的，選了喜慶、喪事兩種情境，各自背了一篇，雖然沒辦法用廣東台山話和僑領聊天，但他們還是可以明白我的用心。

宴會的重頭戲，是從晚上六點半，一路演到十點的廣東大戲。實在聽不懂的我，只能看字幕參透劇情。能坐上主桌的多是七十歲以上的僑領，他們是看得如痴如醉，相較之下，坐主位的我不但一知半解，還因為背後的各式鑼鼓樂器，導致每次活動結束後，耳中的樂音總還嗡嗡繚繞，半晌不散，但即便如此，我仍每請必到。還記得，當時每年春宴都有三十多場，菜色皆同，若不吃，主人會覺得沒面子，所以每逢春天我總是在備受款待與親切關照下體重直增。

除了僑界，我在政界也著力甚深。當時共和黨籍的麻州州長韋德（William Weld），夫人是老羅斯福孫女羅鳳鳴（Susan Roosevelt），一九七三年曾到台大史丹佛中心（現為台大國際華語研習所）學過中文，和我就學時間恰好重疊，返美後，她在哈佛大學法學院任教，主要研究領域是中國古代文明和法律。因為這層淵源，韋德夫妻和我們的互動十分頻繁、密切，國慶酒會也都親自出席。

一九九五閏八月

駐波城期間，台灣即將迎接首次總統直選，台海危機可說一觸即發，暢銷書《一九九五閏八月：中共武力犯台世紀大預言》更具體描繪中共犯台的可能步驟和時間點，引起各界憂心。我因此在一九九四年於波士頓辦了「兵棋推演」，模擬台海危機可能的走勢，總結是美國軍艦會開進台灣周邊海域。

此次兵推在佛萊契外交學院舉行，請該校知名教授法茲格拉夫（Robert Pfaltzgraff）邀約美國國防部各軍種、軍事院校都派人來參加，十分慎重。我駐美代表處派了諮議黃介正博士前來參加，現在是國內兵棋研究協會理事長，當年是他第一次出席兵推活動。

當時的兵棋推演的報告，與後續台海的實際走向相符。除了兵推，我們也積極與轄區內媒體打交道。儘管波士頓與新英格蘭地區並非美國媒體重鎮，李登輝總統積極推動中華民國重返聯合國，在此訓令之下，希望能為台灣在國際間發聲。

時任參議院外交委員會主席、羅德島州民主黨籍參議員佩爾（Claiborne Pell），他的家鄉是美國海軍戰爭學院所在的新港市（New Port），有很多仿歐洲式的城堡豪廈，在地媒體《新港週報》（*Newport News*）以往只報導家鄉大小事，某日卻突然登了一篇社論，支持台灣參與聯合國，使得佩爾主席大驚，電詢駐美代表處原因，原來是我跑去跟總編輯聊了一次，編輯認同，於是將其寫成社論。

我也曾到位於緬因州中北部第三大城市的《班戈日報》（*Bangor Daily News*）與編輯座談、宣達政令，離開時，新聞部主任、社論版主筆親送下樓。他們頗感動地表示我是第二位到該報社拜訪的總領事，前一位是以色列總領事。

這三年擔任駐波士頓總領事的日子，對我日後領導同仁推展外交有莫大幫助。從駐美代表處諮議、外交部長辦公室主任、新聞局國際新聞處副處長、外交部北美司幫辦，再到北美司副司長，如今看來，這一次次的淬鍊，多次任期都超過兩年，這是長官給我的歷練機會。老一輩的長官，如錢復、丁懋時，通常講話婉轉、間接，話只說一半，讓你去揣摩，且總是在旁觀察，只要做得好，就會再給機會，這就是當時政府培植人才的方式。

近年，各地辦事處屢傳館長、主管對員工苛刻或霸凌屬下，外交部甚至有一流傳甚廣的說法：「飛機輪子一拉起來以後，人就變得不一樣了。」過去要外派當館長，至少得有副司長層級歷練。在部內，副司長上面還有司長、次長、部長約制，但外放後，少了這些長官就近督導，一下子具有管理八、九個人的權力，把持不住的同仁，會變得對部屬頤指氣使、耍官威，我年輕時就常聽聞。

台灣民主化以前，國人並不容易到海外旅行，能當上外交官並外派，薪水可領美金，在當時社會是多麼風光的一件事，不過現在年輕一代普遍具有勞權、性平意識，遇到不公平的情況也不會再像早期一樣默默隱忍，館長或各地代表處主管的一言一行，部內長官也都看在眼裡，僑胞也會用電子郵件通報國內。在其位謀其事，一定要沉著冷靜處理分內事務，若負面爭議上身，那麼機會很可能成了終點。

與大師對話

在波士頓的三年，我腦中知識仍不斷積累、持續進步，其中一個重要因素是與哈佛大學費正清中國研究中心（Fairbank Center for Chinese Studies）的學術界巨擘華琛（Woody Watson）、柯偉林（William Kirby）、傅高義（Ezra Vogel）、史華茲（Benjamin Schwartz）、戈迪溫（Steven M. Goldstein）、陸伯彬（Robert Ross）、傅士卓（Joseph Fewsmith）等人結識、成為好友。承蒙不棄，還聘我擔任客座副研究員，邀請參加各項研討會、演講、餐會。

因為父親過去任職於美軍顧問團，畢業於台北美國學校（TAS）、哈佛商學院研究競爭力的麥可波特（Michael Porter），也與我建立良好的友誼。我多次參與商學院著名的個案研究（case study）討論，每次下課時總看到波特教授汗流浹背，他帶領學生研討案例時的辛苦與投入令人感佩。

另外還有後來返國擔任中研院副院長、哈佛考古系講座教授張光直，以及麻省理工學院數學系鄭洪教授，他們都是我經常請益的對象。哈佛燕京學社圖書館吳文津館長，更為每位國內重要訪賓導覽該館珍貴、有價值的典藏。能常與這些大師們對話，十足珍貴、幸福。

在波士頓任職三載，一九九六年，北美司長杜筑生外放大使，我接到外交部訓令，須儘速返國就任。奉命後十天，我便在台海危機一觸即發之時，開始在北美司長辦公室工作。

第 3 章

新聞局長

CNN的訪問

正值台海危機關鍵的一九九六年三月，我奉命接任外交部北美司司長，十日內急束裝返台，但才過數月餘，和我認識多年的朋友、時任新聞局長蘇起來電，希望我能出任新聞局副局長。美、加畢竟是自己的專長興趣，也有些想做的事，一心只希望在北美司好好發揮，因此並未置可否。不到兩星期，蘇局長再次來電，問我考慮得如何，才忽然驚覺他的詢問超乎我認知的認真。

我馬上求助一位和行政院長連戰說得上話的長官。才結束與連院長會晤的他立即來電話，表示院長有些不太高興，原因是希望給我機會歷練，為何遲遲不肯答應？連戰是我的老師、貴人，我聞此言，立即向外交部長章孝嚴報告，他則回：「既然是院長的意思，那你就去吧。」

擔任新聞局綜管國際文宣事務的副局長，對我而言可稱得心應手，因為國際文宣本來就是外交工作的一環，我也曾任國際處副處長一年，人脈、工作內容都不陌生。

在任新聞局副局長期間，多次出訪，印象特別深刻的是一九九七年二月十九日，訪中南美洲的回程在美國轉機，我們拜訪CNN總部亞特蘭大。此行原訂要拜訪CNN國際部門總裁，但抵達後，總裁祕書告知因為中國領導人鄧小平逝世，希望能請我上現場新聞直播節目。當時台北時間仍是凌晨，無從請示上級，只能硬著頭皮接受名主持人曼恩（Jonathan Mann）專訪。

曼恩問：「你是台灣政府的副發言人，對鄧小平逝世有什麼評論？」我表示，首先要代表中華民國政府，向鄧氏遺屬表示哀悼之意，其次鄧小平的「四個現代化」對中國經濟帶來貢獻、造福人民，要給予讚揚，然而，遺憾的是六四天安門事件中國政府採取武力鎮壓，鄧小平無法免責。

該片段後來透過CNN在全世界不斷重播。返國後，我立即向連院長報告此事，院長表示受訪內容講得不錯，但英文字彙還要再加強，用詞可以再優美一點。過了幾天，遇到李總統。他說這次訪問表現很好，清楚闡釋了政府的立場，而且逢人就說：「李副局長這個年輕人不錯！」

出任新聞局長

一九九七年四月，藝人白冰冰女兒白曉燕遭綁架撕票，手法殘酷，三位加害人逃亡時數次與警方槍戰，還犯下更多刑案，強烈衝擊了台灣社會，民眾對政府的不信任度攀升。為回應民眾訴求，連戰內閣進行了局部改組。

五月中旬的一個星期日，池琳在國外出差，我帶著念小學的兒女到家附近的鬍鬚張吃晚餐，突然接到《中國時報》記者李建榮電話。他告訴我，隔天會發布我升任新聞局長的消息。

第二天，《中國時報》以此為頭版新聞。早上八點，我前腳剛踏入新聞局大門，《中時晚報》、《聯合晚報》兩位記者唐湘龍、馬道容便問我關於最新人事案的進一步消息，但我實在毫無所悉。

九點，祕書楊光中告訴我連院長召見，便從新聞局走到隔壁的行政院。

「我決定由你接下新聞局長一職。」連院長一見到我就這麼說。

「但是過去不管是新聞局國際新聞處、副局長的歷練都是國際，我完全不熟國內業務。」

連院長以一貫「省話」風格又道：「那你就快點進入狀況。」

不到三句，談話就結束了。而正是這不到三句話，決定了我邁向未曾預料的道路。

一九九七年五月十五日，正式就任新聞局局長。交接典禮時，老長官國安會祕書長丁懋時親臨參加，在我耳邊輕語：「該是你的，還是你的。」是傳統的命定論。

對熟悉國際事務的我而言，前方的新賽道牽動著國內政治的千絲萬縷，是全新的考驗與挑戰。行政院新聞局局長是個可以有高曝光、知名度的內閣職位，業務主要可劃分為國內、國際兩區塊。國內部分有國內新聞處、廣播電視處、電影處、出版處等單位；國際部分則有國際新聞處、視聽處、資料編譯處、聯絡室等。

當時總統府尚未設發言人室，所以新聞局長能夠以政府發言人身分在三大無線電視台、廣播、報紙等主要傳媒出現。解嚴前，任職局長與國民黨文工會主任者都是深具權威的官員，因為當時政府對傳媒有相當管控權，而在局長的任用上，自首任沈昌煥起，多出身外交體系或是擁有博士學位的教授，特質都是年輕、口齒清晰，形象清新者。每當國外記者、貴賓來訪，新聞局幾乎是停留的第一站，外賓會來此看國情簡介影片，拜會首長，因此流利英語成為局長的必須條件，也是適合養成高階外交官之路，後來出任外交部長者不少，沈昌煥、錢復、丁懋時、胡志強、程建人、林佳龍和我等皆是。更有出任駐美大使者，例如沈劍虹，當然，還有史上唯一的「台灣省省長」宋楚瑜，也是在新聞局長任內開始嶄露頭角。

民主化以後，報禁解除，電視台開放，有線電視台紛紛成立。隨著網路普及、科技進展，社群媒體、自媒體獲得更多重視，紙媒、無線和有線電視隨之式微，新聞局被裁撤，加上政府各部門為加強文宣，紛紛自擁發言人室及預算，新聞局長身兼政府發言人的風光時代於是漸淡出。

國內業務：萬般挑戰

直接面對民眾

新聞局長任內，第一個受國人高度關注的，就是前一節提及的白曉燕綁架撕票案。

三名歹徒全台逃亡，其中最後一名在逃嫌犯陳進興，甚至還潛入南非武官官邸，挾持武官一家人。身為政府發言人的我，必然得代表行政院向民眾說明案情最新進展，緩解民眾忐忑不安的心。只不過，即使連院長每天請警政署長姚高橋報告最新辦案進度，民眾對政府的信心仍大幅動搖，國內出現抗議行動。

第一次是在一九九七年五月十四日星期三，接任新聞局長的前一天。筆名杏林子的作家劉俠擔任總召集人，要求「總統認錯、撤換內閣」，群眾高舉「悲」、「憤怒」等黑色抗議紙板，以集體跺腳、橫躺方式表達不滿，約有五萬人參與。

第二次抗議活動是在短短四天後，由人本教育基金會結合五百多個民間團體，舉行「五一八用腳愛台灣」遊行。各在野黨均動員參與，有十萬名群眾走上街頭，並用雷射光束在總統府正面的牆上排出腳印和「認錯」兩字，而這也成為了抗議活動的經典畫面。

五月二十四日，第三次抗議。群情激憤的民眾計畫於國父紀念館廣場舉辦集會，宣洩對政府處理白案的不滿。我立即向連院長報告此事，請示可否代表政府與抗議民眾溝通，表達歉意。

連院長看了我一眼，停了數秒。

「保持尊嚴。」就這麼一句指示，不改省話作風。

我有些不太明白，步出行政院長辦公室速向徐立德副院長討教。徐副院長聽了，立即令我找同仁部署、沙盤推演。回辦公室即找副局長及幾個處長討論，請他們分頭和警政署、大安分局溝通活動當日協作事宜。當天下午兩點，在同仁陪伴、便衣刑警保護下，身為政府發言人的我與群眾面對面，說明政府立場與政策，聽取對於政府改善治安的建言，試圖化解對政府的不滿，媒體聞風而至。

一九九〇年代，鮮少有政務官膽敢走入抗議人群，更別提坐在地上展開對話，也因此獲不少民眾肯定，連向來嚴肅、不苟言笑的連院長，也向我轉達企業界好友的讚許。不久，抗議風潮隨著嫌犯落網，漸漸緩解。

有線電視大戰

新聞局長的國內工作往往最具挑戰也最棘手，這也是民主化後的必然產物，當中以有線電視大戰為最。

一九九三年七月施行《有線廣播電視法》，隔年正式開放業者登記立案，有線電視頻道如雨後春筍般不斷冒出，過往只有台視、中視、華視老三台的時代宣告終結。

每當年關將近，提供節目頻道的有線電視頻道商和布設電訊系統的有線電視系統業者，會開始洽談來年合約。系統商必須決定向頻道商購買哪些頻道，各家頻道商則拿出菜單任君選擇，雙方針對價碼磋商。閱聽人來年能收看哪些頻道，視自家所屬系統商和頻道商的磋商結果而定。

然而，有線雙雄和信、力霸兩大集團經營該事業多年，從節目製作、頻道代理、架設系統，幾乎無所不包。和信代理衛視、中天、迪士尼、ＮＨＫ、Discovery 等二十八個頻道，力霸集團則握有東森、三立等另外二十八個。若從系統來看，和信陣營全台通路占有率約一成七，力霸集團則掌握四成，而雙方的爭論即源於此。

力霸集團通路廣，訂戶數較多，達一百六十萬戶，和信則約六十萬。和信主張，東森應以較高價格購買和信頻道，東森則以訂戶數並無公正公開數據為由，不接受此提議。不只如此，就連簽約範圍是否普及全台，還是僅先簽台北市，以及版權費、系統收費標準的細節，雙方都難有共識。於是在一九九八年元旦當日，兩大集團分別停播對方頻道，改以其他頻道代替，甚至斷訊，全國至少有二十萬收視戶受到波及，行政院消費者保護委員會光是在一月三日當天，就接獲數百通抱怨電話，連外僑、美商也抱怨看不到CNN、BBC新聞。

當時四十七歲的我對國內政治不夠熟稔，且有線電視大戰這類國內業務原並非我所長，況且此事牽涉國內政治、利益盤根錯節，要調解談何容易。

和信、東森分別由海基會首任董事長辜振甫、曾任力霸企業集團董事長的王又曾成立，兩人皆為國民黨大老，其中辜振甫先生的長子辜啟允是多年友人，王又曾先生之子王令麟，不只是力霸旗下東森集團董事長，當時更擔任立委、國民黨中常委，也熟識多年。幕僚告訴我，其實依法可以把問題推給交通部電信總局，但我認為如此做法太過官僚，畢竟有線電視大戰已經傷害閱聽人權益，民眾想必認為這件事與政府有關，不會問是哪個機關要監管，還是接下了這個燙手山芋。

我多次找來和我年齡相仿的兩大企業代表辜啟允、王令麟協商，但是他們態度堅決，誰也不肯讓，最後只得勞煩雙方父親出馬，帶著兩位二代和我坐下來談，最後眾人同意顧全大局，希望儘速平息風波，總算曙光乍現。

一九九八年一月二日，那場來來飯店（現台北喜來登大飯店）的協調會上，老帥出馬氣氛自然不同。

「我這幾天血壓高到一百八十。」王又曾先生先說道。

「我連心臟病的藥都帶來了。」辜振甫先生隨即慢條斯理地從口袋裡掏出藥瓶。

眾人相視，大家一陣苦笑。

「你們如果不解決，我就不幹了。」過度勞累的我口角炎發作，當著辜啟允、王令麟兩人的面，義正詞嚴地表示。

當日會商結束，面對媒體採訪時，我和辜王三人手掌交疊，一塊合影。

隔天，我和雙方再度於來來飯店協商了三個半小時，總算達成四大共識：一、雙方願意互購節目；二、本協議以全國地區為基準；三、雙方依據報價單與系統協商，在一九九八年一月七日前的延長授權期間完成正式協商，在此期間雙方互相提供訊號，並在一月四日零時起恢復訊號；四、一月七日前雙方如未能達成協商，造成消費者權益損害，政府必定依法嚴辦。

這場斷訊風波，最終在一九九八年一月五日，有線雙雄在「維護收視戶權益」的共識中結束，而我也宣布該年是「有線電視整頓年」，將重建產銷秩序，徹底解決頻道商、播放系統到消費者的問題，不再讓此次鬧劇重演。

公視成立與開播

新聞局長任內，也見證《公共電視法》在立法院三讀通過，為開播提供法源。一九九〇年五月，新聞局成立公共電視台籌備委員會，但各界對「公共化」定義莫衷一是，使得《公共電視法》在一九九三年十二月，才在激烈辯論下通過一讀，而後更由前行政院長孫運璿親自至立法院遊說，終於在一九九七年五月三十一日三讀通過《公共電視法》，但附帶條件是，要求公視在二〇〇二年七月前不得製作每日即時新聞。此外，在立法過程折衝下，公視的法定預算從六十億縮減為十二億。對照英國、日本、韓國的公共電視——ＢＢＣ、ＮＨＫ、ＫＢＳ，就只能選擇彌補商業電視不足的「小而美」之路。

我表示希望公視能在一九九八年元旦開播，卻遭立委質疑，因為決定公視開播日是未來董事會職權，並非新聞局長所屬，憂心公視會成為「政府電視」。我只能緩頰解釋，並沒有干預的意思，而是應該要給多年來期待公視開播的社會大眾一個交代。

不只官方嚴格監督，也有不少各地勢力密切關注此事。某位有線電視大亨就曾透過高爾夫球敘，向李總統反映公視製播小組支出不當，其中有部門主管公出搭商務艙、衛星電視直播車採購價格過高等情事。事實上，這些預算固然編列在新聞局內，移出後，也不可能細部管控，這也是委外單位的通病。

一九九八年七月，公視總算開播。二十七年來製播不少膾炙人口的節目，也是金鐘獎等獎項常勝軍，但幾經政黨輪替，不論執政黨為何，公視卻常是朝野爭執的議題之一，且總是背上無法落實公共化的原罪。

該如何兼顧閱聽人收視權利又落實公共化，使其真正超然、獨立，猶待各界找出更好的解決方案。我們希望學習的典範是英國的ＢＢＣ、日本的ＮＨＫ，然而前者近年也曾因為主持人批評首相而遭停職，引發軒然大波。以台灣的情況，在政黨嚴重對立及文化人多堅持己見、不願妥協的個性下，也很難解。

地下電台暗湧

新聞局另一項國內重要業務是「管理」地下電台。一九八七年解嚴後，地下電台興起，節目以批評時政為主，也有部分是販售未經衛生署（現衛福部）許可的藥品。後來政府於一九九三年開始逐步開放廣播頻道，不過仍需委員會審查通過。

地下電台與政府一直以來大小衝突不斷，當中諸多利益往來與地方勢力盤根錯節。一九九四年七月三十日，新聞局取締十四家地下電台，引發這些地下電台發動群眾向新聞局抗議，演變成警民激烈衝突，也發生過廣電處同仁遭砍傷事故。

擔任新聞局首長，自然需要直接面對地下電台的紛擾。猶記當時，一位出身中南部的立委，帶了一位中功率電台業者來拜訪，劈頭就說已經為自家電台投資八千萬元，希望能使其合法化。我隨即請身旁的廣電處處長洪瓊娟解釋該制度的實際運作。

洪處長說明，審議地下電台合法化的委員會，廣電處處長只是委員之一，另包括交通部電信總局局長或副局長，政府實際掌握的票數只有兩票，其餘委員還包括國內各大專院校教授，共九票，因為委員會當中的學者多半都剛從海外取得博士學位返台不久，在解嚴後媒體蓬勃發展的年代極具使命感，專業判斷絕非權勢和金錢可撼動，言下之意是希望對方能打退堂鼓。

該立委聽完啞口無言，話鋒一轉表示：「你們這些讀書人，算了。」並強調朋友已注資建台，就算無法核發執照還是會繼續運作，請新聞局不要抄台。

時值國民黨本土化，同仁告訴我，若得罪這些地方勢力，就會立即接到關切電話，見到這現象，內心著實受到不小衝擊。

凍省餘波

一九九七年的凍省，也是我曾略參與的重大事件之一。當時，第三屆國民大會通過憲法第四次增修案，在《中華民國憲法增修條文》中，加入移除台灣省原有地方自治功能的相關條款，並經李總統公布後施行。第十屆台灣省議會議員、第一屆省長宋楚瑜一九九八年十二月二十日任期屆滿，便開始進行功能、業務和組織調整，使國內高層政情緊繃。

《聯合晚報》記者馬道容觀察，我不只是連院長的發言人，也是政府發言人，值連宋關係不睦之際，我的發言尺度、角色拿捏更加敏感，稍不慎就會引發政治風暴。

凍省案通過後，宋省長表示絕不戀棧，在七月二十三日強烈要求行政院一天內告訴他是否要辦理離職，若確定要他離職，就立刻依法辦理補選，選出新省長後，他馬上會辦理移交，如無指示，他會專心省政直到任期結束。至於是否會在辦理補選後投入選戰，宋省長並未表達意見。

行政院高層得知宋省長的大動作，驚訝於其發言內容，與會者也表示「氣氛沉重」、「有點不知所措」，但連院長仍是「泰山崩於前而色不變」。我在同天代表行政院發言：

「對於宋省長的『一再』請辭案，行政院自然會做出決定。」

「今天會不會做出決定？」記者繼續追問。

「未必。」

兩天後，宋省長來拜會連院長。與宋省長有長期交情的行政院副院長徐立德、祕書長趙守博，都稱因公不克出席，僅由我陪見，兩人會面氣氛十分禮貌、互敬。會後宋省長公開表示，將好好為省民服務，並希望辭職風波「就此打住」，我則表示「歡迎就此打住」。當然，後來記者還是鍥而不捨，一再追問會談細節及內容。

「菩提本無樹，明鏡亦非台，本來無一物，何處惹塵埃。」

我原希望大家多關心國家及民眾福祉等大事，別繼續執著，便以禪宗六祖慧能偈語回應。殊不知，這段無塵埃的發言，揚起了漫天沙塵。

許多不滿的宋省長支持者致電新聞局抗議，祕書惠熙銘疲於接電話、安撫民眾。與宋省長交好的國民黨省議員張福興更批評我，以政府發言人身分，面對媒體談宋省長辭職一案卻用詞曖昧、缺乏民主素養，十分幼稚，也不滿國民黨高層處理凍省案的趕盡殺絕，甚至考慮退黨以示抗議，對我的「外交」回覆聽而不聞。

回想那段當國內政治幼稚生的日子，每日於震撼中學習，真是冷汗涔涔。

國際業務：開放與進步

九七變局

相較國內事務的錯綜複雜，新聞局的國際業務對我而言，堪稱得心應手，畢竟過去擔任副局長時的督導業務就以國際為主，而國際傳播本就是外交官的歷練與養成的重要層面，更早之前我也曾擔任新聞局國際新聞處副處長。

一九九七年，中國藉香港主權移交、美中領袖柯林頓、江澤民會談，在國際間對我方展開凌厲的外交攻勢，進一步否定我國主權，扼殺我方國際生存空間，新聞局更有必要特別結合國內外資源，慎謀因應之道。因此，新聞局長任內，我前往紐約、華盛頓、洛杉磯幾個主要媒體聚集的城市拜訪各大媒體，宣達政府政策。國外主要媒體若來台採訪，我也會接待，結識國際有名的兩岸通記者，像是《紐約時報》的紀思道（Nicholas Kristof）、包德甫（Fox Butterfield），以及協助CNN創立香港分社，後來取得就業金卡，在台長居的齊邁可（Mike Chinoy）等。

七月一日，香港主權移交，當時英國王儲查爾斯三世（Charles III）親自到港主持，全球矚目。前一夜，CNN現場連線台北、香港、華府、倫敦，台北現場以中正紀念堂為背景，負責訪問的是知名主播蕭伯納（Bernard Shaw），受訪者則是身兼副總統、行政院長的連戰。原本這場是由我接受訪問，但六月二日的行政院顧問會議時，我當面遊說連院長親自連線，他也爽快答應，當面敲定細節。

歷經仔細的沙盤推演，直播後，連院長的流利英語、用詞分寸拿捏、堂皇儀表受到國內外一致好評，充分表達了政府立場、維護國格，足具風範。後來連院長先行離開，由我接棒，在直播中繼續回答主持人和全世界觀眾的問題，直至午夜後才收播。現場連線若講錯話便是覆水難收，壓力之大可想而知，所幸安然過關，也讓我充分見識到國際媒體極具規模的陣容、專業的製作團隊，以鉅資租下國際衛星時段的場面。

全球各大國際媒體均參與七月一日的香港主權移交典禮，新聞局也趁機邀請他們返國途中來台北訪問，在兩天後的下午於台北賓館搭了舞台，以後方的水池、林園作背景，由連院長召開記者會回應國內外媒體提問，在中共因香港回歸民族信心大振之際，不卑不亢地說明我方立場，獲國際媒體大篇幅報導，成效極佳。

在當時國際媒體普遍較不如現在關注台灣之際，能有如此大的曝光度，實屬不易。

台片起飛

一九九〇年代也是台灣電影揚名國際的時代。

導演李安的三部作品《推手》、《囍宴》、《飲食男女》，都獲新聞局輔導金各一千萬元，其中，《囍宴》、《飲食男女》得到奧斯卡金像獎最佳外語片提名。當他以這三部作品站穩影壇後，好萊塢的資金紛湧而至，他陸續拍出《理性與感性》（*Sense and Sensibility*）、《臥虎藏龍》等大作，後來也以《斷背山》（*Brokeback Mountain*）、《少年Pi的奇幻漂流》（*Life of Pi*）兩度獲得奧斯卡最佳導演殊榮。李安導演始終緬懷政府早期的支持，相當感謝新聞局輔導金制度，始終不遺餘力支持國內影業。

在這個台片大放異彩的年代，也有不少大膽探討前衛議題的作品。一九九七年某日，我突然接到總統辦公室來電，表示李登輝總統想到新聞局二樓試片室欣賞剛在該年柏林影展得到銀熊獎肯定的國產電影《河流》。一接到指令，立刻聯繫出品該片的中影總經理邱順清，不料邱總經理卻在電話另一頭靜默許久。

安靜的空氣緊繃得讓人心慌，約二十秒鐘過去了，邱總經理終於低聲說道，可能沒辦法調片子。

「如果讓李總統看了，我一定丟官，你也可能職位不保。」

「哪有那麼嚴重？」我還天真地反問他。

邱總經理緩緩解釋，《河流》主題牽涉同志、亂倫情節，擔心身為虔誠基督徒的李總統恐怕無法接受。當下我問他：「那該怎麼辦？」他告訴我，會想辦法幫忙調其他片子。後來調到正在院線播映、榮獲奧斯卡金像獎最佳影片肯定的《英倫情人》（*The English Patient*），描述一位被燒傷的男子，歷經第二次世界大戰蕩氣迴腸的愛情故事。到了賞片當日，李總統和夫人曾文惠兩人一起到新聞局來，看完以後直呼多次「好看」，也沒多問我為何從國片換成西片，我和邱總經理心中的大石頭也終於放下。

李總統對電影不只是作為觀眾的喜愛，也相當重視這個產業。另一日下午，李總統接見，問道：「你看過KIRIN麒麟一番搾啤酒廣告嗎？」希望新聞局能把時下熱門廣告片的拍攝手法融入政府文宣。

這一系列廣告分成幾個不同場景，由侯孝賢導演，另一位名導演吳念真配音，在講述與人生觀相關的獨白後，配上金門王、李炳輝演唱的熱門歌曲《流浪到淡水》「燒酒喝一杯，呼乾啦！呼乾啦！」的歌詞，在當時引起風潮。

接到指令後，雖然心中覺得似乎不可行，但也未直接表達異議。一回到新聞局，就和局內主管會商，幾位處長紛紛認為窒礙難行，原因是KIRIN麒麟一番搾啤酒廣告是採用電影規格拍攝，預算高達三千萬至四千萬元，但新聞局的政令宣導片都是和電視台協商，每個鐘頭要提供三十秒公益廣告時間，預算僅有十八萬，和該商業廣告有雲泥之別，此事後來不了了之。

有次，美國影星李察・吉爾（Richard Gere）來台宣傳政治驚悚片《紅色角落》（*Red*

Corner）。該片講述一位美國富商，試圖和中國政府完成衛星通訊交易，但在交易過程中，富商被誣陷謀殺中國將軍之女，因此他和辯護律師一起偵查案情，並發現真相，更對共產黨的專制、腐敗有深刻描繪。李總統在總統府接見李察·吉爾時，表示這部反共電影太棒了，台灣應該也拍一部，續集仍由他主演，他會協助向民間企業界友人募資。

會晤結束後，我陪著李察·吉爾下樓，順道冒昧問了他一句，《紅色角落》拍片預算多少？他小聲告訴我，是一億兩千萬美元，他的片酬是一千兩百萬美元，外加票房營收的三%。乍聽之下，就知道台灣恐怕很難有條件拍出《紅色角落》第二集，幸好後來李總統也沒追問。

有趣的是，李察·吉爾的魅力竟讓當時監督政府施政的「砲火」休兵了一段時間。每星期四行政院院會結束後，新聞局長會向記者逐一分析通過的法案或決議，某大報時常一字都沒登，反倒砲火猛烈批評政府施政，氣得擔任行政院祕書長的趙守博直呼：「這寫的到底是什麼東西？」我雖心知肚明，但沒多解釋。

李察·吉爾訪台時，我和池琳做主人，安排該報採訪主任作陪。

當天有一插曲，主賓李察·吉爾是達賴喇嘛忠實信徒，長期茹素，看到桌上擺了看似雞、鴨、魚的菜餚，色、香、味皆類似，不願下箸，池琳展現外交官夫人本領，親切說明這一桌都是素菜，李察·吉爾聽了，試著嘗了幾道，讚不絕口，表示從沒吃過如此美味的素食，餐後還特別邀請主廚合影留念，親和力十足。

觥籌交錯間，新聞局的攝影官捕捉了不少李察·吉爾和採訪主任的互動畫面，照片洗出後即送予一疊。興許是這疊照片發揮了效果，該報對行政院約有三個月「停火期」。

印刷解禁

另一個新聞局長任內的成果，是促成一八八九年成立的老牌報紙《華爾街日報》（*Wall Street Journal*）在台印刷。

事實上，之前該報就有此意，但當時《出版法》規定，外籍媒體在台印刷發行必須先辦理登記，而且還要由本地人士擔任發行人。《華爾街日報》因此只能在香港印刷，印完後立即空運來台，台灣政商界人士必須等到當日下午三、四點，才能看到最新報導。

針對此事，《中國時報》指出，《華爾街日報》曾在新加坡被禁，也進不去高度控管媒體的中國大陸，而香港在一九九七年回歸後，新聞環境也不被看好，因而把希望寄託在台灣，卻一直在法令上卡關。後來經多方斡旋、協調下，總算拍板定案，該報只要找到本地報紙代理印刷發行即可，最後由英文《中國郵報》負責付印，發行該報的道瓊集團（Dow Jones）總裁華思（Karen House）特別致函向我表示謝意。

《華爾街日報》順利在地印刷，不只讓國人一早就可在台灣看到熱騰騰、剛印好的國際新聞，更重要的是，台灣要成為亞太媒體中心的願景不致蒙塵。

另一條成長曲線

二〇〇〇年政黨輪替以前，新聞局長首重英文和國際文宣能力，每年固定都要到美國、歐洲等地訪問重要外國媒體，也時常要接見訪台外媒，自然成為外交人才練兵場，但後來，英文能力不再是選用新聞局長的重要標準，反倒更青睞在國內政治歷練充足的政治幕僚，而且此職位的高度曝光可望成為日後選舉的助力。

離任行政院長多年後，連先生在一次很輕鬆的場合聊天時，感嘆地表示，他在任內起用了三個讀書人當新聞局長，很多人告訴他，真是膽大，因為我們三位此前多缺乏國內政治歷練。

遺憾的是，無論是國內政治幕僚還是職業外交官，這條人才培訓的途徑，都在二〇一一年隨著政院組織改造告終。後雖另設行政院發言人室，等同閣員待遇，但處理國內文宣遠多過於國際，而面對國際社會的發言責任，就落到外交部長身上，其實這項安排並不妥當，因為外長是外交政策執行首長，發言尺度應留分寸，與發言人角色不同。

一九九七年五月到一九九八年二月，這短短不到一年的新聞局長任期，我學到的比付出貢獻的更多。其中收穫最豐富的，便是如何在國內各利害關係團體間調和鼎鼐，以及擔任機關首長需要展現的領導能力和協調國內政治的能力，這些積累，在往後的日子裡，助益甚多。

第 4 章

再回外交部

「外交部有個缺，你有沒有興趣？」一九九八年一月底，蕭院長突然問我。

我不假思索，立刻答應。

「我都還沒說是什麼缺，你怎麼就答應了？」見我如此，他露出招牌微笑。

開缺的是外交部政務次長。我有些喜出望外，因為我始終想回自己喜歡的專業領域。

發布人事令後，兩位恩師——時任國民大會議長錢復、國安會祕書長丁懋時，看到我不約而同表示，他們當年新聞局長任滿，回去外交部是接常務次長，而我一回去就當政務次長，更上一層樓。對此，只能覆以感謝長官眷顧。

二月五日，我重返外交部任政務次長，戮力扮演好最佳輔佐角色，任內先後歷經三位部長，分別是胡志強、程建人、田弘茂。

精實日子

政務次長是個絕佳的歷練機會。過去在部內僅涉及北美業務，政次可綜覽全球各館電報、部內簽呈、給外館訓令、呈府院簽呈，更能參加國安會召集的副部級會議，或受命主持跨部會涉外事務協調，每日要花不少時間接待、款宴外賓，雖然工時較長，但許是全心投入，年紀尚輕，幾乎忘了疲累，回想這三年，日子過得真是相當精實。

任政務次長的每一日，身體與頭腦皆全速運轉，不但要保持長時間敏銳的耐力，還要能同時吸納來自各方的資訊。接見外賓時，要悉心解答問題、說明政府立場。款宴完畢，兩位幹練祕書劉德立、陳文儀還會準備「夜點」——兩到四箱公文，供我回家批閱，幾乎每天都要到午夜才閱畢。不只如此，每週六，電務處還會送至少兩包電報到家。美洲、歐洲、非洲各館週五下班前出清電文，因時差，台北收到電報時多已是週六早晨，此時沒有祕書篩選，又深怕遺漏重要電文，只能逐一審閱。

為實踐「務實外交」，擔任政務次長期間經常出訪，光非洲就去了五次，美國更加頻繁。因為國家處境特殊，出訪許多無邦交國須祕密進行，以免受干擾，且當時報禁已開放，文字媒體仍是民眾取得資訊的重要管道，報紙、雜誌的競爭比現在更盛，不少媒體為爭取獨家消息，會派駐「機場記者」緊盯國航班次，為因應，出訪的行程安排不時變化，有時搭外國航空，不時還得變裝，戴帽子、太陽眼鏡，以免被發現。幸好當時出國差旅費用較為充沛，且較有彈性，在國外，會安排避開國航所屬旅館，迴避中國大使館人員監視。

近年紙媒閱讀率下滑，民眾對官員祕密外訪興趣也降低，想來免去了不少上述煩惱。

九二一大地震

政務次長任內，永生難忘的是經歷了台灣這一時代的人記憶中最慘烈的天災。一九九九年九月二十一日凌晨一點四十七分，發生了芮氏規模七・三的強震，此即重創半個台灣的「九二一大地震」，震央位於南投縣集集鎮，因此災損以中部縣市為最。

翌日一早，行政院祕書長趙守博速召各部會政務次長集會，要求各認養一個鄉或區協助救災與復原。內政部、國防部、經濟部、交通部、教育部等有各地分駐單位者率先自願登記，我認養的是「泰安鄉」，舉手時，腦中閃過的熟悉畫面是泰安收費站。

回到部內召集相關司處討論後，我們立即分工，籌備災區所需的物資與設備，聯繫相關單位，眾人如高速旋轉的陀螺，忙得不可開交，直到非外交官的總務司交通組長突然舉手說該地是原住民部落，大家一陣錯愕，這才稍微回過神來。

第二天，我們帶著食物、乾糧、水等救災物資前往，鄉長前來迎接，建議我們不要深入部落，因為餘震和落石相當危險。我心想，既已受命，必要達成目的，便與同仁一塊穿越破碎山邊道路，深入原鄉。

抵達梅園部落時，頭目率眾在廣場迎接，氣氛溫馨，幾乎要忘了是來賑災。一行人到定點安定片刻後，庶務科長拉我到一旁角落，指著山邊泉水說，長老們表示不需要礦泉水，可否改送米酒？當下有些愕然，腦中第一想到的是會計處恐不願核銷。

我們忙著了解鄉內的受災情況，不知不覺天色已晚，此時頭目來告，時候不早了，而且路況已經不容許一行人返回台北，最好留宿部落，便住了一宿。爾後四個月，我們前往苗栗縣泰安原民鄉不下十餘次，提供災後重建，時間和體力負荷不小。

當初對泰安的印象只有高速公路旁的休息站，深入其中後才慢慢了解當地泰雅族人的生活及需求。有次鄉公所人員給了一紙清單，列出所需修復的項目和金額，但我一看便覺得不太可行。行政院專案會議由副院長徐立德主持，他歷任省政府財政廳長、財政部長，深知地方財政運作，看了該清單後，他僅露出略帶同情的微笑說：「我來處理。」中央最後決定以統籌方式，各立專案解決。

半年後，賑災告一段落，部落頭目特別設立慶典感謝外交部同仁努力，眾人共飲、交杯自釀小米酒、蝙蝠湯，團體舞蹈同樂，氣氛至為高昂。頭目還指著他家旁的一塊空地，要我蓋棟房子，退休後搬去同住，每日共飲作樂。別離時，眾人離情依依，話別了許久才終於啟程北上，待坐上車，所有參與的外交部同仁才在車行的震盪之中，深刻體會到小米酒名不虛傳的「威力」。

近年泰安鄉重新建設溫泉旅館，對地方財政應有助益，和二十多年前風貌有所不同。回想當初救災與重建的過程，深感欣慰。

印象深刻的出訪

南太之旅

外交部政次期間，有兩次出訪印象特別深刻。

一次是一九九八年七月隨蕭萬長院長伉儷出訪南太平洋友邦。期間有場海灘晚宴，主人拿來一碗裝在椰子殼中，土色、看似泥巴水的飲料，稱為「卡瓦」（Kava）。酋長們相信卡瓦可以協助他們和祖靈溝通，是接待貴賓必要之禮。

這種刺鼻、喝了會有麻醉效果的飲料，是抓揉樹根徒手釀製的。見蕭院長面有難色，我便接過一飲而盡，殊不知由於卡瓦飲用過多會使四肢麻痺，這一大碗是要給在場與會全體人員一同傳飲的。幸好當時年輕，後來身體也無大礙，現在回想起來，自己那時過於莽撞，真是太傻了。

造訪另一站時，我們下榻的旅館老舊、床墊凹陷，不只睡起來辛苦，令人渾身痠痛，還造成腰部不小的負擔。享用早餐的途中，看到同行一位年長的工商大老由夫人攙扶踽踽而行，原來是傷了腰。我上前道歉，可敬的是這位德高望重的董事長非但沒責怪，還說：「我年輕的時候吃過很多苦。為國做事，不怕！」

到了另一國，我國援外的一間飼料廠啟用，蕭院長應邀出席剪綵典禮。隨行的一位董事長詢問該廠年產多少？聽到答案後卻頷首微笑，不再多言。見此，我逮著機會便側面詢問他公司的產量，他附耳細語，表示日產量超過眼前啟用新廠的年產量，難怪他會如此反應。

另使我敬佩的，還有友邦總理惋惜該國缺乏有水準的烘焙業，同團食品集團大老隨即詢問要供應多少人口，接著沉思數秒，馬上表示可請總理派人到其集團受訓，再轉頭看著我說，那烘焙工廠就請外交部用援外款項興建，他再派專家來指導。

當時與我們同行，如此不遺餘力為國出力的業界大老們，泰半年事已高或已歸去，想起親炙過的風範，仍感佩不已。

蔣夫人

另一次至今仍於記憶中閃爍光芒的，是赴美東出差。

因行程被國內記者曝光，出現諸多揣測報導，政府只好臨時任命為特使，出席蔣宋美齡女士百歲壽宴。與會時，我和內子發現在座的成員皆是年長我們二十多歲的大老，包括前行政院長郝柏村、時任故宮博物院院長的秦孝儀伉儷，還有時任海基會董事長辜振甫夫人辜嚴倬雲等，置身其中，神經自然緊繃，再加上與蔣夫人這位歷史傳奇人物面對面，又因我們的特使身分被安排坐在壽星右邊的主座，更是戰戰兢兢。

「要多吃些！我的廚師從台北專程趕來，否則他會抱怨自己已經老了，客人不喜歡他烹調的菜餚。」蔣夫人由護理師攙扶，身穿長旗袍、高跟鞋下樓，坐定後以英文說道。

我替內子布菜，她見了，慈祥地同我說話。

「年輕人，你一定很愛太太。」

「我先生出公差了！」語畢，她仰天，富哲理的語調餘留一聲長嘆。

蔣夫人當真是歷史傳奇人物，儀態落落大方，幽默風趣，還會用「酷」來形容自己的曾孫女。即便過了多年，回想起見她的那天，一顰一笑歷歷在目，鮮活無比，完全不受歲月流逝影響。

薄冰上的邦交國

外交部政務次長不只輔佐國內事務，也見證邦交國推展的歷史。

一九九九年一月二十七日，馬其頓總理喬傑夫斯基（Ljubčo Georgievski）與中華民國建立大使級外交關係，隔月，中華民國駐馬其頓共和國大使館在首都史高比耶（Skopje）設立，馬其頓也在六月九日於台北設立駐中華民國大使館，公使是位女士，曾在北京學過中文，十分幹練稱職。這是中華民國政府在遷台後，首次與歐洲國家建立邦交，我便是最後關頭負責談判的官員。

在當時，與馬其頓建交是空前的外交突破，看似順利，但其實過程複雜、幾經波折，就連我也只知當中其一二。此任務極其祕密，為了和這個一九九一年才從南斯拉夫獨立的新國家當局晤商，我們一行人先飛到維也納，再和中介人、我方歐洲司司長楊榮藻、機要祕書陳文儀、馬其頓政要一同搭乘八人座小飛機，前往馬其頓北邊和阿爾巴尼亞交界的奧赫里德湖（Lake Ohrid）。該架飛機老舊，飛行過程中還不幸遇到亂流、失速下墜，氧氣罩突然掉下來，驚險萬分。慌亂之中，楊司長吸了一口氣，竟滿嘴灰塵。

僅約兩小時的航程，彷彿坐了十數年，在心驚膽顫之中，眾人終於抵達目的地，迎來風暴後的平靜。

之所以會選擇奧赫里德湖而非首都史高比耶，是因為總理的別墅就在此地，可以避人耳目。湖濱別墅的風景極佳，從窗戶可遠眺這座歐洲最老、最深的湖泊，不過我們一行人尚無暇欣賞美景，抵達後一路從下午四點談到晚上十點，在這長達六小時多的會談中，我一再向對方強調，台灣是值得他們交往的朋友：剛獨立不久的馬其頓需要增加民眾就業機會，厚植經濟和國力基礎，而一九九六年台灣剛舉行完首次總統直選，堪稱是新興民主政體的成功案例。猶記當天晚宴主菜是烤湖魚，楊司長在回程時稱讚十分鮮美，我興許是因為專心講話的緣故，竟根本記不得自己究竟吃了什麼。

對方雖同意和我方建交，但事後回想，或許是太急切，我們對馬其頓的政情與治理的研究還不夠到位，使得我方與這難得的邦交國之間的關係，始終如履薄冰。

與馬其頓建交，對我方而言是投入大量資源、國人相當期待的案子，被視為中華民國除了教廷以外，在歐洲打下的新灘頭堡。雙方建交前，外交部長胡志強問我，找位能幹的人才到馬其頓當大使？我心中立即浮現鄭博久這個名字，因為他是我國退出聯合國後，第一個讓中共斷交降旗的大使，使加勒比海格瑞納達（Grenada）轉而與我方建交，加上兩年記兩個大功、三年調任三個司長，都是少有的紀錄，如此人才，該當善用。鄭博久後來外派馬其頓，但接下來的發展讓我對銜命前往的他感到十分歉疚，因為他原在泰國當代表，兩國關係相對穩定，生活步調也頗為愜意，對比去了馬其頓後遭逢的風風雨雨，不勝唏噓。

馬其頓是多黨制國家，有十個主要政黨，我方須逐一與之打交道，可想而知，如此背景下馬其頓的政局自然很難穩定，再加上該國總理雖掌握行政權，但外交國防權力卻牢牢抓在總統手中，情勢更加複雜。

根據談判內容，我方與馬其頓會先建立公使級外交關係，再升級為大使級外交關係。然而，我方是與總理、國會議長洽談建交事宜，身為前兩者政敵的總統並未參與，而即便總統、總理同黨，芥蒂始終存在，總理等人拍胸脯保證的一切，總統完全不認帳，再加上外長有意和北京復交，便不同意鄭博久公使提升為大使，我因此又飛往馬其頓二次談判。

二次談判的會議室裡煙霧繚繞、窒悶不已，幾乎每個人都在抽菸、吸彼此的二手菸，這樣的氛圍使得平常不抽菸的我，也向他們要了一支，加入了吞雲吐霧的行列。馬其頓在一九九一年以前是蘇聯的一部分，社會極端壓抑，吸菸是解壓的方式，鄭博久公使那兩年的日子有多辛苦，可從如此情景窺見一二。

脆弱的邦交僅維持兩年，馬其頓最終與我國在二〇〇一年五月斷交。這次經驗使人感慨萬千，雙邊期待差異過大，且國際現實對我方至為不利，縱使積極想穩住邦交，甚至在當地設立工業園區，但雙邊關係始終宛如走鋼索。回想起來，當時每閱自馬其頓傳回的電報，心跳總會驟然加快，胸口窒悶，彷彿又重回談判現場。

多年後，我偶從在華府時交集頗多，時任美國國務院亞太助卿的希爾（Christopher Hill）處得知一二。希爾一九九六年至一九九九年間擔任美國駐馬其頓大使，我們曾在馬國首府會晤，他告訴我，美方對於我們毫無預警就和從南斯拉夫分裂出來的東歐小國建交持相當保留態度，再加上馬其頓還和與西方友好的希臘有領土糾紛，該項建交便更有疑慮。

我方準備欠完善，國際上也不看好，在此狀態下，與馬其頓的關係迎來遺憾的結果，似乎無從避免。

兩國論效應

「宣布台灣獨立似乎並非實際可行，而北京『一國兩制』模式則不為台灣大多數人民所接受。在以上兩種路線間，是否有折中的方案？如果有，其內涵為何？」

「剛才已經說得很清楚，中華民國從一九一二年建立以來，一直都是主權獨立的國家，又在一九九一年的修憲後，兩岸關係定位在特殊的國與國關係，所以並沒有再宣布台灣獨立的必要。」──*面對提問，李登輝總統如此回答。

此番談話便是俗稱的「兩國論」，在政務次長任內給我留下極其深刻的記憶。

李總統是在一九九九年七月九日下午，在新聞局長程建人陪同下，於總統府接受德國之聲總裁魏里希（Dieter Weirich）錄影專訪。

其實，在接受德國之聲專訪當天早晨，李總統於接見國外宗教團體時就已經預演過「特殊國與國關係」論述，只是沒發新聞稿。我陪見時聽了有些訝異，立即向外交部長胡志強報告，但我們都不知道李總統會在下午經新聞局安排，接受德國之聲專訪時正式發表。

當日下午四點，輿論尚未興波，我們一家按原定計畫啟程前往加拿大度假。飛機才降落溫哥華機場，駐溫哥華辦事處處長已手持《世界日報》，雖及時得知「兩國論」已掀波瀾，但我們接下來的行程是到景色壯麗的洛磯山脈旅遊一週，當地收訊不良，網路建設也不如現在完備，難以取得外界訊息，因此雖掛心此事發展，但無奈難以著力。

直到結束洛磯山脈行程返回溫哥華，準備飛回台北前，我才從報紙上讀到已如滾雪球般逐漸擴大的事態，和我國交情甚篤的美國在台協會（ＡＩＴ）理事主席卜睿哲（Richard Bush）也急忙趕赴台北了解情況，轉達美方訊息。

美國柯林頓政府試圖降溫兩國論激起的台海情勢。白宮發言人洛克哈特（Joe Lockhart）在十四日主持例行簡報時，拒絕評論北京是否可能動武、美國可能的反應，並要記者「別把北京的嚴厲措辭看得太重」。

德國之聲的訪問透過英語衛星頻道向全世界播送。北京當局反應強烈，抨擊李總統：「公然把兩岸關係歪曲為國與國關係，暴露其一貫蓄意分裂中國領土和主權的政治本質。」中國最高領導人江澤民也取消海協會長汪道涵訪台計畫，並表示到二〇〇〇年三月台灣總統大選前，停止海協、海基兩會交流對話機制。

美方態度則在九月十一日的「柯江會」時出現變化，總統柯林頓首度對兩國論表達較負面的意見，認為此論已使美、中關係更加艱難，但他也明確告訴江澤民，若中國大陸對台訴諸武力，將造成「嚴重後果」。

兩國論不只深刻影響美、中、台三方關係，對國內政治也有相當程度的衝擊，有認為李總統突破兩岸現存框架者，也有認為其發言煽動戰爭者，而「特殊國與國關係」，至今仍是討論兩岸關係時，必定提及的重要關鍵。

＊編注：專訪文字引自總統府新聞：https://www.president.gov.tw/NEWS/5749

初次政黨輪替

「兩國論」餘波盪漾，二〇〇〇年三月總統大選時仍方興未艾。這場眾所矚目的大選，最終在泛藍陣營分裂下，由民進黨候選人陳水扁、呂秀蓮勝選，得票率為三九．三%，台灣迎來初次政黨輪替。

選前，國民黨部的民調資料顯示國民黨候選人連戰、蕭萬長組合會勝選，然而《遠見雜誌》的民調，連蕭兩人卻落後民進黨候選人陳水扁、呂秀蓮，也和無黨籍候選人宋楚瑜、張昭雄有一段差距。

猶記選前兩週，曾獲諾貝爾化學獎肯定的中央研究院院士李遠哲等人士組成「國政顧問團」，公開為陳、呂二人造勢。當天中午國安會祕書長丁懋時宴請ＡＩＴ台北辦事處處長薄瑞光（Raymond Burghardt）、副處長楊甦棣（Stephen Young），薄瑞光處長直接問丁祕書長對選情的評估。

「連蕭最後還是會贏。」丁祕書長表示。

「我們不這麼認為。（We don’t think so.）」對此，薄瑞光的回覆卻是如此斬釘截鐵。

坐在我身旁的楊甦棣副處長也點頭附和，這是我第一次覺得，選情恐怕不如預期，實際情況與我們獲得的資訊可能差距甚遠。

後來駐華府期間，我曾問過二〇〇二至二〇〇六年擔任ＡＩＴ台北辦事處處長的包道格（Douglas Paal），為何ＡＩＴ的民調那麼準？他告訴我，ＡＩＴ本身並沒有做民調，而是政治組官員實際探訪各陣營、民意代表、學者、專家、地方領袖，打聽各種消息，交換意見，最後綜整，結果確實符合選舉統計（近年日本小笠原欣幸教授也用類似方法，博得「神預測」美名）。

確定政黨輪替後，我原本打算跟著蕭萬長內閣在二〇〇〇年五月二十日一同總辭，到某私立大學任教，沒想到四月分宣布由國防部長唐飛組閣。唐飛準院長親電交代，希望我能留在外交部幫忙，繼續擔任政務次長，部內同仁看到熟面孔留任，因首次政黨輪替惶惶不安的心也能較為安定。

新任外長田弘茂是學者出身，我們早已認識，他充分授權，我也將新政府可能面對的外交挑戰與部內事務坦白分析、解釋，兩人溝通十分順暢，使政黨輪替後的外交事務無縫接軌，許多謠言、紛擾隨之煙消雲散。

七個月過去，階段性任務完成，回部服務已滿五年，我從外交部政務次長調任駐比利時代表。過去駐外、求學經驗以美國為主的我，面對文化、民情迴異的歐洲，既期待又緊張，但不變的是努力貢獻使駐在國與台灣關係持續增溫。

第 5 章

比利時與歐盟：
開闊視野

在歐洲服務的三年四個月，對個人來說，是養成全球外交視野相當重要的時期。抵任時，歐盟共有十五成員國，到準備赴任駐美代表的二〇〇四年五月一日，已東擴到有二十五國了。因應歐盟整合，我走入了深水區，致力於增進與歐盟總部的關係，包括歐盟理事會、歐盟執委會、歐洲議會，也見證駐比利時代表處在二〇〇一年四月經我政府核准更名為「駐歐盟兼駐比利時代表處」。回想**這段時日，不間斷地接收來自各會員國的資訊，與各方人才交流，在多元文化觀點的並列、交錯與衝突下，視野以前所未見的速度擴大，不只讓我更了解歐洲人如何看待國際事務，也得以更深入觀察不同國家與民族的處事風格**。

丁懋時先生是我的老長官，曾任外交部長、國安會祕書長，曾在聽我描述歐盟經歷時，講了一句意味深長的話：「民進黨還真會訓練人才。」當時我正於歐盟服務，他到比利時訪問，留住家中五天。丁懋時先生法語十分流利，畢業自法國巴黎大學，歷任盧安達、薩伊（現剛果民主共和國）等非洲法語系國家大使，再被拔擢為外交部非洲司司長、行政院新聞局長、外交部長，而後擔任駐美代表。我是先到美國，再到歐洲拓寬視野，他則先到歐洲，再到美國，兩人有類似的經驗，我想，他定是對我訴說的境況心有所感。**回想在駐歐盟期間，可說是學不間斷，日新又新，觀察、思考及反省比過去更寬廣，更能切中深處核心**。

二〇〇二年五月時，我曾赴立法院以「我國與歐盟關係之檢討與展望」為題報告、備詢。擔任主席的無黨籍立委陳文茜就特別指出，外交部的報告常被批評太過簡單，而我的報告「難得相當完整」＊。

外放比利時

二〇〇〇年五月，台灣首次政黨輪替，首任行政院長唐飛親電邀請，我續留內閣擔任外交部政務次長並兼政權過渡時期小組成員，協助政務無縫接軌。八月，因認為階段性任務已經完成，且回部近五年，便向時任外交部長田弘茂報告，希望可以外放，對此，田部長也直白地表示執政黨內確實對我續留有些意見，給了三個外放選擇，分別是去倫敦、巴黎和布魯塞爾。

我當即告訴他，駐英代表是我的老朋友鄭文華，他十分喜歡在倫敦的工作。關於駐法，雖我略通法文，但法國人是以語言、文化為傲的民族，若無法用純正、流利的法語表達，自然無法受駐在國尊重。因此，我選擇到英文也是官方語言的布魯塞爾，任駐比利時代表。事後回想，這是個聰明的決定，因為這是歐盟總部所在，是適合了解歐洲的絕佳起點。

出使歐洲一事確定後，雖也興奮期待，但其實心中十分緊張，因為所受的教育、公職生涯，幾乎都在美國。於是我為歐洲行做準備的第一步，就是蒐集坊間關於歐盟的中文書籍、雜誌、論文，詳細閱讀一遍。二〇〇一年三月抵任後的每一次拜會，都會問對方，要研究歐盟，坊間最好的英文書為何？每個人提供的書單不盡相同，我從其中揀選了眾人力推的兩本，而這也是我對歐盟書本知識的起點。

＊ 聽聞此言，終感有人「識貨」，因內容絕大部分是個人親自執筆。

到任後，第一次考驗很快就上門。該年七月，淡江大學歐洲研究所師生來訪，老師們大多留學歐洲英、法、德語系國家，研究生也具歐洲的知識專長。我忐忑不安，直到在代表處會議室和他們面對面座談五分鐘，發現來訪團隊每一位成員都埋首做筆記，連所長也不例外，懸著的心才終於放了下來。他們的專注聆聽，顯示了我尚言之有物，值得記下，這半年來所下的功夫沒有白費，當年學校所學的基礎尚扎實，能快速應用新知識。

深厚的文化底蘊

厚植於歷史的富裕

初到比京，因尚未覓得住處，暫下榻「五十週年紀念公園」（Parc du Cinquantenaire）附近旅館，此公園裡的凱旋門和馬蹄形拱廊成為每日尋常風景。這幢U形建築物的一大部分，是國王利奧波德二世（Leopold II）為一八八〇年全國展覽會而建，紀念獨立五十週年。中心的凱旋門式建築建於一九〇五年，採用鐵、石材及玻璃，象徵該國的經濟及工業水準。雖第一印象不由得將之與巴黎凱旋門、凡爾賽宮相較，但歐洲王國的氣勢不容置疑。

歐洲文化的深厚底蘊，展現於生活各處中悠久歲月的積累。旅人遊子皆趨之若鶩的古建築與歷史景點是其一，豐富的宗教與哲學是其二，但更為深刻的，則充滿在當地人的日常中。

在比國待了一段時日，經我國長期友人 Madame Gigi de Winter 的引介，我們有幸認識了些舊日王公貴族，並受邀參加皇家比利時鄉村俱樂部（Royal Belgium Country Club）。某日，因俱樂部辦比賽，我們一行人被要求打主球道外的小九洞，途中見兩位未著球裝人士現身查探，令人納悶，後來才知道原來是國王也在打球，方才是他的隨扈在檢查周遭安全。雖然球場土地屬皇家所有，但皇室也必須遵守規定，不得妨礙賽事，這種輕車簡從、平等的精神著實令人佩服。

一次機緣下，我問曾任財政部長的現任國會議員，比國何以保留王室？他的答覆是，國王很富裕，且相對英國王室來說相當節儉，使用公帑不多，倘若改制，可能使政治更不穩定，且選舉開銷及後遺症可能更大，不如維持王室。

比利時王室及貴族扈從的富裕始自十九世紀初。利奧波德二世派駐的比國官員及當地協力者，在非洲剛果的殖民地成立了剛果自由邦。這位「雄才大略」的君主此前曾遊歷遠東，認為比國是「小國寡民」，一直試圖取得海外殖民地，也曾研究租下福爾摩沙（台灣）島，或從西班牙買下菲律賓，但都未成功，這才轉食「非洲大蛋糕」。剛果自由邦的土地面積是比國的七十五倍大，使用國家、傳教士及私人公司的「殖民三位一體」（trinitécolonie），以暴力及經濟剝削制度奴役當地黑人，獲取象牙與橡膠，累積巨大財富。據史學家估計，在這過程中恐有超過一千萬人殞命，而這段「黑歷史」直至剛果民主共和國獨立六十週年（二〇二〇年），比利時國王菲利浦（King Philippe）才以信函道歉。但即便以世俗觀點來看，利奧波德二世的眼光著實不錯，剛果的天然資源豐富，蘊藏品質優良的鈾（轟炸廣島原子彈的原料即來自此地）、鑽石及現在電動車電池重要的原料鈷，這些將引來大國競爭、角力，加上在地協力者配合，想必也是「懷璧其罪」。

在比國，像這樣承繼過去，立基於悠久歷史，並且行之有年的制度、經濟和文化基礎相當深厚，其中，餐桌不意外地是考驗駐使的一方重要天地。

在駐歐盟時期，我和池琳也經常在家舉辦宴會，我們家的菜好、酒好，歐盟、比利時官員幾乎每邀必到。當時布魯塞爾最有名的中餐館是安樂園II，方老闆大方出借廚師到官舍來做正宗的菜餚，而酒類則是我們夫婦到超市親自挑選的五大酒莊新酒，一瓶僅六十至七十歐元，不但價格實惠，口感雖不及陳釀，但也十分甘醇。

官舍位在布魯塞爾郊區，離市區開車要四十分鐘，若塞車則得花上一小時，幸好歐洲人宴會通常是晚上八點才開始，可避開交通尖峰時刻。之所以選擇位於郊區的房子作官舍，原因是城內房子皆為百年以上老宅，僅英國、法國、義大利、美國等傳統大國能擁有宴客空間足夠的大型宅邸，新興國家駐使的選擇有限，只得另謀他處，往市郊覓良居。

宴客從晚間八點多開始，一路用餐到半夜十二點左右，眾人細嚼慢嚥、緩緩品酒，從香檳、白酒、紅酒到飯後酒，從沒有客人喝醉過。曾有歐盟總統之稱的范宏培（Herman Van Rompuy）是家裡的常客，他在一九九三至一九九九年任比利時副總理兼預算部長，並在二〇〇八年更上一層樓接任總理，隔年出任歐盟理事會主席。當時，才從部長職位離任不久的范宏培全家來訪，他還半開玩笑地告訴兒子說，父親已經變成光桿議員，收入不比過去，意謂要節省些。

細節周到、內容飽滿的宴會讓客人露出滿足、享受的神情，使我們「成就感」十足*。每回結束宴客，池琳到廚房往往都能看到一打以上的空瓶，顯示賓主盡歡。不過，與歐洲富裕世家舉辦的宴會相比，我們的宴會雖然精緻，卻還是比不上歐洲世家的歷史質感。

曾受邀至世襲的前貴族家中作客，迎面的是掛在牆上的絲質刺繡壁爐毯，看似老舊，經主人指點才知道這是中古時代以純手工織成的。酒窖中取出的陳年美酒、佳餚豐盛不在話下，重要的是席間使用的瓷器、銀餐具亦是文藝復興後期產品，客人們皆以侯爵、子爵相稱——當然，這些稱謂皆繼承自家族歷史，現代已不再通用。親見這些舊日貴族的舉手投足、往來風華，才終於了解什麼叫富裕皇家（Royal family's old money）的低調內斂奢華。

比利時古老、上層階級厚植於歷史的社會底蘊與富裕，就像那張牆上褪色的壁毯，看似陳舊，實則價值不菲。至於平民百姓的富裕，則展現在另一個層面。

我們後來搬進一棟布魯塞爾郊區的全新城堡式建築，內部水晶燈、掛畫等都需要專門工匠施工。房子的現場監工、日常市場採買均由池琳獨自擔起，她的日常用法語因而比我流利許多。就她觀察，當地勞工素質優良，準時上下班，且結束工作前必定會整理好環境再離開，下工前也必換上潔淨衣裝。

歐洲人認為「休假是神聖的權利」，但他們上班時相當認真，工作做得很好，鮮少出錯。當時辦公室的比利時司機就是一個典型的例子。每逢週五下午，他一定準時把公務車鑰匙交給時任

＊ 但這種風景，後來在華府就見不到了。

三等祕書劉昶成，從不週末加班。儘管司機待遇不高，加班可雙薪，他還是堅持要休假。

有次，到瀕臨北海的城市奧斯東（Ostend）轄訪，司機指著一棟離海邊三條街的小房，告訴我這是他的週末度假木屋。歐洲人相信海風中的鹽分有益健康，所以海景第一排建築常是療養院、富人豪宅，他認為自己的木屋雖不臨海，卻也不遠，步行幾分鐘即可逐浪踏沙，且不管房子位於海景第幾排，所有住在同一區域的人呼吸的空氣品質皆相同，享有的是同一片海。聽他這麼一說，我這才了解歐洲人平等的觀念是多麼內化。

又有一天，途經一片墓園，司機告訴我，最後他也會躺在這裡的某塊地下面。這就是歐洲福利國家從子宮到墳墓（from wombs to tombs）的哲學，生命無貴賤之分，終將回歸塵土。他們享受當下，講求工作和生活的平衡，且收入愈高、賦稅愈重，加班有何必要？近年，台灣科技廠商紛紛赴歐美投資設廠，不時有抱怨勞工生產力不足，或文化差異的困擾，想來便是根源於此。

歐洲和我熟悉的台灣和美國確實差異甚大。當時從住處到辦公室的距離是十八公里，在尖峰時間常堵車，但歐洲人重視環保、節省能源，他們不認同美國退出《京都議定書》、鮮少裝冷氣，*比利時民眾更沒有因為交通所需，要求把樹砍掉再拓寬一條路。當時，同樣是請唱片行調一張CD，在台灣只要等十五分鐘，在美國會於第二、三天以快遞送到家裡，在歐洲則要等上約一個半月。還有一次，家裡訂了一個櫃子，因為廠商沒有庫存，最後竟足足等了一年才到貨。這樣幾番磨練下來，時間久了，我愈來愈能了解、欣賞歐洲人在生活上展現的耐心、容忍與內涵哲學。

受到歐洲文化注重精神與生活平衡的薰陶，我在駐比利時期間養成了在休假時一邊健行一邊思考工作的習慣。位於布魯塞爾東南方，名為療癒森林（Forêt de Soignes）的大片林地，是我幾乎每週末必去的地方，占地四千四百公頃，是世界上最大的山毛櫸森林。會造訪此處的當地人並不多，該森林面積大，出入口甚多，且廣大林地停車容易，對生長於都市水泥叢林的我而言，可說如獲至寶。

我通常會帶一壺水、一包堅果，在山林野地裡消磨半天。大概是因為森林充滿芬多精，每回走出林蔭啟程返家，總覺得頭腦格外清醒、思緒泉湧。當時還沒有智慧型手機，常走著走著就迷路，然而每一次的迷途與尋路，都帶來新的邂逅，也讓我多運動了不少。森林當中有一條相當寬敞的林道，可通往滑鐵盧，我陶醉其中，邊欣賞著林蔭美景邊懷想，或許約兩百年前威靈頓公爵（Duke of Wellington）曾率領大隊通過此道，迎向一場未知成敗卻影響深遠的大戰。這個當年的私房景點，二〇一七年果然被聯合國教科文組織選為世界自然遺產之一。

那時，在歐洲議會上通過的不少決議案，其實都是在森林漫步時產生的靈感。我通常週一上午召集處務會議，把整理出來的想法與同仁討論，一旦工作方向、做法商定後，就各自分工努力。我們的團隊幾乎彈無虛發，個人有幸獲得簡又新部長親頒第一屆最佳傑出外交人員殊榮，駐館也屢獲「最佳優良館處」獎牌，同仁考績全列甲等，這段日子真是將士用命，是個人外交職涯

＊　近年由於氣候暖化，夏季升溫，便常有長者因熱浪亡故的憾事。

中最有成就感的時光。

細膩禮儀之邦

歐洲有悠久歷史和文化淵源，外交手腕十分細膩，往來時不光是聽對方說什麼內容，有時更要從話中慢慢「嗅」出意義來，和歐洲外交官打交道是一種文化學習的經驗。

歐洲人通常不願把話說死，但也不要以為他們留了空間。他們不會說「不」，而是會說：「這個問題很敏感，我了解這對貴國很重要，背後的理由也有道理，但這不是我的層級可以決定，回去請示後再告訴你結果。」但無論過多久都不會再有消息，或對方最後給了一個「英國式」答案，也就是：「不是完全沒有可能性，但不能排除。」

領略對話藝術與背後深意的養分，對一個成熟外交官來說，是至關重要的歷練，再加上歐洲人對文化、衣著、飲食的講究，更是培養禮儀與社交技巧的沃土。個人深受薰陶，並受用無窮，習得的一切後來在不同職位與各國政要人士往來時，成為極大助力。

歐洲人講究文化、儀節、品味，而且認為這些都是外交官應有的教養（civility）。以生活的細節舉例，他們在開門時習慣留意一下後頭有沒有來者，若有，他們會伸手為對方多撐幾秒門扉。此外，他們對禮儀的要求相當細膩，相當講究服裝，正式工作場合更是如此，男性一定著正式西裝或海軍藍外套配灰色長褲，女性則以套裝為主，如果不穿套裝，也必穿深色長褲。

在駐歐盟時期台灣雖已加入世界貿易組織（WTO），但還有很多後續細節談判仍在進行。一次，國內參與談判的高層官員從WTO總部所在的日內瓦來訪布魯塞爾，希望能和歐盟官員會晤。因為該員的行程是當天來回，我於是在極短促的時間內，安排了與歐盟貿易執委拉米（Pascal Lamy）會面。

後來於二〇〇五年至二〇一三年間擔任WTO祕書長的拉米，是典型的法國精英官員，畢業自巴黎政治學院、巴黎高等商業研究學院、國家行政學院等名校，體型頎長，舉止一派溫文儒雅。然而，該位來訪官員卻穿得一派休閒，上身雖著襯衫，下身卻配牛仔褲，且因停留時間短暫，傍晚便要返回日內瓦，沒帶任何行李，只拎了一個公事包。

在正式場合穿牛仔褲相當不得體，更遑論要與重要的歐盟官員會面。果然，穿著正式西裝現身的拉米，見到這位身著牛仔褲的官員時臉色稍變，但可能念在對方的身分是特使，還是與談了四十分鐘。

相較於美國人是 eat to live（為了活下去而吃），歐洲人則是 live to eat（為了品味美食而活），除了衣著要得體，也十分重視品酒品味。

到任不久，要與長期友台的歐盟執委蕾汀（Viviane Reding）見面，祕書即刻提醒過去曾有同事給她留下不甚佳的印象，且都發生在餐敘時。其中一位是長期在美國服務的同仁，他用餐時喜歡點杯可樂，但在受過高等教育、具深厚文化素養的歐洲人眼裡，正規西餐桌上必定是礦泉水杯、香檳杯、白酒杯、紅酒杯有次序地擺放，可樂從不在可容許的範圍內，這位同仁的行為簡直是不可思議。另一位同仁雖然沒點可樂，但點的是法國的普通紅酒，同樣讓這位歐盟官員大為光火，理由是：「我和台灣關係這麼好，卻點了次級酒，顯然是不重視我。」

點酒並非易事，除了考驗知識，考驗品味，也需考慮公務預算。

在美國念書時學過調酒，當時每喝紅酒必頭痛，後來才得知原因和酒的品質息息相關，窮學生僅負擔得起廉價酒，而好的紅酒不但愈陳愈香，單寧酸也會隨之降低，自然不易引發頭痛。然而公務預算有限，我們只能負擔介於六十至七十歐元的酒，我為此十分緊張，煩惱著該如何同時兼顧酒的品質與預算，在面見蕾汀時不失禮。

時任財政部長顏慶章有一本著作《法國葡萄酒品賞》，並因此書獲法國總統席哈克（Jacques Chirac）頒授「騎士級法國國家功績勳章」（Ordre national du Mérite），以表彰他推廣法國葡萄酒的成就，我隨即埋頭研讀，祕書也同步請餐廳把酒單傳真到代表處，希望能根據酒單預先做準備，但五分鐘後祕書便告知被拒，理由是酒單長達七十頁，從香檳、白酒到紅酒再到飯後酒，產地從法國、西班牙、義大利，到新世界如美國、南非、澳洲等地，當然，不願酒單上的定價外洩更是重要考量，於是乎，只能一心細讀顏慶章的書了。

正式與蕾汀執委餐會時，我根據她的主餐點了相對應的白酒。侍酒師以白布包裹酒瓶，捧至餐桌邊，在我們面前拉開瓶蓋，先往主賓的杯子倒上少許，由主賓試酒。蕾汀執委先端詳酒的顏色，而後搖一搖杯子、聞一聞氣味，嘗了一口，最後露出滿意的微笑、點點頭，充滿儀式感，而她的反應也讓我終於放下了心頭上重壓的大石。她大概覺得這位新任大使有些文化素養，從此雙方交往更加頻繁。

選酒品味不只在宴客，也延伸到了送禮上，尤其是在我國艱困的外交處境下，如何針對重要人士挑選正確的禮物，把經費花在刀口上，相當重要。當時，歐盟執委會對外關係執委彭定康（Chris Patten）的辦公室主任在文官制度上大權在握。每年耶誕節，送彭定康辦公室禮物者眾，足有一百多個使館，而在茫茫禮海中，如何能送禮送到彭定康的心坎上呢？我靈機一動，直接問主任他老闆喜歡什麼？他十分直率，告訴我彭定康最愛的就是某法國品牌的鵝肝醬，我便立即記下品牌名稱，回辦公室後請祕書買了兩份，並親自提著禮物登門造訪，一份給主任，另一份請託轉給彭定康，幾天後，竟收到彭定康的親筆謝卡。

有此契機，我們和彭定康的辦公室主任交情日漸深厚，每當需要打聽或傳遞消息，透過對方總是很快就能獲得回覆或解答，相較之下，若循正式管道撰寫節略，等奉批示完再答覆，歷時數天，早失去第一時間反應的先機。

我方因與彭定康辦公室溝通順暢，新加坡、泰國駐歐盟大使還常找我們探聽消息。當時，只有美國或英國駐歐盟代表常能與彭定康保持密切關係，就算是人口總數六億以上的東協十國，各國駐使每年也只有一次固定集會，能見到歐盟對外關係執委。

該友人離開歐盟執委會後，陸續擔任英國駐瑞典、加拿大大使，我們後來也在渥太華重逢敘舊，從駐歐盟開始建立的友誼，延伸到海的另一端仍受用。

像這樣因細膩交關而廣結的善緣，不只交情深厚，更源遠流長。在擔任駐歐盟代表期間，我們經常邀訪歐盟議員、官員訪台，這是台灣與歐盟關係重要的扎根工作。駐歐盟代表處除定期邀請歐洲議會各黨團議員組團訪台，從二〇〇二年起，更邀請歐盟行政官員訪台，每年籌組兩團，大大促進雙方相互了解與合作。陳文儀、宋子正、莊恆盛組長厥功甚偉。直到二〇二四年，我還以海基會董事長的身分接待歐盟文官團，內心深感欣慰此制度能傳承下去。

邀請歐盟高層官員訪台，也是我們的目標之一。二〇〇四年，歐盟執委蕾汀訪台，是我在駐歐盟暨比利時代表任內，唯一部長層級的訪問，且直至目前為止，仍是唯一一次在任的歐盟執委訪台，不只對提升雙邊往來具有重要意義，且推動了雙方在台灣、歐盟文化、教育等實質問題交換意見。

前文提過蕾汀是台灣的長期友人，而這淵源始於一九七〇年代末。當時她在法國念大學，來台參加救國團舉辦的「世界青年育樂營」，住在劍潭青年活動中心，每日仰望上方巍峨的圓山大飯店宮殿式建築。蕾汀告訴我，當時她的夢想就是有朝一日能住進圓山大飯店。她是歐洲政治資歷相當長的政治人物，一路擔任盧森堡國會議員、歐洲議會議員，終於登上執委大位，期間她數次訪台，也圓了年輕時的夢。

蕾汀當時執掌的是文化、教育，也是相對之下比較沒有政治敏感性的領域，而作為台灣好友，她一直希望能夠有所突破，但時值二〇〇四年總統大選前，在歐盟對外關係總署看來，台灣是敏感議題。該年一月三日，我到機場為蕾汀執委送行，她告知此行雖經執委會主席普羅迪

（Romano Prodi）、對外關係執委同意，但臨行前主席再三交代，要她不要拜會我國政府機構，包括教育部、文建會、新聞局等，不過她仍欣然接受文建會陳郁秀主委邀宴。我猜測，原因是陳主委曾赴法國研修音樂，後來隨丈夫盧修一前立委留學比利時魯汶大學，法語相當流利，兩人間有共同語言（speak the same language）和同樣的文化經驗連結。

一直以來，我與歐盟不少高層官員之間維持往來關係，以無形的文化作紐帶，連結彼此，不受職位異動影響，彭定康如此，蕾汀也是，皆情誼長存。二〇一六年擔任外長時，蕾汀以盧森堡國會議員身分再次訪台，我們夫婦特設家宴款待這位老朋友。

互設代表處、恢復經貿諮商

受命任駐歐盟代表後，我以建立雙方長久的根基為目標，厚植雙方互信基礎、暢通各層級溝通管道以建立制度化交往，期間有二事堪稱欣慰。一是歐盟同意互設代表處，二是雙邊經貿諮商在停頓四年後恢復，一年在台北，隔年在布魯塞爾舉行。

我國在一九七一年十月二十五日與比利時斷交後，在布魯塞爾設立「中山文化中心」為代表機構，後陸續更名「台北經濟文化辦事處」、「駐比利時台北代表處」。二〇〇〇年七月底、八月初，我在外交部政務次長任內赴歐洽談台灣設置駐歐盟代表處事宜，並在二〇〇一年四月奉行政院核定，更名原「駐比利時台北代表處」為「駐歐盟兼駐比利時代表處」，但歐方並未表態，僅默認。**至於歐盟駐台代表處，是在二〇〇三年三月十日正式成立，為雙邊關係重要里程碑**。一如在其他國家設立駐館，歐盟執委會在當日發布新聞稿，並引述了彭定康執委說法：「歐盟在台北設立歐洲經濟暨貿易辦事處，確認歐盟與台灣商務關係穩定發展。歐台雙邊貿易與投資金額，已使台灣成為歐盟重要經濟夥伴，歐盟期待與台灣加強雙邊夥伴關係。」

歐盟排除困難在台設處，係雙方多年努力的成果。歐方主管官員，曾多次表示肯定該處促進雙邊關係績效，並明言歐盟對我國關切、了解與日俱增（Taiwan is on Brussels' radar screen）。歐盟執委會對外關係總署長蘭達布魯（Eneko Landaburu）也曾親口告訴我，成立辦事處對和我國建立溝通管道大有助益，歐盟也有專人蒐集、傳遞我方訊息並即時予以回應。

首任歐盟駐台代表是執委會外交官麥百賢（Brian McDonald），他抵任時適逢SARS疫情肆虐，籌備設處遭遇不小困難。他告訴我，來台後下榻西華飯店時，某日早晨前往餐廳享用自助早餐，而用餐者雖僅有兩人，我方官員、民眾、飯店服務人員依然熱情歡迎，不受疫情影響，使他深感溫暖。

台歐盟經貿對話會議是我國和歐盟最重要的經貿溝通機制之一，一九八一年初次舉辦，由我國經濟部次長、歐盟執委會貿易總署副總署長擔任共同主席，停擺是在一九九九年，推測應與台灣高鐵從歐規轉為日規有關。《聯合報》指出，台灣高鐵在該年底決定放棄有長期合作關係的歐洲高鐵，改擇日本新幹線為高鐵機電系統最優先議約廠商，激起歐盟強烈反彈，歐盟理事會主席甚至行文我國行政院，警告此舉將嚴重影響歐盟支持我加入世界貿易組織的立場。

歷經四年停頓，此重要會議在我任內重啟，**其間不斷向歐方強調要向前看，雙邊經貿商機很大，要務實以對**。二〇二二年六月二日，會議進一步提升為經濟部次長與歐盟貿易總署長層級，並更名「台歐盟貿易暨投資對話」（Trade and Investment Dialogue），討論的範圍擴大，含納貿易與安全議題，雙方在該對話架構下，設有各項子議題工作小組，討論相關政策發展、雙邊關切事項，不但機制更形擴大，且深化進行。

受命擔任駐歐盟代表後，我以建立雙方長久的根基為目標，厚植雙方互信基礎、暢通各層級溝通管道以建立制度化交往。互設代表處與恢復經貿對話成功建立了與歐方的溝通管道，更強化了雙邊關係，台灣的訊息能夠更及時、準確地傳達給歐盟，歐盟也更能在適當時機正面回應我國。

歐盟整合與台灣

就任歐盟代表初期，工作上的一大觀察重點是歐洲整合（European Integration）。

歐洲聯盟（European Union）的誕生，緣起歐洲於短短八十年間歷經一八七〇年普法戰爭、兩次世界大戰摧殘，上千萬人犧牲生命。西歐國家為消弭戰爭、重建經濟並維護人權、民主、自由等普世價值，一九五一年四月十八日，法國、德國為首的六個西歐國家簽署《巴黎條約》，建立「歐洲煤鋼共同體」，開始進行整合（integration）。

歷經半世紀努力，歐盟整合成就顯著，逐步達成自由貿易區、關稅同盟、單一市場、貨幣聯盟等里程碑，而象徵最高經濟統合成就的貨幣統合，也已在二〇〇二年歐元問世後成功。不只如此，政治上歐盟版圖也不斷擴大，增加至二十七個會員國，並積極發展共同外交和防衛政策，提升歐盟在國際事務的地位與影響力。即便二〇二〇年英國正式脫歐，*歐盟仍是全球最大單一市場，成員國人口達四億四千八百萬人，貿易總額占全球十四％，是僅次於美、中的第三大貿易體。

歐盟建立初期，法律基礎是逐步整合過程中會員國所簽訂的各項條約而來，其內容繁複，一般人並不容易理解。為了拉近歐盟與民眾間距離，調整東擴後內部機制與權利結構，並擘劃歐盟未來整合走向，歐盟會員國領袖於二〇〇一年十二月高峰會，決議召開「歐盟未來會議」以制定歐盟憲法，後來歷經一年半會商，歐盟憲法草案在二〇〇三年七月十日完成，篇幅甚長，其中最重要機制變革，是設立任期最長可達五年、更具實權的歐盟高峰會主席，取代每六個月更換一次的輪值主席制度，並設立強勢的歐盟外長及強化執委會（European Commission）（即執行機構）主席職權。

歐盟整合進程前四十年以經濟整合為要務，直到一九九三年生效的《馬斯垂克條約》（即《歐盟條約》），才開始把「共同外交暨安全政策」（Common Foreign and Security Policy，CFSP）列為歐盟整合三大支柱之一。在共同外交政策上則捨棄共識決，改採加權投票制，避免單一國家挾持。這些安排意在強化歐盟內部整合政策、外交政策的延續性與執行力，對歐盟整合及在國際舞台上展現的影響力皆相當重要。**依個人見解，歐洲聯盟成立並沒有如川普總統所說有搞垮美國的企圖**。雖說有不少社會黨人士確實不喜歡美國，例如九一一恐攻事件後，一位社會黨歐洲議會領袖，就私下向我表示竊喜，但這並非主流意見。**大部分認識的歐洲領袖多還是認為仍需要美國的支持，才能有和平與繁榮**。

但**歐盟在重大國際事件一直以來難以凝聚共同立場，原因是在外交及安全上，因涉及國家主權最敏感部分，各國利益不盡相同，不願讓渡，相對限制了其在國際事務上可發揮的影響力，從二〇〇三年美國小布希總統執意發動伊拉克戰爭，歐盟國家形成兩派，立場涇渭分明的情況可見一斑**。

歐盟發展CFSP採取的「一中政策」雖是台歐盟關係框架性限制，但歐盟樂意和我國積極發展實質關係，前一節所述二〇〇三年三月歐盟執委會在台灣成立辦事處，即為重要事例。**至於CFSP採共識決，代表我國在國際事務上，要得到歐盟支持難度相對較高**，但我認為即便如此，還是能建立雙方的善意與互信，必須加倍努力、積極溝通、協調。

綜觀歐盟對台海兩岸政策的四大支柱，分別是一中政策、兩岸問題應經由和平方式解決、鼓勵兩岸建設性對話，以及兩岸任何安排應在相互接受的基礎上。我方曾經期盼歐方能基於兩岸超

＊英國脫歐後，德國、法國成為歐盟主導國家。

過半世紀互不隸屬事實，調整其一中政策定義，底線則為儘管近年來歐中關係廣泛且密切，而台灣民主制度、市場經濟足以堪稱表率，希望歐方至少應堅守既定原則，不作退讓。對此，歐方雖表示尊重，但**主導大國德、法在中國商業利益甚鉅，而脫離前共黨統治的中東歐國家雖有表示同情者，但仍未能達到共識，也持續保持模糊空間。**

陳總統在二〇〇一年初時，應還對整合論感興趣，赴比利時前，他特別交代要研究，看歐盟的例子是否可供我國借鏡。該年元旦，陳總統於文告提出的「統合論」便是從兩岸經貿與文化統合著手，逐步建立兩岸間的信任，進而共同尋求永久和平、政治統合的新架構。*

抵任駐歐盟代表前，我赴立法院外交及僑務委員會接受質詢，也有多位立委詢問歐盟統合經驗是否可為兩岸借鏡？陳總統當時所提的「統合論」，是否參考歐盟而來？我回答，歐盟統合有四大條件和前提，分別是：一、歐盟成立目的是避免戰爭；二、統合是自願而非強迫；三、歐盟統合從經貿開始，慢慢擴展至其他領域，如司法、內政，並發展出一致性的外交和國防政策；四、歐盟統合尊重各國主權和文化差異性。雖兩岸當時狀況均無法與上述情況類比，但仍可借鏡其精神。

不過，陳總統就任初期對北京當局的善意，很快在二〇〇二年七月便轉趨強硬。當時諾魯與我國斷交，轉而和中國大陸建交，八月三日，陳總統遂在對日本東京舉行的第二十九屆世界台灣同鄉會聯合會視訊致詞中，發表了「一邊一國論」，強調台灣、中國是互不隸屬的主權國家：

「台灣是我們的國家，我們的國家不能被欺負、被矮化、被邊緣化及地方化，台灣不是別人的一部分；不是別人的地方政府、別人的一省，台灣也不能成為第二個香港、澳門，因為台灣是一個主權獨立的國家，簡言之，台灣跟對岸中國一邊一國，要分清楚。」[†]當時正逢歐洲度假旺季，歐盟執委會的辦公室只剩少數人留守，幸好平時經營得夠扎實，仍依台北訓令將幾位主要官員請回布魯塞爾，向他們解釋「一邊一國論」內涵。雖境況的確艱難，但**我始終認為外交官應該服膺憲法，尊重民主憲政制度選出來的領導人，不應該有黨派之見，在任內應該要忠實傳遞外交部指示的訊息給駐在國，當然，如果有異議，也應循行政管道表達。若實在難從，當然也可求去，這才符合民主政治的精神。**

當時，歐盟執委會亞洲司司長是希臘籍大使。聆聽一邊一國論的解釋時，司長和幕僚雖也做

＊「個人一直認為，兩岸原是一家人，也有共存共榮的相同目標，既然希望生活在同一個屋簷下，就更應該要相互體諒、相互提攜，彼此不應該想要損害或者消滅對方。我們要呼籲對岸的政府與領導人，尊重中華民國生存的空間與國際的尊嚴，公開放棄武力的威脅，以最大的氣度和前瞻的智慧，超越目前的爭執和僵局，從兩岸經貿與文化的統合開始著手，逐步建立兩岸之間的信任，進而共同尋求兩岸永久和平、政治統合的新架構。為二十一世紀兩岸人民最大的福祉，攜手開拓無限可能的空間。」〈總統發表跨世紀談話〉，二〇〇〇年十二月三十一日，總統府新聞。

† 〈總統以視訊直播方式於世界台灣同鄉會聯合會第二十九屆年會中致詞〉，二〇〇二年八月三日，總統府新聞。

筆記，但最後只問了一個相關問題，其他提問全集中在喧騰一時的華航引擎採購案，我的交涉顯然「留中不發」。**雖然此例子顯示當時歐盟官員對政治性議題興趣較低，關注的重點仍是商業利益**。相同指示也向歐盟另一機構理事會亞洲司德國籍的司長大使提出交涉，他的態度卻迥然不同，不只仔細聆聽，還問了許多切中核心的問題。十天後，這位司長還主動約我到辦公室，表示已周知十五個會員國但無一國贊成。此答覆固然令人失望，也不意外，但他在過程中展現的認真、積極、負責、敬業的態度使人敬佩，**這個例子也可顯現日耳曼與拉丁民族在處理相同議題的態度不一樣**。

而後，兩岸關係走向緊張，陳總統又在二〇〇三年發動兩項防禦性和平公投，此舉不只造成和北京當局關係僵化，也引來歐美疑慮與不悅，後來歐盟對台灣與中國雙邊關係的態度，一直在經濟利益與「一中政策」下維持模糊空間，直到二〇二二年俄羅斯入侵烏克蘭，才猶如受了一記當頭棒喝。在美國鼓勵、施加壓力下，歐洲各國紛紛提升軍事預算，以國內生產毛額（GDP）的二%為目標。烏俄戰爭中，中方曖昧支持俄方對歐洲衝擊頗大，開始思考對中政策調整，並且對中國可能武力犯台的警覺性大增，英、法、德等國艦艇開始行使自由航行權通過台灣海峽。不只如此，基於經濟安全、產業韌性、分散風險等因素，要求台積電赴德國設廠，而其他精密機械重要零組件，在地緣政治、風險因素與商業誘因下，也分赴歐洲國家設立生產據點，**歐盟國家和我國關係更趨密切，與二十年前大相逕庭，且待烏俄戰爭結束，烏克蘭必耗費相當長時間重建，屆時定有不少龐大商機，我政府自應協助廠商掌握趨勢**。

不被理解的和平公投

前一節提到，二〇〇三年陳總統發起了兩項公投，即是在二〇〇四年總統大選前，依照《公民投票法》的「防禦性公投」條款提出的「和平公投」，分為「強化國防」和「對等談判」二主題並與大選同日舉行，個人也銜命在歐盟展開交涉。

根據台北訓令，二〇〇三年六月十九日，我們洽獲與歐盟對外關係總署署長庫柏（Robert Cooper）會晤。來自英國的他是位老練精明的紳士，原任英國首相布萊爾（Tony Blair）主要外交智囊，當時位階是歐盟外交最高文官，廣受尊敬且地位崇高，僅次西班牙籍政務職的共同外交暨安全政策高級代表索拉納（Javier Solana）。

就台灣將於二〇〇四年三月二十日舉行和平公投，且涉及強化國防、與北京當局對等談判，庫柏表示國防問題複雜，民眾恐難了解全貌，將國防問題付諸公投並不尋常，在他記憶所及似無前例，並稱歐盟整合相關條約也曾付諸公投，但其內容深奧，民眾多一知半解，他對此深表不以為然。

我告訴他，中方在台海沿岸部署大量飛彈，基於自衛與美方建言，我方需增加鉅額預算以強化反飛彈能力，但國內有不同意見，因此將之訴諸民意。我再接著表示，美方曾同意出售台灣八艘柴油潛艦，先後委請德、荷、西班牙船廠建造，均未成功。

最後，庫柏總署長說，歐洲人歷經二次世界大戰深知民粹主義之害，中方政策近來雖較務實，但對台立場上仍非理性（irrational），而歐盟一貫主權立場是和平解決爭端，盼我方能做出最佳決策，語調客氣、委婉，但訊息清楚，展現資深外交官風範，辭出時，還親簽著作贈與。

我也約晤比利時外交部亞洲司長馬利國（Johan Maricou），他曾任比國駐北京大使。當日，希望能增加他腦中多巴胺分泌，特別選了家米其林星級餐廳。順著歐洲習慣，我們先喝酒聊天，到主餐上桌後才切入此次會面的主題。馬司長的主餐是烤比目魚，僅三小片且風味絕佳。他邊聽我陳述邊享用，最後放下刀叉、表情嚴肅、陷入深思，沉默地留下一片魚肉於盤中遲遲未動。侍者撤下餐盤不久，帶著高帽的主廚神情忐忑地走近，詢問馬司長是否不滿意魚肉的新鮮度，他禮貌回覆說自己實在是太飽了，但無論在分量還是美味度來看，該道主菜有剩餘簡直不可思議，可見這個議題對他的震撼力。

兩項和平公投受歐盟官員廣泛關切，中方也在二〇〇三年十一月中旬就我國推動公投制憲提出外交交涉（faire une démarche），且不久很快又再展開第二波交涉，指稱我方擬在總統大選時舉辦公投具挑釁意圖，係邁向獨立的第一步。我即告歐方，中方長期對我國安全造成重大威脅，陳水扁總統已明白表示推動防禦性公投並無改變現狀之意。歐方回告，歐盟維持既定立場，即「一中政策」，並希望兩岸經由建設性對話，以和平方式解決爭端。

除了駐歐官員戮力往來溝通，國內也特派立委張旭成、國策顧問翁松燃到布魯塞爾說明。二〇〇四年一月十五日，我邀請歐盟理事會、執委會、比利時外交部三大機關的亞洲事務司長，以及對外關係執委彭定康、共同外交暨安全政策高級代表索拉納、比國外長米歇爾（Louis Michel）辦公室主任共六人與訪團晤談。

我國訪團發言重點包括：

一、我國推動公投絕非為了製造對立或緊張，也非尋求改變現狀，目的在提升民眾對中方長期軍事威脅的認知，並激發國際社會重視。推動公投並未改變陳水扁總統「四不一沒有」宣示。

二、中方已部署五百枚飛彈瞄準台灣，並持續不斷演訓攻台，近年更向俄國購置先進武器，確有可能對台動武。

三、對於國際社會關切，我方自當重視，但我方也期盼國際社會能以公正客觀態度作深度思考，兩岸關係的緊張實在根源於中方對台軍事威脅，責任並不在我方，期盼國際社會能站在我方立場思考。

四、陳總統確實曾提出二〇〇六年批准新憲法，並在二〇〇八年生效的構想，主因我國確實需進行憲政改革，另我國行政、立法部門分屬不同政黨造成僵局，經由直接訴諸民意的公投，可收突破僵局之效。

五、我國公投文字內容仍在斟酌中，願聞歐方建言。

歸納歐方出席人士關切、疑問的，則有以下幾點。首先是歐盟理事會方面：

一、歐盟對台灣擬舉行公投極表關切，尤其與總統大選併同舉行，甚至可能導致危險。歐盟一貫立場為「一中政策」，兩岸問題應該由建設性對話、和平方式解決。

二、歐方無法評估公投台灣內部需要，但由外交角度審視，此舉對台灣已近乎造成災難（disaster），美國及歐盟均改進（refine）並做出對我不利的立場，建議我方審慎處理。

三、報載陳總統提出公投三段論，即在二〇〇四年大選時同步舉行公投，二〇〇六年進行制憲公投，並在二〇〇八年實施新憲法，有逐步改變現狀之意，歐方對此甚表關切。

四、歐方對台灣舉辦公投的用意並非缺乏了解，但即便是歐洲的成熟民主國家，在公投一事上仍十分小心，希望我方嚴肅看待歐方對此事的關切。

歐盟執委會認為，假如台灣無意改變現狀，為何美方對台灣的說詞存疑？在「事實」（de facto）角度上，台灣政治、經濟獲致令人欣羨的成就，應繼續遵循此道路，意即我方應該避免涉及法理（de jure）的改變。而且，外界如何解讀公投理由至關重要，歐方對於可能被解讀為意圖改變現狀，極表關心。

比利時外交部亞洲司長馬利國也表示無法理解舉行公投對台灣有何好處？據他觀察，中方在二十年內沒有能力犯台，台灣應保持耐性，在維持現狀基礎上發展。他更直言，倘如我方屆時真的使用例舉的公投文字，會被視為挑釁。

該會晤歷時三小時，結語時本人表示本案癥結仍在國際間普遍接納以「現實政治」（realpolitik）為處理國際關係的準則，即大國間皆以自身國家利益為外交指導原則，而以維護現狀為手段。倘若現狀原則遭挑戰，若挑戰者為大國，則各國皆以自身利益、干預能力及可能效果等因素作為主要考量；若發動現狀者為小國，則大國多將反對或不支持態度。教授出身的翁松燃國策顧問聞言深表贊同，亦慨嘆歐盟對我國和平公投案的立場是「現實政治」的再現。有趣的是，在場六位歐洲官員也點頭默示同意。

此次就公投案交涉的經驗，再次教導我**這些歷練豐富的老牌歐洲國家外交官處理手法的間接、細膩與婉轉，既不讓進洽方失面子，也不會讓利予第三方，堅守符合自身的利益，更凸顯了要有效經營歐盟關係，除了創意、技巧，更多的是需要格外用心、用功、用力，才能周全地應對各種處境。**

和平公投兩案最終以不通過收場。

二○○四年四月二十六日，歐方告我，歐盟執委會主席普羅迪在四月十三至十六日訪問北京、上海，會見中國國家主席胡錦濤時，中方未提及台灣，惟促請歐方早日解除對中武器禁運。與國務院總理溫家寶會面時，對方雖主動提及台灣，但用語未過分強烈，只要求歐方不得祝賀我國大選、派團參加陳總統第二任就職大典，另他預計在二○○四年五月六日回訪歐盟，並表達中方極企盼能在雙方公報中將反對台灣獨立列入文件。對此，歐方仍堅持一中政策，和平解決及建設性對話，並請我方不必擔心。

壓力無所不在

比利時《歐洲外交雜誌》（*Diplomat Magazine*）二〇〇三年五月號，以「一個沒有到任國書，但表現卓越的大使」為題，刊出對我的專訪。文中提到，我曾任三年外交部政務次長職務，又負責重要的台灣對比利時及歐盟外交工作，但根據比利時法令，我只是普通的台灣僑民，實在是不可思議。我則強調，推動歐盟關係的工作亟需創意與技巧，至於兩岸關係的問題，則是台北做決策。

適逢胡錦濤擔任中共中央總書記，溫家寶任中國國務院總理，戴秉國出任國務委員執掌「大國外交」獲歐方高度評價。我於歐盟服務期間，歐方官員數次表示中方外交作風明顯轉變且有明顯成效，不但改採魅力攻勢（charm offense），在國際關係採更務實合作的態度，努力塑造不對任何國家具有威脅的形象，尤其著重贏得美國的好感，至於中方涉外人士，不論說詞及態度，皆給人溫和、理性印象，此一策略顯現成效並普遍獲得好評。然而，對待台灣問題，中方態度截然不同，無處不對我施以壓力，從經貿採購、參與國際組織、軍售到官員赴訪，即便不直接受其掣肘，各國於協商時也須憚於中國龐大市場與經濟利益，以及政治威嚇的結果。

華航採購案

駐歐盟時期，處理過各種商業貿易事，其中一項是弭平歐盟對當時華航引擎採購案全數採購美國奇異（GE）公司產品的不滿。

二〇〇三年，華航欲採購十二架空中巴士 A330-300、六架波音 747-400 新機引擎，此案由於總金額高達五億美元以上，引起世界三大引擎廠商——美國奇異、普惠（Pratt & Whitney）、英國勞斯萊斯（Rolls-Royce）的激烈競爭，最終由美國奇異得標。華航表示，奇異公司除價格極具競爭力，還提供相當好的附帶條件，包括引擎技術移轉、維修管理提升方案，有利華航機隊簡化目標。

歐盟執委會主席普羅迪特別致函陳總統表達關切，而歐盟執委會主管貿易執委拉米表示，美方在此類案例均施以政治壓力，惟歐方認為勞斯萊斯具明顯優勢，難以容忍我方斷然（flagrant）決定選用奇異引擎的決策。

對此，我告以奇異公司與台灣已有超過三十年的淵源，關係之深，在核電廠、機電設備上均有合作，勞斯萊斯公司尚有努力空間，期盼拉米執委能撥冗訪台，對台歐商業利益必然帶來正面效應。然而，歐方坦告，中方對歐盟處長以上層級官員訪台必抗議，歐方不堪其擾，盼我方能了解，但也希望我方能重新考慮此採購案。此案最後以我國政府妥協作結，華航新機部分採用歐洲引擎，應是兩全其美的決定。

總統訪歐受阻

陳總統任內曾有機會出訪歐洲，但因中方施壓產生變數。

二〇〇一年十一月，歐洲議會頒發「二〇〇一年自由獎」給陳水扁總統，如同義大利政府不能拒絕教廷邀請的客人，比利時對於歐洲議會邀請的元首級賓客自然得核發簽證，並給予若干禮遇，但受中方施壓影響，最後國內決定改由第一夫人吳淑珍赴位在法國境內史特拉斯堡（Strasbourg）的另一歐洲議會總部受獎。

雖然史特拉斯堡位在法國境內且與德國接壤，但我第一夫人是歐洲議會的客人，因此仍由駐比利時代表處負責。法國政府要求來訪的全團人數只能十五人，考量之下，便由我們夫婦親自接待，所有團員全程受歐洲議會及法方悉心照顧。因為吳淑珍女士怕冷，不管是演講、授獎典禮，歐方都特別放置暖爐，十分體貼，更使行動不便的團長倍感溫暖。

隔年七月，立法院院長王金平率領十三位立委出訪歐洲議會。此行過程相當複雜，最後因為法方遲未正式回覆，我只好求助歐洲議會議長辦公室，整件事一直到臨行前一星期才終於底定。因從布魯塞爾飛史特拉斯堡的班機均為中型客機，臨時無法訂到充足的機位，便速請外交部撥專款租小飛機，這才得以成行，並順利會晤歐洲議會議長考克斯（Pat Cox）。這三天，親睹王金平院長應對、做人、處事深厚功力，果然不凡，也是頭一次與時任立委的賴清德交談，他斯文、求知若渴的態度令人印象深刻。

當中有一段插曲，該團傳譯為本處同仁，為英語系畢業的祕書，但態度、語言都被隨團、曾在美國留學、工作多年的立委沈富雄糾正，我馬上改換法語傳譯祕書上陣，因為法語也是歐盟必備語言，這才解決僵局。

協助我國甚深的時任比國外長米歇爾，一九七五年出生的兒子小米歇爾（Charles Michel）後來也克紹箕裘，青出於藍，歷任比利時首相，現任歐盟理事會主席，成為歐盟位階最高官員。他的成長讓我感觸甚深，歐洲政壇的世代交替之快，讓我已經成為父執輩了。

參與WHO被拒

中國施加的壓力無所不在，在阻擋我參與國際組織一事上更尤其。一九九七年起，我國每年均嘗試以不同名稱（中華民國、台灣、中華台北）重新參與世界衛生組織（WHO）及世界衛生大會（WHA），但都遭WHO祕書處拒絕，只能以觀察員身分參與WHO下的WHA。

二〇〇一年，美國眾議院首度表決支持我國成為WHO觀察員，而我就任駐歐盟代表後，也積極聯繫歐盟各國友我小組，成功推動歐洲議會五大黨團在議會中為我處境發言。二〇〇二年三月，歐洲議會更進一步把「支持中華民國（台灣）成為WHO觀察員」一案列入緊急議程。一般而言，列入緊急議程的案件多數會通過，但我方到議長落槌前，依然保持小心低調，以免中方出面阻撓。最終，歐洲議會通過決議，即便該案在法律上對歐盟各國並無拘束力，但由於歐洲議會在歐洲和國際多邊事務上有舉足輕重影響力，該案仍有重要象徵意義。不過，各國皆規勸不要在大會用公開投票方式，避免攤牌，我也如實呈報國內。

二〇〇三年，隨著嚴重急性呼吸道症候群（ＳＡＲＳ）疫情爆發，台灣也成為疫區，卻無法參與ＷＨＯ，隔年提出以「衛生實體」身分成為ＷＨＡ觀察員。接到國內訓令，我第一時間就和歐盟執委會、理事會祕書處說明我國為何必須成為ＷＨＡ觀察員。歐盟理事會祕書處也應所請，把我方立場、三項說帖分送給歐盟當時的二十五會員國，我和駐歐各館處也不斷進洽。歐盟理事會相關機制於布魯塞爾、日內瓦四度討論本案，協商二十五國共同立場，並預計在二〇〇四年五月十三日的會議中做出最終結論，遺憾的是，本案在ＷＨＡ總務委員會、大會討論時歐盟國家均保持緘默。我明白，若將此事逕付投票，歐盟國家也會在一中政策下一致投下不贊成票，但即便如此，台北仍不放棄，顯然另有考量，我在最後階段仍力向歐盟傳達，希望至少能發表關切我方參與ＷＨＡ的平衡觀點。

五月十七日，ＷＨＡ大會表決此案，結果不出預料，所有歐盟國家都投下了反對票。雖結局失敗，但略感欣慰的是，過程中時任歐盟輪值主席愛爾蘭曾代表所有歐盟會員國發言，表示：「希望ＷＨＯ祕書處、ＷＨＯ轄下技術會議及工作小組，未來展現彈性，讓台灣醫療及衛生觀察團得以參與其活動。」這是歐盟首次公開對此案表達立場。歐盟官員事後也向我表示，這是當時歐盟能做的最大限度，希望我方能正面以待。

依照歐盟體制，共同外交政策仍屬各會員國主權行使範圍，並未讓渡給歐盟。各國先做決定後，理事會只是協調各國共同立場的機制。歐盟官員曾私下向我方表示，**歐盟實在不希望看到此**

案付諸表決，喪失模糊空間，也不想看到因為本案冗長辯論影響議事進行與和諧。但究其深層原因，實則是中國對台灣問題毫無彈性，而歐盟會員國皆重視對中關係，及其市場與潛在經濟力。

二〇〇四年五月上旬，中國國務院總理溫家寶訪問歐洲五國及歐盟總部，無一歐盟會員國膽敢招惹北京，只有美國、日本雪中送炭，公開表達對我的支持。

歐盟對台灣的態度終於在二〇一九年底爆發嚴重特殊傳染性肺炎疫情（Covid-19）後轉變，不少歐盟國家衛生部長、政府代表公開發言支持台灣參與WHA，且逐年增加，至二〇二四年，英國、法國、荷蘭、盧森堡、捷克、拉脫維亞、立陶宛、愛沙尼亞等國皆公開表態支持，與二十年前歐盟國家集體噤聲的景況大不相同。

對中售武禁令

積極穿梭溝通歐盟嚴守對中國的武器禁運令，是任駐歐盟代表期間的要務之一，也是我告別歐洲前的最後一項重要任務。

歐盟執委會（European Commission）在共同外交暨安全政策（Common Foreign and Security Policy，CFSP）下，也有階層性決策機制。在亞洲政策方面，亞太工作小組（Council of the European Union Asia-Oceania Working Party，COASI）是成員國協調亞洲政策的平台，由各

國外交部亞洲司長組成，每月固定在總部布魯塞爾召開會議。每年年底，執委會亞洲事務主管會赴華府與國務院亞太局、國安會亞太主管會晤協調，美方通常也會每年赴布魯塞爾互訪、交換意見。在美、英、加拿大、澳洲、日本等國間也有類似的交流機制。不過，碰到重要、敏感的議題，有時也會跳過亞太工作小組，逕付「總務暨對外關係理事會」外長會議中討論，二〇〇三年底重新檢討對中禁運武器案即是一例。

就歐盟對中禁運武器案，我曾洽告執委會高層，表示解除禁運將導致台海軍力失衡，進而影響區域穩定，也不符合歐盟企盼兩岸經由建設性對話以和平解決爭端的立場。歐盟則私下告知，此案始於德國總理施洛德（Gerhard Schröder）訪中時表示願售核電廠設備，且該售案幕後的大力推動者是德國西門子公司，然而施洛德總理卻未先諮詢反核立場堅定且為聯合政府成員綠黨的意見，造成該黨嚴重反彈，歐盟議會綠黨黨團主席亦拜會歐盟執委會執委彭定康（Chris Patten）表達反對。

二〇〇三年底，歐盟為因應對中武器禁運案正修改「歐盟武器外銷行為準則」，另將發表一共同聲明。十一月歐中年度峰會時中方加強施壓力度，當時歐方曾告我方終將做成解禁決定，問題只在時間點，我還是領導團隊鍥而不捨遊說、阻擋。

二〇〇四年二月十九日，赴歐盟執委會對外關係總署拜訪總署長蘭達布魯（Eneko Landaburu），獲告當年一月二十六日外長理事會議中，各國外長發言盈庭，深感武器解禁案係高度複雜且具政治性的議題。有關人權部分，包括歐盟議會、荷蘭國會先後通過決議案表達反對，北歐國家也強烈捍衛人權價值的立場，東歐新會員國也基於歷史因素，特別重視自由、人權價值，表示於情於理，皆應維持對中武器禁運。歐盟對外關係執委彭定康更認為，考量中國的人權問題，在武器解禁案應踩煞車。然而**德、法兩個工業大國仍主張全面解禁。至於當時重要的歐盟成員國英國則從未正式表示反對解禁，均稱宜以正確方式為之（working in the right way），此說法實在符合英國現實外交傳統**。

該年六月下旬，準備接任駐美代表，歐盟對外關係總署高層設宴餞別，席間我仍持續追索此議題，詢問應當如何詮釋六月十七、十八日歐盟高峰會結論，**歐盟應基於與中國全面關係繼續考量武器解除禁運案（in the context of EU's overall relations with China）**？

歐方回以此為一慣用語，該案實則無絲毫進展（back to the drawing board），經我再追問，坦告當中有政治因素，因美方高度關切，曾三度向歐盟及各會員國提出外交交涉（démarche），所以徹底解決該案的日子是遙遙無期。這次經驗又再次讓我**體驗到老練的歐洲人如何淋漓盡致地發揮外交辭令的藝術：從未說「不」，實則已清楚表態**。

歐方盛讚我三年多來的工作績效，並預祝新職成功。臨行前，歐盟理事會高層餞別*，特別表示陳總統選擇老練外交官（seasoned diplomat）出使美國，而非酬庸競選有功的政治人物，顯

* 我後來有幸在翌年十二月時，於華府雙橡園宴請這群歐盟來美諮商交流的老友，相見十分愉悅，他們表示能造訪雙橡園也備感榮幸。

示確有意穩定美、中、台關係，實為明智策略，充分展現政治家風度。**六月八日，歐盟通知執委會，正式同意我方設立歐盟代表處（Taipei Representative Office in the EU），歐方將另洽比利時政府，提供駐處人員適當特權禮遇，並稱這是歐盟送給我的離任禮物。這實在是與同仁努力三年的結晶，終於名正言順。**

對中禁運武器至今仍是歐盟政策。過去強烈左右其中的是美國的堅決反對，俄國侵烏後，歐盟國家對此更添警覺，北約各國紛紛增加軍事開支，在二〇二三年終於達到國防支出占GDP百分之二，其中最高者是受俄國所害最深的波蘭——四．一二％，美國為三．三八％，英國二．三％，至於德、法則勉強達到二％。雖這些加碼恐難符合美國川普政府的期待，但對個人而言，已是二十年前不可想像的變化。

個人以為國際關係不能以武器採購支出衡量，同盟友人的相互扶持也相當重要。九一一恐攻後，北約即引用《共同防禦條款》第五條支持美國度過難關，這種團結精神不能以金錢估值。阿富汗駐軍打擊塔利班，其中歐洲國家駐軍占四成，承受不少傷亡，也確實是對美國打擊國際恐怖主義有過實質協助，**希望川普政府慎思**。

告別歐洲

駐歐三年多，我們一家的法語愈來愈流暢，兒子赴美讀大學，女兒的高中生涯也剩最後一年，正在應該開始多享受、更深入了解歐洲之際，人生又迎來一次意外轉折。

二〇〇四年四月一個星期天中午，我跟朋友打完球正享用午餐之際，手機響了，原來是總統府機要祕書馬永成來電，表示陳水扁總統要跟我說話。陳總統率直表示希望我接任駐美代表，並請我儘快回台北一趟。

以個人經驗而論，自己的外交職業生涯大部分都在美國，博士論文的主題也與美國相關，當然能出任駐美代表是個人外交職涯的極致目標。三天後，我回到台北，內定由我出任駐美代表的消息也已經曝光。

會見陳總統時，陳總統坦率以告，由我出任駐美代表其實是因為兩位的推薦：時任陸委會主委蔡英文、總統府資政彭明敏。我聽了著實驚訝，因為他們兩人當時和我並不算熟稔。

原本陳總統心目中駐美代表的第一優先人選是蔡主委，但她表示父母均年邁，無法離開台北，陳總統便轉而詢問有何建議？蔡主委回覆應該找一位職業外交官，而我是適合人選。

蔡主委早期擔任對美貿易談判、台灣加入關稅暨貿易總協定（GATT）、世界貿易組織談判顧問時，我剛好在駐美代表處國會組，曾接待過她，帶著前後任經濟部國貿局長蕭萬長、許柯生和她，拜訪美國參議院財政委員會、眾議院歲出入委員會。當時還年輕，而處理參議員約會的祕書通常是老太太，喜歡擁抱、親吻臉頰，十分親密，可能因為如此，讓國內訪賓印象格外深刻。

至於彭明敏資政僅接待過一次。他到布魯塞爾來，週末我陪他到車程一個半小時，被譽為「北方威尼斯」的布魯日（Brugge）走了一天。彭資政是個教授型長者，曾留學巴黎大學，我們沿路所談均是歐盟、比利時、布魯日的歷史、地理、人文問題，完全沒碰觸到國內政治問題。

陳總統特別囑咐，要我拜會第二位推薦人彭明敏資政，這次他依然沒有和我談任何政治問題，除了追憶比利時之行外，僅向我表示：「你是國家培養的人才，要為國家、人民做事。」

我跟蔡主委也見了面。該次會面本應是我向她的推薦表達感謝之意，但她入座後的第一句話卻是謝謝我救了她，因為當時她父親身體狀況不佳，母親也年邁，希望能夠多留些時間陪伴雙親。她坦率地表示，我能夠接任駐美代表，幫了她大忙。那時我從未料到，眼前的蔡主委，十二年後會成為台灣首位女性總統，也是提攜我不遺餘力的貴人之一。

二〇〇四年五月，返國述職，準備履新駐美代表，並赴立法院外交委員會報告、備詢。不少立委稱我是「萬綠叢中一點藍」，我回以「是藍是綠沒關係，只要不是紅就好」，讓朝野對立的立法院出現罕見的同聲讚許。答詢時，**我強調定位自己為專業外交官，而外交牽涉到國家安全，不能有藍綠之分**，會在一年內拿出成績單。我也指出，自己的恩師、老長官是時任國民黨主席連戰，我必親自拜會、報告新職，也在離台前和連主席在國民黨中央黨部會面，他告訴我，對美工作是外交工作最重要一環，攸關國家利益和全民福祉，要好好努力，為中華民國服務。

五月底，在總統府安排下與陳總統搭乘火車共赴宜蘭，利用這一個多小時車程時間就未來台美關係、相關外交和國政事務充分交換意見。陳總統表示他對我有信心，就治國理念、第二任就職演說政策意涵與我深入交換意見，並希望能多了解國內政情，未來與美方接觸時才更能掌握關鍵。

六月十五日，自台北敘職完返回布魯塞爾，中午即接受歐盟對外關係總署副署長儒安讓（Hervé Jouanjean）款宴。他表示係奉彭定康執委指示，感謝我過去三年十分積極地工作，協助完成相互設處、恢復雙邊年度諮商等，歐盟同仁一致肯定，認為我在任內不斷強調台灣的角色，已對歐盟評政策估產生影響。例如，彭定康不久前列席東協外長會議，會晤時任中方外長李肇星，即曾引述我常提到的觀點，即**美歐間對議題容或有差距，但對維持台海穩定、安全立場則完全一致**，讓李肇星頗感驚異。彭定康接著又強調，**歐盟雖無介入台海戰略能力，但如同美國堅持以和平方式解決爭端**，並期盼即將使美的我，能擔任橋梁，使歐、美、台關係更為平順。

在個人看來，於歐盟服務期間，代表處在推動歐洲議會決議上的斐然成效，屢獲國內肯定嘉勉，皆正面激勵並提高國人、處內同仁士氣，更值得嘉許。雖國內對此有不同意見，認為這些不具法律約束力的決議案缺乏實質作用，但歐洲議會代表民意，引導議題設定對會員國政策自然有一定程度影響力，潛移默化之效不容忽視，尤其在欠缺正式外交關係的情況下，我方能贏得最高民意機構支持，當然有實質意義。我也曾就此點詢問過執委會高層，對方舉二〇〇三年十二月十八日通過的「歐洲議會反對對中武器禁運決議」為例，因該案以壓倒性票數通過，支持人權的歐盟和彭定康執委皆表重視。他語意深長地表示，貴處同仁推動歐洲議會的工作成效令人佩服。

離開布魯塞爾已逾二十年，世界局勢也產生巨大變化，俄國入侵烏克蘭使歐盟國家再度覺得暌違大戰近八十年後安全再度受威脅。對台灣政策也有變與不變的兩面，再加上川普再度擔任美國總統，對歐洲是「親兄弟明算帳」，不願對歐洲安全負全責，歐洲各國更必須有新的一番思考，但是對台政策變化仍嫌不足。

歐盟外交暨安全最高代表博雷利（Josep Borrell）二〇二四年發表的報告《兩次大戰之間的歐洲》（*Europe Between Two Wars: EU Foreign Policy in 2023*），針對台灣部分明指：「我們的立場簡單而且不變，只有一個中國，但是歐洲必須確定不能使用武力，此節關乎歐洲的經濟、商業以及科技。我呼籲歐洲諸國海軍巡弋台灣海峽，展現歐洲對於自由航行權的承諾，尤其在這個重要區域。」博雷利更警告：「我們必須警覺挑釁與凸槌行為。廣大多數台灣人民相信，保持和平現狀是最佳解方，讓我們堅持維護此原則。」這本烏俄戰爭後發表的歐盟最新官方報告，對台灣維持現狀及維護和平的立場十分堅定，相較二十年前多強調經貿關係，不願多談安全議題，已是重大變化。

歐盟與美國在台海和平的戰略利益有能力及意願上的差異。當然，歐盟願明文表達，對台灣維持現狀及反對用武力解決的立場仍十分重要，從戰略嚇阻角度來看，對任何試圖破壞和平現狀者都是一記警鐘。然而，歐洲在面對俄國侵略、中國強勢作為及美國的「勸說」之下，雖紛紛

提高國防預算以因應、做準備。近年來台歐官員接觸、互訪頻率增加，就區域安全、灰色領域威脅，如假訊息、網路攻擊、資安等議題交換意見，增加防禦性武器供應，都是正確良善的發展。但在地緣及距離因素下，台海一旦有事，究竟有多少軍事實力能真正投射到第一島鏈？不變的地緣政治、經濟現實恐怕還是我方最迫切需考慮之事。我們仍需慎思，切忌一廂情願的樂觀。

二〇二五年二月十四日，美國新任副總統范斯（JD Vance）在慕尼黑安全會議中表示：「我擔心的是來自內部的威脅。」指出真正威脅歐洲的並非俄羅斯、中國等外部勢力，而是歐洲對其「最基本價值觀」的背離，公開質疑歐洲價值觀是否值得共同捍衛。據《路透社》報導，在場聽眾聞言「全部目瞪口呆」、「毫無掌聲」。范斯形容川普重返執政有如「鎮上來了一位新警長」，歐洲必須保衛自己並負起更大責任。

范斯此番發言掀起波瀾後不久，二十八日，烏克蘭總統澤倫斯基訪問白宮，與川普總統、范斯副總統在全球直播中激烈口角，震驚世界，被認為是外交史上首次公開的大爭執，許多觀察家視此為世界新秩序重整的開端。三月一日，英國首相施凱爾（Keir Starmer）在倫敦邀請澤倫斯基與歐陸十八國召開「烏克蘭與歐洲安全峰會」，法國總統及德國、義大利、加拿大、波蘭、芬蘭、瑞典等國總理均出席共商烏克蘭的安全與和平方案，將建立「自願聯盟」（Coalition of the Willing）來捍衛烏克蘭和平協議及保證後續和平。施凱爾明言：「現在迫切需要重新武裝歐洲。」也強調這些努力仍需要美國的大力支持。這次英國的表現似乎回到二戰前扮演平衡者（balancer）的角色，值得讚揚，但英國已非昔日強大，而歐洲各國對於是否願派武裝部隊赴烏克蘭維和也有歧異，是難解議題。

川普深具「交易性格」，長於調適改變，個人以為**終究歐洲國家除經貿利益外，不會是美國戰略競爭者，彼此無需就安全利益攤牌，歐洲國家加強國防乃屬必須，然「對等關稅」政策引發美歐貿易戰雖難避免，從長期視角來看，美國與歐洲國家終究還是有更多的共同地緣、文化、價值關係，貿易糾紛終將解決，然而美國的國際信譽已然傷害重大。**

第 6 章

美國（一）：

艱鉅挑戰（2004－2005）

「美中建交了！」
與華府的深深淵源，始於這句響徹天際的呼喊。

記得是星期五，學校期末考的最後一天。晚上和幾個美國同學到酒吧喝啤酒聊天，突聽一位同學高聲叫喊，抬頭，電視裡卡特總統正發表演講，字幕閃現我們最不願見到的消息。

一九七八年十二月十五日，美東時間晚上九點，台北時間十六日早上十點，美國總統卡特宣布與中華人民共和國建立外交關係，與台灣僅維持經濟、文化及其他非官方關係。這對所有台灣人民而言，是刻骨銘心、悲痛激憤的一刻。自一九五四年起的《中美共同防禦條約》則依第十條，於一年後終止，駐台美軍將在四個月內撤離。

其實，美中兩國尋求邦交「正常化」，正式建立外交關係，是遲早都要發生的事，卡特的宣布並非全然意外，從一九七一年時任國家安全顧問季辛吉（Henry Kissinger）密訪北京，隔年美國總統尼克森（Richard Nixon）訪中，並發表《上海公報》的連串發展皆可預見。即便如此，中華民國政府、民眾皆希望此事能拖就拖，然而卡特總統宣布的內容、條件，可說是完全接受中方三條件，即終止與中華民國官方外交關係、廢除《中美共同防禦條約》、撤出所有美國在台軍事人員和裝備。蔣經國總統、全國民眾、海外僑民，皆同感悲憤、意外，同憂未來。

聽聞斷交消息後即刻趕回家，當夜，電話響不停，美國各地同學、台灣親友都在討論台灣的前途會怎樣？我們能做些什麼救國？一些大華府地區能聯絡上的朋友，也開始討論有哪些因應做法。

第二天早上，獨自駕車到華府，緩緩駛近白宮時，發現和我大學同屆、畢業於法律系，於喬治華盛頓大學（George Washington University）攻讀法學博士的張大同正舉牌抗議。我加入他的行列，紅著眼對白宮怒吼，希望卡特總統能聽到，知曉美國和中華人民共和國建交，並不如他所講的是「舉國歡欣」，仍有不同意見，隨後，人愈聚愈多。

如今回想，當時真是熱血衝動，但一切皆是如水就下，自然發生。我們在白宮外持續舉牌抗議數週，不知有多少台灣留學生、僑民志願參加，人潮不斷。

十二月三十一日，美國與中華民國斷交前的下午，使館員眷、僑胞、同學們皆來到雙橡園，眾人齊聚參加降旗典禮，我也佇立其中，一同聆聽當時赴華府談判的楊西崑特使仿效麥克阿瑟將軍名言，語氣悲壯說道：「我們會再回來。」（We shall return.）

午夜十二時一過，因美國和中華民國不再有邦交，美國負責使館安全的警察巡邏車也撤離。在那個謠言傳聞沸騰、人心浮動的時期，聽聞將有親共人士午夜後攻陷雙橡園造就既成事實，我們七位留學生便手持棍棒、和著大衣，在冬夜沒有暖氣的大門玄關內過了一夜，幸而當晚無事平安。事後回想，是有些傻，但當時氛圍混亂，大家憑著一股愛國心，就這麼撩落去了。

誰能想到，二十五年後，我竟經常在此做主人宴請賓客。

重建互信

二〇〇四年七月二十四日，我正式接任駐美代表。

美國是世界政治權力的中心，是個人攻讀博士、成家、踏入外交志業的起點，對職業外交官而言，更堪稱是職涯最高峰。多年後重返華府，身上的責任更重，迎面而來的挑戰並不容易，因為陳水扁總統給我的首要重任，是**修補台美間因二〇〇四年防禦性公投而倒退的雙邊關係並重建互信**。

秉持外交人員的基本精神，抱持「出使四方，不辱使命」的態度，個人戮力以赴，絲毫不敢懈怠。抵任後兩個月，美國國務院亞太助卿柯立金（James Kelly）特別告訴我，中方外長李肇星和鮑爾（Colin Powell）國務卿不久前工作午餐時，大部分時間都在談台灣。李肇星外長火氣很大，多次提到我在華府活動太過積極，希望美方官員不要與我來往。我聽了以後，淡定回覆道：「這其實是讚美之辭啊！」

其實，早在於美國求學時，我就常赴華府散心，且學術研究的主題便是台美關係。一九七九年二月六日開始，美國參、眾兩院外交委員會舉行一系列聽證會，我幾乎每一場公開的討論都參與。記得參院首場聽證會適逢華府隆冬大雪、地面積雪超過六十公分。開車前往時，不慎在下交流道時轉彎打滑，衝入雪堆，所幸意外發生在白天，剛好有人開卡車經過，連人帶車被拖出來，否則後果難料。雖然初參與就發生了意外，仍雪雨無阻，經常往返維吉尼亞大學、國會之間。幾次聽證會後，與兩院許多外交委員會專業幕僚都成為朋友，國內各媒體記者也都知道有位留學生幾乎每場必到。該年三月，我更進一步向指導教授冷紹烇報告，希望以《台灣關係法》作為博士論文題目。慈祥的冷老師立即答應。這部法律不僅是關乎兩國未來關係的法律基礎，更是我在超過四十年公職生涯中不斷運用的法寶。

修復與美關係

駐歐期間，我曾為防禦性公投奔走、為可能的影響做準備，駐美之時，則直面它帶來的衝擊。二〇〇四年總統大選前一日，陳水扁總統、呂秀蓮副總統在台南市區拜票時遭槍擊，兩人分別腹部、膝蓋受傷，防禦性公投依舊在二〇〇四年三月二十日與總統大選同日登場，陳、呂只以不到三萬票，僅〇・二三個百分點驚險勝出，公投則以失敗收場，而國民黨在開票之夜隨即表示將提起總統大選選舉無效之訴，最後獲最高法院判決敗訴，陳總統順利連任。自布魯塞爾搭機抵美，我們剛抵達杜勒斯機場，便一腳踏入宛若四個月前國內政情藍綠對立驟升的熱度之中，支持國民黨、親民黨僑胞組成的真相聯盟在外頭舉牌抗議，牌子上甚至還寫著：「不歡迎李大『偽』」。國內政黨惡鬥延伸出國門，在海外上演，而接機的同仁及美方人員並未提前知會現場狀況，最後由美方安全人員護送離去。我當時即決定直往駐美代表處，與同仁開會共商未來做法。

抵任第二天，首度和美國國安會亞洲事務資深主任葛林（Michael Green）、中國港台事務主任韋德寧（Dennis Wilder）會晤，積極加強台美溝通與互信。

我轉達陳總統諭示，表示穩定兩岸關係是未來四年政府要務，且會於兩任就職演說的基礎上改善兩岸關係，不會尋求台灣獨立，但也不可能接受北京的「一中原則」。

除了釐清台灣並非尋求獨立和對「一中政策」的態度，關於憲政改革議題，我轉述陳總統指示，此案將依據憲法程序進行，須經立法委員四分之三多數通過，若美方可以協助勸阻北京當局，不要在國際打壓我國，務實面對陳水扁政府，自然有助安撫國內對憲政改革的不同意見。至於雙邊經貿，我告訴美國國安會，希望可儘速回覆ＴＩＦＡ（貿易暨投資架構協定）談判，進而就台美自由貿易協定（ＦＴＡ）展開協商。美方隨即表示會呈報此重要訊息給小布希總統，也**表示了解陳總統為難之處，但安撫執政黨內的不同意見是國家領導人職責，這不應成為修改、變更政策的藉口**。

待談話事項告一段落，葛林展現十足誠意，提供了白宮戰情室（Situation Room）的直撥電話號碼，表示若有緊急事件可即時聯繫。最後，他們對我說，歡迎一位「知美派」專業外交官使美。

該年十一月，小布希總統出訪亞洲，在日本京都發表公開演說時，特別讚揚台灣民主，表示同屬華人社會的台灣已由威權專制走向開放民主，是中國發展民主需要的對照組。該演說發布數日前，美方事先電話預告，讓我方提前準備，顯示小布希政府在我抵任後，願意重新恢復關係與互信。

中方釋出善意

時任美國副總統錢尼（Dick Cheney）的副國安顧問葉望輝（Stephen Yates），年輕時，曾以摩門教徒身分來台宣教，國語流利，對台灣友好，對兩岸關係的了解堪稱專家級。陳總統發表第二任就職演說、中共十六屆四中全會後，會晤時他告訴我中方管道向美方透露，將不再堅持九二共識、一中原則、一國兩制，兩岸有恢復對話的可能性，但陳總統必須遵守《中華民國憲法》架構，或許有機會到北京和中國國家主席胡錦濤會晤。

葉望輝特別慎重表示，第一次聽到中方把國家主席列為陳總統對話對象，而且條件相當彈性，不免令人懷疑其可信度，但他透過不同管道查證，確認消息確實來自最高階層。我聽了，立即表示會將此事呈報台北。他又進一步告知，二〇〇五年是兩岸恢復對話的機會之窗，若抓住機會，台灣就能和對岸和平共存三十年，爭取更多時間和空間。

從葉望輝得知的消息來看，當時美、中、台三方氛圍堪稱不錯，但民進黨內仍有不同聲音。二〇〇四年十月四日，《紐約時報》（*New York Times*）、《華盛頓郵報》（*Washington Post*）上刊全版廣告，主標題為「美國固守一個中國政策，僅會讓共黨獨裁者獲利」，副標題則是「讓台灣為永續和平發聲」。該篇廣告強調美國一中政策已與事實不符，一邊一國是大多數台灣人的共識，希望華府在體認台灣主體意識崛起、台海現實下，重新審視一中政策，署名刊登者為總統府資政辜寬敏。

正苦思該怎麼應對美方的訊問，祕書王良玉進辦公室報告，說辜資政來訪。眼前這位古典貴族紳士身著合身西裝、打著領帶，滿頭華髮，談吐十分優雅。一坐下，他單刀直入，告訴我這兩篇全版廣告是個人出資刊登，與台灣政府無關。語畢，又嘆道：「好貴，花了我二十幾萬美金。」

當日早上十點半，果然接到國安會來電，表示國安顧問萊斯（Condoleezza Rice）想了解這兩篇全版廣告的刊登背景。我隨即解釋這是私人行為，政府並未涉入。當時正逢美國總統大選白熱化，對方告訴我，此刻批評小布希總統政策非但無助台美關係，還相當冒犯。過沒多久，又接到國務院亞太局來電，與國安會口徑一致，認為距離大選只剩一個月，批判小布希總統的政策並不恰當，希望我方政府可公開聲明澄清。

兩星期後，突然接到ＡＩＴ電話邀請參加午餐，進門後，赫然發現副國務卿阿米塔吉（Richard Armitage）在座*。曾在美國海軍特戰部隊服役的他高大壯碩，是「大哥性格」，喜歡提攜後進、富有幽默感，話匣子打開以後，偶有葷笑話。美國一九七五年從越南撤退時，阿米塔吉是最後一位離開西貢（今胡志明市）的軍事顧問，在華府是位廣受兩黨尊敬的傳奇人物，諳越語，並領養多位越南孤兒，顯示他的愛心。

阿米塔吉的政治人脈極佳，他的子弟兵——在川普政府擔任國防部印太安全事務部助理部長的薛瑞福（Randy Shriver），告他每天早上四點就進健身房舉重、鍛鍊一小時，數十年從不間斷，且與小布希政府第一任國務卿鮑爾是袍澤之情，彼此不藏私。他在台灣的人脈也廣，從前總統李登輝、蔡英文、前監察院長錢復，一直到現任官員，都有深厚交情。

和阿米塔吉副卿一同享用三明治、無糖可樂，一邊談公務，話題轉到辜寬敏資政。他告訴我，不久前才在全日空華府杜勒斯機場貴賓室遇到辜先生，和他談了一個小時，而後又搭同班機前往東京。餐後，阿米塔吉副卿向我伸出手，他的雙掌碩大且有力：「辜博士告訴我，他已經八十歲，不能再等了，但還好陳總統和你只有五十多歲！」後來擔任總統府祕書長時，還曾兩度銜命拜訪辜資政，至他九十七歲離世時，仍未實現他「台灣獨立」的願景。

回辦公室後，請同仁擬稿撰寫「當前台美互信問題的研析及因應之道」長篇電文，我也花很多時間指導及修改，指出台美間的不信任或誤解從二〇〇三年下半前起就存在，到二〇〇三年十二月小布希總統、中國國務院總理溫家寶會面時，小布希總統表示「反對台灣領導人任何可能改變現狀的談話或行動」後，跌到谷底。因此，該電文**建議我方應該正面處理兩岸關係、展現自我防衛決心，並避免高層意外發言，同時加強對美溝通**。

此電文似乎發揮了效用。陳總統在二〇〇四年國慶日談話表示，希望在既有基礎上推動兩岸恢復對話和溝通的管道，拉近彼此距離，建立互信基礎。兩岸可以九二香港會談為基礎，尋求「雖不完美、但可接受」方案，作為進一步推動協商談判準備。

* 阿米塔吉於二〇二五年四月十三日辭世，我國失去一位忠誠摯友。

當天美方國安會高層即告，萊斯國安顧問對該談話反應相當正面，雖認為中方可能仍堅稱台灣須接受「一中」為前提，希望我方能以耐心、中性態度看待，將有助兩岸互動。美方也同時電洽日本、英國、新加坡、澳洲等國發表鼓勵評論。美方內部研判，二〇〇四年十二月十一日台灣立委選舉前，中共不會發表任何正面評論，但中國國家主席胡錦濤等官員、學者皆陸續傳話，表示在「一中問題」上可以有彈性，且七月三十日小布希與胡錦濤通話時，胡錦濤雖仍堅稱「一中」說法，但語氣和用詞都比兩人在七月三十日的前一次通話更和緩，似乎是在表達善意。

而後，美方國安會高層又告知，中國駐美大使館針對李登輝前總統十月九日在華府舉行的「台灣新憲法國際研討會」發表視訊致詞表達抗議。我則表示，這是麻州甘迺迪參議員（Ted Kennedy）協助安排場地，但沒有國會議員參加，駐美代表處亦未參與。聽了我的解釋，該高層頓時鬆了一口氣，坦言已經告知中國駐美大使館，台灣是民主國家，享有完全言論自由，而且該新憲法國際研討會，我方駐美代表處並未參加，所以中方完全沒有理由抗議，請中方應該把重點放在陳總統釋出善意的國慶談話。

十月十三日，和美方國安會高層約見面。對方再度轉達美方對陳總統談話表示歡迎，認為十分務實，希望陳總統不要因國內壓力而改變立場，抵銷這次國慶談話累積的效益。我告訴對方，會忠實呈報此訊息回國內。

隔天，我和前亞太副助卿貝德（Jeffrey Bader）見面。他兩週前才到北京訪問，並告訴我在北京曾經和即將接任駐美大使的周文重、外交部美洲大洋洲司司長何亞非、中國社會科學院美國研究所所長王緝思等晤談，發現中方對兩岸態度明顯較為放鬆，認為台灣問題是「待處理的問題」（a problem to be managed），而不是「衝突」，和兩個月前另一趟北京行所聞不同。當時，前後兩任中國國家主席正進行權力交接，中國共產黨總書記、中國國家主席兩職由胡錦濤兼任，而中央軍委主席仍由江澤民擔任。貝德研判，兩個月前中方刻意凸顯、升高對台力道，應是江澤民人馬為保全其中央軍委主席大位所做的最後一搏，而周文重、何亞非、王緝思三人一致對此降溫，值得注意。我則表示陳總統雙十國慶演說已得到國安會高層正面評價，但前一日國台辦發言人張銘清卻措辭嚴厲抨擊該談話：「是堅持一邊一國的台獨言論，是對台海和平與穩定的嚴重挑釁。」貝德認為，中方應該是在觀望十一月美國總統大選、十二月我立法院改選結果，在二〇〇五年一月應有關鍵性決定。

話音剛落，貝德有些感嘆，表示中方高層曾告訴他中共內部決策最大的問題，就是主掌台港事務的官員思想僵化、不知變通且素質不佳，國台辦發言人張銘清一番粗暴言論就是例證。他進一步透露，中方曾告訴他，陳總統國慶談話「沒有誠意且模糊」（insincere and vague），其中「模糊」一詞並沒有負面意涵，相當值得玩味。但貝德也指出，台灣內部有些人士把中共視為美國威脅，希望美國能在兩岸間做出抉擇，但美國在中國具有實質利益，不容忽視。他就舉辜寬敏資政花費二十餘萬美元在美國兩大報刊登的全版廣告為例，認為雖然對各界了解陳總統面對的內部壓力有助益，然華府政策圈人士普遍反應不佳。

無論如何，中方釋出了善意，繃極的弦稍緩，我們得以進一步期待有機會奏出諧和的樂音。

鮑爾國務卿口誤

陳總統國慶演說贏得華府好評，正當美中台三方關係的張力趨緩，國務卿鮑爾卻在二〇〇四年十月下旬訪中，接受香港鳳凰衛視專訪時表示「台灣不是主權國家」，美國的一中政策立場非常堅定，後續接受美國有線新聞網（CNN）專訪時更指出，希望兩岸不要採取片面行動：「因為這會扭曲一個最終的結果，就是各方尋求的統一。」

此論調立刻引發國內各界譁然。國務院亞太局高層來電澄清，強調美國立場沒有改變，也沒有任何計畫採取不同政策。國務院發言人持相同論調，在例行記者會澄清，**美方立場是「和平解決」兩岸問題，而不是追求「和平統一」**。我隨即表示，我方對於鮑爾國務卿接受鳳凰衛視、CNN專訪的發言大感困擾，幸好美方來電澄清才避免更深誤會。事後友人、副助卿薛瑞福回憶，阿米塔吉副卿在事件發生後急電鮑爾國務卿，直言不諱告知：「老闆，你說錯話了！」（Boss, you misspoke!）兩位同是軍人背景、交情匪淺，溝通也十分直接，危機因此得以即刻解決。

風波平息後，國務院亞太局高層再向我解釋，鮑爾兩岸「和平統一」的說法其實是「和平解決」的口誤。我特別感謝薛瑞福副助卿在最短時間內親致電國內三大報和中央社駐華府記者澄清。該高層又表示，鮑爾國務卿其實在與胡錦濤國家主席會面時，強調陳總統文告極具建設性，美方希望中方可以認真思考與台灣對話，胡錦濤則回應對陳總統信心不足，對他在雙十國慶演說拋出的橄欖枝不盡滿意。

十一月三日，曾任柯林頓政府國安會資深主任的李侃如（Kenneth Lieberthal）在台北會晤陳總統。陳總統繼續釋出對兩岸關係的善意，表示雙方若要發展任何形式的政治關係，只要兩千三百萬台灣人民同意，沒有什麼是不可以的，且兩岸務必重啟協商大門，這才大膽提出以「九二香港會談」為基礎，也就是不預設前提，也沒有預測結論。

陳總統又告李侃如，將邀請朝野政黨籌組「兩岸和平發展委員會」討論兩岸和平架構，並坦言能談判的時間可能只剩未來兩年，必須好好掌握契機，若不及時進行，拖到二〇〇七年，屆時距台灣總統大選僅剩一年時間，氣氛並不利於兩岸對話，且無論哪一黨當選，對北京當局而言談判的條件也不會比現在更好。

事後回想，這些構想要能成真，必須滿足三個條件：一、二〇〇四年底立委選舉，泛綠陣營要取得穩定多數席次；二、北京對此構想要有善意回應；三、國際須表達支持，特別是美國，但其中最重要的關鍵仍是中國大陸。

美國立場一向是鼓勵對話，而兩岸內部雖均有掣肘力量、相當複雜，但當時台灣、美國、中國均曾思考過恢復兩岸對話。只是二〇〇四年立委選舉，民進黨席次雖小幅成長兩席，但與台灣團結聯盟加起來仍無法在立法院過半。二〇〇五年年底縣市長選舉結果，民進黨更從選前的十席下降為七席。隨著執政黨的連連失利，使兩岸關係僅有的一絲曙光，瞬間黯淡了。

美國總統大選漣漪

小布希連任

鮑爾國務卿的言論風波剛過，二〇〇四年十一月二日，美國總統大選登場，由共和黨爭取連任的小布希總統對上民主黨麻州資深參議員凱瑞（John Kerry）。

我們的工作是未雨綢繆。如果共和黨連任，政策、人事的延續比較容易預期；若換民主黨執政，主政者立場倘改變，會帶來關鍵性影響，需預先準備及部署。

老友史汀生研究中心（The Stimson Center）的東亞主任容安瀾（Alan Romberg）是中國通，立場傾民主黨。拜會時，他表示台美關係不會出現重大變化，因為執政者初上任通常不甚了解政策，用詞可能因此不慎，但假以時日還是會回歸美國「一中政策」，也就是美中三公報、一法（《上海公報》、《建交公報》、《八一七公報》，以及《台灣關係法》）。即使民主黨的候選人凱瑞當選，外交重點仍會在中東、伊拉克，對台政策不會大幅轉向。此外也提到陳總統五二〇就職演說中，提到憲政不會觸及領土、主權、統獨議題，他相信陳總統的誠意，但同時擔心執政黨基本盤、由前總統李登輝扮演精神領袖角色的台灣團結聯盟，將會持續呼籲正名等作為。

曾任國務院亞太副助卿的貝德則認為，凱瑞陣營亞洲政策在競選過程中尚未成形，而凱瑞曾任外交委員會亞太小組主席，長期關注亞洲事務，雖自然有其看法，但美國兩岸政策在短期內不會有太大改變。至於人事布局，他認為曾在卡特與柯林頓政府擔任亞太、歐洲助理國務卿的郝爾布魯克（Richard Holbrooke），及擔任德拉瓦州參議員已逾三十年的拜登（Joseph Biden）都有可能出任國務卿。

其中，郝爾布魯克在外交界素有「推土機」（Bulldozer）之稱，意思是他擅長協調，富耐性與韌性，有大開大闔的做法。我表示，郝爾布魯克在美中關係正常化時曾扮演重要角色，且曾提出美中簽訂第四公報構想。對此，貝德說他曾在郝爾布魯克擔任助理國務卿時擔任過執行助理，深知他喜歡求表現、突出的風格，但此人也相當聰明、有彈性，聞過則改，只是近年關注重心轉往歐洲和聯合國事務，兩岸觀點早已過時。貝德很有誠意，建議我方可由中國信託金控創辦人辜濂松等國際知名企業家，與郝爾布魯克建立聯繫。當下並未告貝德，其實早在一九九二年任北美司副司長時，我方便已透過國內工商界巨擘與之搭上關係，郝爾布魯克也曾商務訪台會晤我高層。

當然，局勢變動之中，也有明顯令我方憂心的可能發展。李侃如曾和貝德在柯林頓政府共事，當時擔任國安會亞洲事務資深主任，他提出的「中程協議」即是一例。該協議主要內容為：在一個中國原則下，台灣明示自己為中國一部分，不宣布獨立，中國大陸則承諾不會武力犯台。兩岸在政治談判前，達成一個為期五十年的過渡性「中程和平協議方案」，台灣可以保有軍隊，購買非自衛性武器，並以各種身分參與國際活動。對此，貝德直言李侃如的主張太過學術性且不切實際，原因是若兩岸未來進行協商，涉及的層面將極為複雜，美國很難介入細節討論。

當時我也曾與在戰略與國際研究中心（CSIS）擔任副會長，後來在拜登政府任副國務卿，有「印太沙皇」稱號的坎博（Kurt Campbell）會面，他分析民主黨各候選人的對台立場，認為希拉蕊（Hillary Clinton）對中態度最強硬，在勞工、經濟、人權對中國均有強烈意見，若她能出線擔任國務卿，應對台灣最有利。

經歷多次拜會、無數次商討、預測、實際沙盤推演，選舉的紛紛擾擾、候選人相互喊話、媒體的狂熱報導和選民的熱切關注，都在開票後暫歸平靜。小布希總統以兩百八十一張選舉人票贏得連任，且普選票也勝過對手，相較二〇〇〇年總統大選後的波折，這次他贏得乾淨俐落。而他的勝選，奠定了未來四年我們對美外交的走向。

十點裁示釋善意

陳總統於十一月十日召開的國安高層會議中做出十點裁示，迎接小布希第二任期，重點包括主張兩岸應該共同商定軍事緩衝區，也要參照一九七二年美蘇「海上事件協定」、一九九八年美中「軍事海上諮商協定」做法，建立台海軍事安全諮商機制，形成「海峽行為準則」，並公開承諾台灣方面絕不發展大規模毀滅性武器，呼籲中國也應該公開宣示，放棄發展、使用大規模毀滅性武器。

陳總統也強調，在「九二香港會談」基礎上，政府應積極規劃、推動包括三通在內的兩岸經貿、文化往來，現階段可用台港航線協商模式，立即與對岸就雙向、對飛、不中停第三地等問題，協商貨運包機、春節包機營運，為兩岸直航開啟契機。同時，為了緩和台海軍事對峙、推動軍事事務改革，陳總統宣示，除了加速建立量少質精的國軍部隊、提升自我防衛能力外，國防部已經完成規劃，自二〇〇五年七月一日起兵役役期將縮短為一年六個月，倘若募兵順利，二〇〇八年將進一步縮短為一年，並達到裁軍十萬人目標。

美方跨部會小組對陳總統此十點裁示印象深刻。其時，中國國家主席胡錦濤在出訪巴西時，雖重申「爭取和平統一」、「反對台獨」，也承諾「沒有人比我們更希望用和平方式解決台灣問題」。對此，美方認為是正面訊息，且會持續呼籲中方正視陳總統雙十演講，並鼓勵兩岸積極對話。

我告訴美方國務院亞太局高層，陳總統的十點指示中，提出現階段可以台港航線協商模式，與對岸立即就雙向、對飛、不中停第三地等問題協商貨運包機和春節包機，這是以一九九七年台港航線談判為例，我方陸委會、民航局官員，均以商會顧問名義與會，就實質問題談判，是重大讓步，若中方能善意回應，對兩岸三通議題將有莫大助益。

《反分裂國家法》掀波瀾

然而二〇〇四年十二月十七日，北京當局宣布擬制定《反分裂國家法》，距離陳總統做出十點裁示不過一個多月時間，我對美方國務院亞太局高層說出的話音，才剛落不久。

消息公布當日，國內各界備感壓力，多認為戰略態勢已轉變，媒體多有台美關係倒退的說法，陳水扁政府再承受黨內強大壓力。我又告國務院亞太局高層，中方此舉是單方面改變現狀的行為，不利兩岸關係。該高層表示，美方曾持續要求中方提供《反分裂國家法》草案但遭拒，恐需待二〇〇五年三月全國人大審議時，才能得知內容。美方認為，該法是中國國家主席胡錦濤在國內鞏固權力的手段，並強調美方鼓勵兩岸展現正面做法，避免陷入惡性循環。我即告這位高層，台灣政府表現相當自制，但若干執政黨立委提議制定《反併吞法》、舉辦防禦性公投反制，希望可以加強對中施壓。

陳雲林訪美

美方告以國台辦主任陳雲林將於二〇〇五年一月初訪問華府討論《反分裂國家法》，但接待規格不會太高。陳雲林此行與阿米塔吉副卿、副國安顧問海德利（Stephen Hadley）見面，美國安會高層告訴我，當天與海德利的會晤中，陳雲林強調該法是防禦性質，不具攻擊性，目的在落實「和平統一」、「一國兩制」原則，遏止漸進式台獨，使用武力是最後手段，但仍不願提供《反分裂國家法》草案，只表示媒體報導均為錯誤描述，承諾該法不會涉及統一時間表。海德利副國安顧問則告訴他，美方對《反分裂國家法》的時機與內涵不解，此時應該促成兩岸對話，中方論述不足採信，美方也不認同中方認為台海情勢嚴峻的說法。

為了《反分裂國家法》掀起的波瀾，我方也採取強化台美互信的行動，陳雲林訪美不久，一月十三日，即將出任不分區立委的蔡英文以好友身分與美方國安會高層、阿米塔吉副卿晤談，並在布魯金斯研究院（Brookings Institution）舉行閉門座談，我也陪同。此時蔡委員剛卸任陸委會主委，依然參與高層政策討論，談話相當有內容，清楚轉達陳總統希望與美方重建互信、加強溝通的訊息。她語言流利、論理清晰、充滿自信，剛柔並濟且深具說服力。此行對鞏固台美互信有很大貢獻，阿米塔吉副卿和後來在拜登政府成為副卿的坎博擁抱她，三人彷彿兄妹，好交情溢於言表，從美方與會者眼神也可看出他們對蔡委員的尊敬。

一月二十五日，國安會高層又告，國台辦陳雲林主任、阿米塔吉副卿會晤時，美方用詞強硬反駁陳雲林主任的論述。據悉陳雲林當下反應十分失望，對美方堅定立場頗覺難堪，而即將在隔日扶正的副國安顧問海德利也致電歐洲主要國家，希望能一致對《反分裂國家法》採反對立場。東南亞國家因太過顧及中方影響力，竟轉而指責台灣，令美方失望。

美方持續要求中方提供該法草案，並表示對提出時機和象徵意義的關切。不久，二月八日我和剛結束北京訪問行程的國務院亞太局高層會面。他和國台辦主任陳雲林針對《反分裂國家法》有過討論，對方告訴他，該法是重申對台既定政策，並非挑釁。聞言，我表示美方的「低調反對」已造成台灣政府和民間焦慮。美方則表示，私下向中方施壓已經是經過審慎研判後的策略，不願把中方逼入牆角，而且美方也一再向中方表達關切、籲請自制，希望我方能沉著處理。

此位高層告知，在勸阻中方放棄推動《反分裂國家法》的過程中，明顯感覺中方對美示好的意圖，陳雲林談話的調性很軟，雖試圖迷惑美方，但美方畢竟涉外調停經驗豐富，並未輕易上當。

柯立金助卿的分析

二月中，和甫卸任兩週的柯立金助卿會面，他的分析頗能反映美國當下台海政策思維。柯立金認為，中國國家主席胡錦濤固然較務實、成熟，但對台灣問題的「不安全感」卻比前任領導人江澤民更深，因為中國一九七八至一九八九年間實質領袖鄧小平可以提出「五十年不變」，但胡錦濤卻沒有當初鄧小平的政治資本。在此背景下，他認為台灣在亞洲地區將更被孤立，尤其是經濟整合上，再加上美國必須權衡世界各地利益，不可能只關注台灣，因此雖美國有《台灣關係法》協助維持台海和平、安全、穩定，但若衝突是由台灣片面挑釁造成，美國立場將相當為難。

他表示美國在兩岸立場會積極介入，可分成兩個層次：戰略及處理兩岸平時因為互動產生的摩擦。其中，積極介入《反分裂國家法》就是戰略層次，屬於兩岸互動的重大關鍵問題，美方相信施加的壓力已經產生效果。另，二〇〇五年二月海基會董事長辜振甫追思會，中方派專使海協會副會長孫亞夫、祕書長李亞飛來台致意，還有二〇〇五年一月底到二月中開放兩岸春節包機，是另一層次。因此，這位長期友人要我特呈報，台灣一定要稍安勿躁、靜觀其變。

國務院亞太局高層後來在二月二十三日又約見面，表示萊斯國務卿即將在三月二十日訪問北京，將會晤中國國家主席胡錦濤、外長李肇星。時值全國人大審議《反分裂國家法》後，美方有意藉此牽制。

正式通過

《反分裂國家法》正式通過前，三月八日，由全國人大常委會副委員長王兆國說明該草案。日本政府聞訊表示反對以非和平手段解決台海問題，也擔心該法以「非和平方式」對台海局勢造成影響。新加坡外交部則表示，理解中國想要頒布該法的原因，但該法似乎重申中國反對台獨立場，但新加坡對「一個中國」問題的立場眾所皆知。三天後，又接到美方國安會葛林資深主任電話，表示樂見日本政府聲明，但對新加坡政府聲明則抱持質疑。對方告訴我，英國可望在近日發表聲明，歐盟也將跟進。

縱然國際間反彈聲浪不少，三月十四日，《反分裂國家法》仍在全國人大會議正式通過，兩千八百九十六票贊成、零票反對、兩票棄權、三人未按表決器。當日白宮發言人麥克雷蘭（Scott McClellan）表示，該法通過誠屬不幸，無助台海和平與穩定，美方將持續鼓勵兩岸對話。下午，正逢呂秀蓮副總統出訪薩爾瓦多、瓜地馬拉，途中在休士頓過境，我在陪同時接到美方國安會高層電話轉告，小布希總統、海德利國安顧問均對《反分裂國家法》不悅，但希望我方報復措施中不要取消兩岸交流。

國務院亞太局官員夏千福（Clifford Hart）也在當日致電駐美代表處高碩泰副代表，傳達美方對《反分裂國家法》的初步分析：

一、針對第二條，大陸和台灣同屬一個中國，是前國務院副總理錢其琛的說法。

二、第七條，主張兩岸平等協商中的「平等」，似乎具有新意。

三、第七條第五款涉及「台灣地區在國際上與其地位相適應的活動空間」，令美國認為台灣參與世界衛生組織（ＷＨＯ）一案出現曙光。

四、第八、九條，中國得使用「非和平方式」處理台灣問題；美國認為對兩岸關係毫無助益，也表示注意到該法未設兩岸復談條件（如「九二共識」般的目標），對外仍表示該法不當。

美國眾議院很快對此事作出反應，三月十六日以四百二十四票對四票的壓倒性票數通過決議案，表達美國國會對《反分裂國家法》的嚴重關切。白宮對此表達肯定，並告訴我美國未來對該法發言管道有二：一是透過國務院，另一是透過白宮發言人。若非特別重要，或非總統特別關注事項，一般透過國務院發言即可，此次白宮發言人一週內連續兩次對該法發言，是經過深思熟慮，也是代表總統的權威發言。中方聞訊後十分惱火，直指美國並不了解兩岸關係現況。

三月二十日，萊斯國務卿訪問北京，在結束行程返美後，我很快約晤國務院亞太局高層，得知萊斯國務卿在北京停留約二十四小時，與中國國家主席胡錦濤、國務院總理溫家寶分別會談，議題集中在北韓核武、台灣問題。萊斯國務卿促請中方勸北韓立刻回到談判桌，否則將採經濟制裁，並希望能加強取締北韓印製非法偽鈔、參與毒品交易等犯罪活動。至於台灣問題，胡溫兩人均主動提及，但發言傾向自我辯解，重申尋求和平統一、維持現狀為一貫政策，萊斯國務卿則重中美國一貫政策，敦促中方採取措施改善兩岸關係，發言沒有意外之處。

國務院亞太局高層補充，《反分裂國家法》通過後，對原擬解除對中武器禁運的歐盟產生極大疑慮。美方認為，在美方努力溝通協調下，至少在二〇〇五年由盧森堡、英國擔任輪值主席期間，不致解除對中武器禁運令。

民主和平護台灣大遊行

二〇〇五年三月二十六日，「民主和平護台灣大遊行」在台北舉行，這是為了表達對《反分裂國家法》的不滿，由執政的民進黨以及台灣團結聯盟、超過五百個民間社團共同參與。

活動前兩天，國務院亞太局高層希望我能說明此次遊行的原由。我表示陳總統將參加「三二六民主和平護台灣大遊行」，但不會發表演說，並告以在活動前接見二十四位共同召集人時，強調遊行的重要性，表達「和平不退縮、堅定不對立」的態度，更引用知名美國民謠詩人巴布．狄倫（Bob Dylan）〈答案在風中飄蕩〉（Blowing in the Wind）的歌詞，透過歌詞中對和平、戰爭、自由的責問，吐露他當下的心境：「台灣人民走過了多少崎嶇的荊棘，才被稱為真正的民主？海峽兩岸的人民必須付出多少時間，才能擁有永久的和平？中國的文攻武嚇還要持續多久，才能走向和平的覺醒？偉大的台灣人民們，答案就飄揚在三月二十六號的風中。」巴布．狄倫的歌曲一直是和平、反戰的象徵，他後來在二〇一六年因為「在美國歌曲的偉大傳統裡，創造新的詩意表現手法」（for having created new poetic expressions within the great American song tradition）獲得諾貝爾文學獎。

這篇非常「文青」的演說確實動人，略修改美國民謠詩人的歌詞，是我們這一代熟悉的記憶，當然也包括美方對口官員。美方國務院亞太局高層聽完解釋，表示他們理解我方行動是受《反分裂國家法》驅動，民眾想要宣洩不滿感受，也感謝陳總統持續遵循就職演說承諾。

二〇〇五年三月二十六日晚間，邀請美方國安會高層全家在華府甘迺迪表演藝術中心（John F. Kennedy Center for the Performing Arts）欣賞台灣國立特技團表演。中場休息時，對方告訴我，前一日中國駐美大使館提出外交抗議，希望美方制止「三二六民主和平護台灣大遊行」，並稱這是台獨分子分裂國家的作為，活動中將焚燒五星旗，並稱《反分裂國家法》是「全國一致意見」，在人大會議雖有兩票棄權，但這兩票是計票機故障造成。美方聞言戲稱，如果中方把投棄權票的兩位人大代表驅逐出境，美國願意收留，美國尊重台灣作為民主國家，民眾有表達自由意志的權利。

三天後，國安會高層來電，表達美方對「三二六民主和平護台灣大遊行」中陳總統理性、自制的言論高度肯定。美國媒體相關報導、社會反應皆相當正面，該高層認為，我方持續溫和作為，對台灣有利。**這次斡旋是個成功的案例，台、美、中三方面雖不盡滿意，但都可接受。**

負責任的利害關係者

在小布希政府擔任副國務卿的佐立克（Robert Zoellick）認為，中國應該是負責任的利害關係者（responsible stakeholder），而美國的目標是將中國融入國際體系，包括WTO等其他國際組織，透過美中「資深官員對話」了解各自利益所在，美方可使中國成為「維持現狀國家」（status quo power），並和中國共同處理各種不確定因素，才不致使中方誤判情勢。

佐立克副卿希望美中能坦誠以對，談話進行時不拘形式也不涉入細節，重點在意見交換，從較大視野陳述看法，使中方了解不能只在追求融入國際體系的過程中獲益，也需要肩負相對應的責任。因此，對話討論內容不只包括美中雙邊政治經濟議題，還有區域性議題，包括中南美洲、非洲事務，此外也觸及美國如何因應中國崛起帶來的威脅和挑戰，並談到人民幣匯率、智慧財產權等議題，這也是小布希總統第二任期，美國對中政策的主旋律。

二〇〇五年八月一日，首次美中資深官員對話在北京展開，由佐立克副卿、中國外交部副部長戴秉國主持。

佐立克副卿認為首次對話相當成功，雙方也同意在該年年底於美國華府展開第二次對話。美方認為中國新領導人有不同想法，對美國是機會也是挑戰。

但相較佐立克副卿充滿理想主義、樂觀的提出一廂情願的政策，裴敏欣對此卻有迴然不同的論述。他在首次美中資深官員對話後不久發表專文分析，寫到美中關係當時反而更趨對立，美國國會有「反中熱」，而國防部也視中國為威脅。

另一位華府圈內人也向我分析，佐立克副卿和前任阿米塔吉副卿作風不同。阿米塔吉屬於務實派，注重解決當前難題，不喜歡滔滔辯論，專心扮演副手輔佐角色，佐立克則更專注大議題而非日常工作，經常與國務院七樓高層官員進行大戰略討論，有時儼然像是史丹佛大學校園的學術辯論。佐立克副卿更有興趣的是蘇丹難民、中國等國際大事和重大議題，幾乎扮演主導角色，時常與萊斯國務卿意見相左，不時還有衝突，但這位華府圈內人認為，佐立克副卿思維和老布希總統類似，屬於共和黨建制派，但當下華府對中政策並不一致，五角大廈強調的是對中軍事「避險」，甚至把中國視為美國「競爭者」，國會中的反中勢力也日益成長。

後來我和另一位被萊斯網羅的大謀略家、國務院政策計畫局助卿克拉斯納（Stephen Krasner）會面。該局最有名的是在一九四七年至一九四九年擔任首任主任的肯楠（George Kennan），是圍堵理論的發想者。

克拉斯納本來是萊斯國務卿在史丹佛大學的同事。據悉，國務院重大決策皆由萊斯國務卿、佐立克副卿、澤利考（Philip Zelikow）顧問（counselor）與他四人，在國務院七樓腦力激盪後決定。

克拉斯納告訴我，政策計畫局其實不缺幹才，業務重點也非日常行政，而是長遠的戰略規劃，分析時許多要素難以預測，也並非全然有脈絡可循。這種政策辯論是思考現況及未來（think forward），和針對過去（think back）的學術討論不同，而學者加入政府，最難適應的是行政科層體系綿密，政策辯論固然開放，但決策權卻在高層。

我問克拉斯納，佐立克副卿所謂「負責任的利害關係者」構想，是否出自國務院政策計畫局？他並未否認，並解釋，中國國際行為仍帶有濃厚的「重商主義」市儈色彩，只強調自身利益，卻不在乎對國際社會產生的後果，例如：在伊拉克、伊朗核問題上，中國的態度便是事不關己。「負責任的利害關係者」概念，可透過「建設性交往」，避免崛起的中國僅搭著國際體系的順風車（free ride），應使其擔負大國責任。

我再問克拉斯納：「避險政策」和「利害關係者」兩者概念是否相容？台灣在過程中的角色是什麼？該怎麼自我定位？

他解釋，**「避險」的意義在於不確定未來如何發展，如果情勢不如預期，美方將會有所準備；「利害關係者」則是希望中國朝正面發展，兩者有所連貫**。此概念一開始是針對中國崛起，但對台灣等其他國家也一體適用，只是中國的「利害關係」較大，所相對必須肩負的責任也較大。

我隨即告訴克拉斯納，我國政策和美國向來比較一致，近年更因為高度民主化，政府施政無法罔顧民意。克拉斯納認為民主可能使政治和決策複雜化，但民主不應使國家政策變得無法預測，也直白告訴我，**如果台灣動搖現狀，將對美國造成嚴重問題，觸及美國維持台海現狀的核心利益**。

在行政首長的日常行程中，處理正進行的計畫、應付突發事件，立法院、媒體、公民團體也都有需親自處理者，再加上接見來訪外賓、高層會議，還有出國開會、訪問，鮮少能有深層及系統性思考，而**外交及國安的中、長期戰略思考相當重要。後來我擔任兩機關首長，當然也想要建立制度化機制，但因人事法規僵硬及人才尋覓不易，無法竟其功，也是遺憾！**

過境外交

國內高層過境美國專案不但是台美關係風向球，也是每一任駐美代表工作重點項目之一。過境一事通常由台北和駐美代表處同時進洽，美方常引用的四大原則是：安全、舒適、便利、尊嚴。活動則有諸多限制，必須是閉門、低調與私人性質，而且任何室內場合均不得有現場攝影，文字記者可以在美國境內發稿，但不得有現場畫面，發言人、其他團員在美國境內時也不得向媒體說明。

我曾詢問一位剛離任公職不久的美方老友，**為何每次我方高層過境交涉過程都如此困難？友人告訴我，因為中方非常在意我國總統過境時受到的待遇，每次都會因此而占用許多雙邊高層會晤時間，讓美方關切的北韓、匯率、貿易逆差、人權等議題都難以暢談，萊斯國務卿相當介意此事，認為浪費寶貴時間。**

我又問，怎麼改變美方高層觀感？他告訴我，**根本方法是兩岸關係必須有突破性進展，讓美方覺得無需為台灣總統過境美國付出高昂代價**。他也坦言，在萊斯國務卿、海德利國安顧問主導外交政策下，要放寬我國高層過境待遇相當困難。

陳總統在二〇〇一年參加中美洲元首高峰會時曾過境紐約，除了獲頒人權獎，還能發表演說、與僑胞同乘遊輪、漫遊紐約，國內外媒體更對此做了大量報導，使其創下總統過境美國的歷史性突破，聲望也水漲船高。二〇〇三年，陳總統更在紐約過境兩夜。只不過，如此待遇在後來台美互信倒退後，於陳總統第二任內就不復存在。另一重要原因是紐約過境適逢翌年總統大選前，高規格待遇被解釋為美方加持，這可能是當時國務院未考慮的層面。

我任內首次辦理過境，是陳總統參加巴拿馬總統杜里荷（Martín Torrijos）就職典禮，去程過境夏威夷，回程則是西雅圖，這樣的安排對台北而言自然不好，但友人告訴我，這是在時任國務卿鮑爾堅持下所做的決定。我聽了有感而發表示，夏威夷不過停留六小時，西雅圖則是八小時，並未過夜，實在是違背「尊嚴、舒適、便利」原則，友人則低頭不語。

後來幾次交涉我方總統過境，歷經種種波折、痛苦時，我總會想起當時這位老友的道出的真知灼見。

二〇〇五年九月，陳總統的「攜手登峰．永續共榮之旅」，出訪瓜地馬拉、多明尼加、尼加拉瓜、聖克里斯多福及尼維斯、聖文森及格瑞那丁五邦交國，共有五位隨行官員，包括四位部長，還有台聯黨主席蘇進強。前總統李登輝也將於十月十一日展開為期十四天的訪美行，美方猶豫再三，在我方多次進洽下，最後以確保李前總統訪團不能公開討論政治議題、不得單獨從事政治活動的前提下放行，過程中又一再確認李前總統訪美時間、細節，並審慎評估李前總統公開言論可能造成的效應，並透過台北及駐美代表處轉達。這種嚴肅的做法，令人深思何以致此？

種種限制下，「攜手登峰．永續共榮之旅」代表團，最後決定去程過境安克拉治、邁阿密，回程不經美國，改由阿布達比、峇里島過境返台。

二〇〇五年十一月八日，小布希總統接受媒體聯訪，新華社主任故意於提問中暗埋陷阱，包括和平統一、分離主義者、台灣獨立等，但小布希總統並未上當，反而表示「強烈支持《台灣關係法》」。對此，我特別向國安會高層表達謝意，對方則表示，那其實是小布希總統的肺腑之言。

華府「圈內人」

在華府的頭兩年，面對亟需重建的台美關係和雙邊互信，能夠穩住腳步，順利盡駐使義務，一展抱負，與我時常來往的華府「圈內人」可謂居功厥偉。

美國人喜歡用「環城公路圈內人」（Inside the Beltway）形容他們，凸顯這群精英與一般美國民眾思考方式的不同。他們皆從事公職、和政府相關的工作，擔任智庫專家或是契約商，環繞著白宮、行政部門、國會、司法部門運作，與當政者多有資訊、友誼共享的互助關係，也是未來政府的儲備人才。我從留學時期就和他們保有互動，這群人對推動台美關係有莫大的影響力。

民主黨與共和黨輪流執政，雖各自擁有人才庫，但在野時這些智囊多會留在智庫或擔任企業顧問。其中，國防部和情報單位因預算龐大雇員特別多，但因工作敏感、涉密等級高，對外只會說「我為政府工作」而不表露服務單位。除了政府雇員，也有不少華府「圈內人」來自城內各大律師事務所、公關公司雲集的K街（K Street）。他們的工作和行政、立法部門相關，包括遊說、仲介人脈、打聽消息後撰寫分析報告，美國各大行業工會、商會，或是本土及跨國企業、利益團體都在其中有一席之地，包括台灣的台積電、聯發科等國際級大企業，現在也都聘雇商務部、國會退職官員及律師代表公司爭取利益。

「華府圈內人」可說是美國精英階層的縮影，傲人的學經歷只是基本。由於公職待遇普通，當這些圈內人的子女到了要就讀大學的年齡，面對高等教育昂貴的學費，多選擇進入過去經驗派得上用場的私人公司任職。雖說美國的旋轉門條款有諸多限制，然而總是有不勝枚舉的「下有對策」。

特別有意思的是「華府圈內人」進多出少，成員們俗稱得了「波多馬克河熱疾」（Potomac fever），意思是一旦跨過波多馬克河來到華府，嘗到權力滋味和見到退休或離職後的豐厚財務報償，就不會再回老家了，華府人口也因而日增，環城公路（I-495）幾乎時時壅塞，城內可供居住的腹地愈來愈少，不少人工作在城內卻只能居住城外。

華府是人才匯聚之地，高手如雲，人中豪傑比比皆是。要在當地大學、智庫發表演說，縱使已非外交新兵，我還是會頗為緊張，因為台下坐的都是現任或卸任官員、情報界專家、媒體、教授、各種利益團體代表、學生，當然也少不了中國大使館官員，只要稍有不慎口誤或是引述事實有誤，很容易當下被覺察，端看對方是要當面點破還是記下後回去上報。

當然，蔥鬱參天的樹林裡總有攀藤歪扭的植物，華府也有不少自吹自擂的瘋子和騙子。我曾經遇過一位頂大博士，歷任政府要職，稱自己是「大戰略家」，然而情緒控管不佳，還喜歡裝神弄鬼。後來友人告訴我，該「大戰略家」曾經任駐某大國大使短短一年，因被檢舉霸凌部屬而黯然離去，後轉任國安會高層一年，又因為涉洩密案去職。然而，即便有如此「豐功偉業」，他還是可以在華府圈內謀得高薪職位，只是得常常換東家。在華府，像這樣的人還不算少。

識人、判斷真偽是駐美代表任內的重大挑戰之一，也是歷經不少挫折而得的寶貴經驗。猶記某次一家大型公關公司來訪，表示從白宮、國務院、國防部等行政部門到國會都有管道可以打通關節，但年費是七位數美金。其實，遊說多半是運用舊人脈、過往的經驗，幾乎沒有成本，但我也知道該位人士在國會外交委員會服務十多年，人脈相當廣，於是告訴他：「不必您多費心，我們只需要一位能專注在國會外委會人才，我們負擔不起貴公司的費用，只能在數字最後減個零。」沒想到對方竟然也答應了，令我相當意外。

某日，這位公關主動說要請吃龍蝦，因為近期巧妙安排兩位亞洲大企業家與小布希總統握手合照共三分鐘，後來很快拿到了一紙含金量頗高的公關契約。餐敘中，他還抱怨我們駐美代表處的同仁實在太精明，不像亞洲某國大使館，塞了一些聽證會證詞、公開文件，就能輕鬆應付過去。聽了以後，我問他：「你看過運用政治遊說使政策轉向的成功案例嗎？」他坦白告訴我，公關公司僅協助把門打開、媒介對象，指引前方道路，最主要的還是得靠各國駐館的硬功夫、真本領。聽了以後，我也深表贊同。確實，**我國駐美代表人選尋覓不易，要有國內元首的信任，能應付華府精英，也要能有效領導駐美團隊，即便門開了，也要有能抓緊每一次機會的能力，功夫是需要培養、累積的，也是被逼出來的。**

這些與我們時時往來的「圈內人」皆聰明、靈活，有自己的一套處事方法，有各自的理想、目的，也常有不同的利益考量，如何與之保持長久情誼是相當不易的學問，也是每一位駐美使節必須修練的基本功。

變數與遺憾

二〇〇四年七月我正式抵任駐美代表，到二〇〇五年年底，在與同仁共同努力下，一度冰冷的台美關係總算漸漸回溫，是相對平順的一段時期。小布希總統不僅在日本京都演講公開讚揚台灣民主，更提前知會我方可善加運用，足見當時台美關係信任基礎漸趨穩固。

美國的支持從二〇〇五年六月八日，小布希總統接受福斯新聞台「你的世界」（Your World）節目專訪時可見一斑。他表示，如果**中國片面侵犯台灣，美國會依照《台灣關係法》精神挺身而**

出（rise up），但台灣如果單方面宣布獨立，則會改變美國整體評估（equation）。美國會確保任一方不會以單邊行動挑釁另一方。看完節目，我立刻致電美方國安會高層，表示小布希總統雖然日理萬機，但對台灣議題掌握極其精準，像是外交官一樣，顯示國安會輔佐有方，感謝友人的努力。

國務院亞太助卿柯立金也告訴我，陳總統這段期間在敏感議題方面的表現理性、自制且深具智慧，並認為駐美代表處在我抵任後的一年來，外交技巧、工作表現都對增進台美間互信幫助甚大。只不過，好不容易累積下來的成果，在中國胡溫體制「和平崛起」，美國又需要中方在伊朗、北韓核武議題給予支持的情況下，我方若不能謹慎處理變局下的美中台三角關係，恐怕辛苦累積下來的成果將付之一炬，且雖美台關係回溫令人欣慰，但中方動作頻頻，仍須密切關注。

的確，二〇〇五年中方幾次欲藉由其他國際議題交換美方在台灣問題上讓步，幸而並未得到美方正面回應。例如，該年四月二十八日，國務院亞太局高層來電告知，中國駐美大使周文重、外交部北美洲大洋洲司司長何亞非前一日會見佐立克副卿，提議在美中資深官員對話納入台灣議題。佐立克副卿即表示美國對台立場中方應十分了解，宜專注其他議題，然中方鍥而不捨，強調這是首度將北韓與台灣議題連結，遭佐立克副卿當面拒絕。

同時，國內政壇也起風了。民進黨內基本盤的壓力一再考驗陳總統能否恪遵就職時「四不一沒有」的承諾，該年五月九日，《華盛頓郵報》刊出專文，標題為〈陳總統考驗死忠派的耐心〉，文中表示陳總統重新審視長期堅持的台獨立場，已被黨內指控為叛徒，並引述時任民進黨立委王幸男說法，稱：「我們的領袖已經喪失領導能力。」又指出，針對當時國民黨主席連戰赴中進行和平之旅，陳總統先是批評後又改口祝福，並和親民黨主席宋楚瑜達成十點共識，引發民進黨支持者不滿。對此，分析家指出，陳總統可能成為台灣的尼克森。前國安會副祕書長江春男則表示，民眾已經厭倦僵局、緊張局勢，而陳總統本人從來不是意識形態的台獨支持者，是為了選舉才操弄此議題，基本上他還是相當務實，而台獨已然不可能。

報導刊出當日，如預料地接到美方國安會電話，對方肯定陳總統，並認為其抗拒壓力的決心具有政治家風範。然而，即便如此，已升溫的台美關係在國內壓力與國際局勢的交互影響下，還是出現了變數。

陳總統除了面對黨內壓力，還苦於立法院泛綠委員的席次屈居少數，使特別軍售預算案一直無法成功定案。

二〇〇五年三月八日，參加五角大廈紀念公園緬懷九一一事件犧牲的國防部官兵的午餐會。萊斯國務卿也在場，她微笑表示：「做得好！你的名字和意見，我很常在報告中讀到。」我回應，一九九九年在史丹佛大學（Stanford University）擔任教務長時，就曾經登門拜訪請教過，她聽了很高興，說：「當時就覺得你會來美國擔任大使。」

當日我和國防部長倫斯斐（Donald Rumsfeld）於場邊談話。他特別強調自己是以台灣朋友的身分坦告，希望我方可以認真處理特別軍售預算案。**若有人認為軍售採購是圖利特定美國廠**

商，想法肯定大錯特錯，因為美國對台軍售的主要考量是台灣的安全，美國國防部也堅持落實小布希總統二〇〇一年對台軍售決定。一旁的國防部副部長伍夫維茲（Paul Wolfowitz）是認識多年的老友，聞言也點頭附和。

戰略與國際研究中心（CSIS）太平洋論壇刊登的國務院前亞太助卿柯立金〈美國東亞政策〉專文，道出了台灣軍售問題的癥結點。他指出，未來美國的東亞政策以北韓核武問題挑戰最大，**而台美關係的問題不在溝通，而是台灣方面只聽自己喜歡聽的部分，使美國常需公開表態，確保訊息清楚**。（Taiwan's inclination to hear what it wants, means the U.S. sometimes have to say things publicly to get the message through.）如此直白而語重心長的呼籲相當特別，頗具警醒作用，尤其柯立金長期友我，更是甫卸任的亞太助卿。

美國對台軍售一直是美中台三方關係當中的重大爭議，不過最初在美中關係正常化的過程中，中國並未對美國與中華民國斷交後仍繼續對台軍售一事太過積極干預。中華人民共和國領導人鄧小平未堅持、暫時讓步的原因，是因為他當時已決定發動懲越戰爭，畏懼北方蘇聯布里茲涅夫主義可能以武力干預，必須確保美方的默許。蘇聯領導人布里茲涅夫在戰事爆發後，的確曾用熱線詢問時任美國總統卡特是否事先知情？卡特說服他不要採取行動，最終莫斯科也未干預中國的作為。

隨著時間的推移與局勢的改變，軍售已成為必然議題，美中也經歷多次溝通。一九八二年的《八一七公報》，當中寫到的「逐步減少對台軍售」就是一項妥協，美國減少對台軍售的前提，

是中國對台海問題持續推行和平解決方案，但後來雷根總統支持台灣，給予「六項保證」，當中的「未同意設定終止對台軍售的日期」、「未同意就對台軍售議題向中華人民共和國徵詢意見」、「不會在台北與北京之間擔任斡旋角色」等於抵銷了《八一七公報》的效力。到現在，美國對台的軍售和防禦服務已遠超過斷交前的質與量，甚至還有類軍援的項目，這顯示了美國戰略目標移轉，至於當中的轉折、考量和目的，就留待新一代學者研究吧＊。

在升溫的美台關係出現變化的徵兆之際，我接到了來自台北的噩耗，年甫九旬的父親突然心臟病發，逝世了。

父親讓我沐浴在書香中成長，心中只存有愛，是我一輩子外交生涯的重要後盾。

二〇〇四年抵任駐美代表時，美方檢查人員並未給予外交禮遇，反而要求我捺指紋、照相等，待遇相當無禮。經此教訓，我方積極交涉，美國國土安全部正式公告，自二〇〇四年九月三十日起，中華民國駐美國所有官員和眷屬經過美國海關時，可以免除電子掃描指紋檢驗手續，回歸到《台灣關係法》、一九八〇年協定精神，台灣駐美官員及眷屬享有準外交官待遇，還給了我方公道。

當時，家父讀報得知，特地從台北來電垂詢，表達關心與支持，聽得我不禁淚流滿襟。因長期旅外工作，我自責無法在家常伴父親左右，且自二〇〇〇年母親過世後，家父就只有弟弟國

＊ 雷根總統批示影本見本書前彩頁。

維、弟媳聖芳與看護相伴，戮力從公的我對此始終相當愧疚，唯一能做的只有在外交工作盡最大努力以報父親的支持，未曾想到，為重建台美互信並和美方就《反分裂國家法》取得共識，我幾乎夜以繼日交涉，父親卻在我工作正逐漸得心應手之際，突然走了。

得知消息當天，和《聯合報》特派員張宗智、《世界日報》總編輯劉其筠在家便餐，餐敘過半，我接了通弟弟國維從台北打來的電話。兩位友人心細，注意到我通話後的反應和平日不太一樣。一直到客人離去得以獨處時，才不禁潸然淚下，追思父親生前對自己的種種正面積極的影響。

父親的喪禮隆重而簡樸，陳總統、呂副總統、邱義仁祕書長、陳唐山部長、馬英九市長親臨弔唁，實在感激。侍衛長轉告總統準備了一個大白包，我們兄弟深表感謝，還是婉辭了。喪禮結束後未再多做停留，很快打起精神返回華府，繼續主持台灣第一線對美外交，迎向不絕的挑戰。

第 7 章

美國(二)：

分水嶺（2006－2007）

「這段要報嗎？」是和我一同拜訪官員、智庫學者的同仁，最常問我的一句話，而我的回答從未改變：「照實報，責任由館長一肩扛。」因為外交官代表的是全民及國家的利益，責任是把於駐在國所見、所聞、所思忠實呈報國內，不應有任何折扣。

外交官的專業、名節和操守，絕不能因為擔心忤逆國內長官、考慮個人仕途而扭曲事實、不實呈報，做到這點，才是最高的忠誠。只是俗諺說得好：「忠言逆耳。」全然坦誠、不經修飾的電報常讓國內有些不悅之音，指責我未努力說服對方，甚至懷疑對元首的忠誠，但駐在國官員及長期台灣友人的意見，怎能不據實以報？

同樣地，本於外交官職責，仍須依照台北訓令來闡釋政策，所以即便一位和我認識很久的國務院高層曾直白地對我說：「你是我的朋友，但你的解釋很糟！」（You are my friend, but you have given me an awful explanation.），我還是竭盡使節的職責。

我很清楚民主化後不能有黨派之私，應對依照憲法及民主程序選出來的總統忠誠，就算有不同意見也要循正常管道表達，絕不能為個人仕途隱瞞實際狀況，更不能在駐在國面前大言不慚批評自己的元首。有位美軍四星上將告訴我，自升上校後便不再投票選總統，因為職業軍人必須要服從國家元首命令。外交官何嘗不是如此？

來到華府這個世界政治權力的中心愈久，更明白這裡做的每一個決定都牽動世界局勢，更強烈地意識到外交官代表國家利益的職責和義務，體悟刻骨。

懷抱報國壯志抵任，雖早對眼前的重阻有心理準備，卻還是太低估國內藍綠惡鬥產生的後座力，國內已另闢戰場，而海外僑界還在吵兩顆子彈。立法院遲遲未通過特別軍購預算案，國內選舉結果又使政治權力失衡變化，連動政府一連串作為，令美國政府相當失望，不滿我最高領導人不能打破政治僵局，也認為在野陣營的策略性杯葛應負關係惡化的相當責任，這也是台美雙方認知與利益牴觸及落差所致。

情勢急轉

元旦文告

二〇〇六年一月一日是駐美代表任內工作的分水嶺，原來已漸回溫、穩定的互信，又急轉直下。

回顧二〇〇五年十二月三日，台灣縣市長選舉，被視為陳總統連任後的首次信任投票，結果執政的民進黨僅斬獲六席，泛藍卻有十七席，得票率超過民進黨九個百分點，可說是陳總統執政以來的最大政治挫敗。

隔年元旦，陳總統在元旦文告中表示樂見民間憲改運動，期許民間版《台灣新憲法》草案在該年出爐，二〇〇七年舉行新憲法公投，並預計在二〇〇八年為台灣催生一部合時、合身、合用的新憲法。而在兩岸經貿政策方面，他表示「積極管理、有效開放」將是新思維與新作為，必須落實「深耕台灣、布局全球」的經濟發展策略，不能只依附單一特定市場或經濟體——中國大陸。

文告一出，國務院亞太局祁錦慕（James Keith）副助卿隨即向我表示美方對內容失望。此次約見用語堅定、有禮，然而傳達訊息的語氣力度，卻是我與這位職業外交官交涉半年多以來，態度最強烈的一次。

外交官的職責之一是溝通，想辦法縮小雙邊差異，即使做不到也要憑良知全力以赴，問心無愧。若兩國意見一致、毫無歧見，那麼當外交官似乎缺乏挑戰性，僅成為「儀式性的代表」，沒有太多存在的價值。但實務上常是千般挑戰、萬般溝通。國內認為理所當然的，美方不買帳，雙方從各自角度及當下利益做考量，認知差距頗大，駐使難以彌平。再回首，當時的艱辛難以言狀，經常夜不成眠，最後居然能康健下莊，實在深感慶幸。

美方官員指出，積極管理兩岸經貿的政策會使美國企業不滿，新憲公投則會傷害雙方領袖的互信關係。此外，文告中對於在野黨的強硬態度、製造冷冽氣氛，對提高國防預算也難有助益。我則回應，陳總統從就職以來對中方遞出超過三十次和平橄欖枝，展現我方善意及誠意，均未獲中方正面回應，我方當然會感到沮喪與挫折。台灣出口有四成以上均銷往中國大陸，兩岸貿易依存度高，對我方而言政策確實有調整必要，至於新憲法部分，主要是民間憲改運動為主，不算是違背兩次就職演說承諾。

美國作為一個世界強權，在亞太地區當時中國尚未有能力挑戰以美國為中心的和平架構（Pax Americana），基於《台灣關係法》、歷史情感、地緣政治、經濟等現實考量，美國對台海和平

有一定責任，也自認有權力來定義「維持區域和平及穩定」的「現狀」，而此定義是以當時美國在全球態勢及亞太利益為基礎。而台灣從一九九六年總統直選後，是領導人必須取得多數人民支持的時代。以陳總統觀點來看，必須要維持繼續執政的基礎。因此，他所採取的政策如果能和美國利益平行自然很好，但若有牴觸，由於「維持現狀」的定義權在強者手上，我方容易成為被批評的對象。

這個結果無關我們喜歡還是反對，是殘酷、必須面對的政治現實。政治領袖不同於文官，多有強烈使命感及革命的戰鬥性，可能嘗試去翻轉現況，但仍必須考慮成功的機率以及可能付出的代價。當然，身邊策士也應有膽識坦白面陳及分析利弊得失，須審慎權衡。

廢除國統會

二〇〇六年一月六日，雙橡園每月例行記者會中被問到今年對美工作是否較辛苦？我表示，在第一個上班日，即一月三日，就已告訴代表處同仁這會是「充滿挑戰的一年」，但作為台灣的外交官，無論如何，必須全力以赴、樂觀以對。

如所預期地，挑戰很快出現了。一月二十九日，農曆春節談話時，陳總統又提出考慮廢除國家統一委員會、《國統綱領》，並以台灣之名加入聯合國，引發美方關切。我即接到美方國安會電話，表示美方決定不能坐視發展，希望我方就談話意涵、時間選擇、論述理由、後續規劃做說明及澄清。我隨即以外長黃志芳的解釋回覆：一、春節談話不是要造成美方意外；二、改變現狀者並不是台灣，而是中國；三、當時政策只是「擬廢國統會」，交付國安單位研議，並非已定政策。該高層聽了，又表示事前毫無諮商，逕行宣布有損雙方互信，讓美方僅能從新聞報導尋覓蛛絲馬跡，尤其是以台灣名義申請加入聯合國一事，令他們深感困惑。

不久，國務院亞太局也來電表達驚訝與失望，而且認為陳總統此番談話內容可能涉及違反「四不」承諾。我再度以黃志芳部長的指示解釋，該高層聽了後表示持保留意見，並強調美方無法支持陳總統談話所指引的方向。

二月一日，國務院台灣事務主管夏千福約見駐美代表處政治組曾厚仁組長告以，美方檢視陳總統元旦文告、農曆春節談話後，認為兩者其實是一脈相承，顯然是「策略性決定」，春節談話明顯是強化元旦文告內容，使美國難以釋懷，且雖我方應該是基於對兩岸關係的挫折感才有這兩次談話，但美方還是認為這項談話沒有意義，更毫無必要。

美方認為我方的說明難以令人信服，且他們正處理多項棘手國際事務，不願意見到對兩岸關係造成刺激性（provocative）及敵對性（hostile）的波瀾，希望我方決策高層能夠體察。對此，駐美代表處同仁也在黃志芳部長指示的基調上，解釋有關國統會、《國統綱領》存廢問題，還有以台灣名義參與聯合國及國際組織等構想，仍在初步研議階段，尚未達成任何結論。

為了化解僵局，國內特利用參加祈禱早餐會的機會派遣代表團。成員均本土意識濃厚，包括總統府資政吳澧培、國策顧問金恆煒、國安會副祕書長張旭成等人。國內祈禱早餐會代表團的造訪提供和美方溝通的管道，能夠直接傳遞國內政策思維，因此除了國務院官員，代表處又特別安排訪團拜訪華府兩大智庫——戰略與國際研究中心（CSIS）及布魯金斯研究院。一見訪團，美方主談資深官員開門見山表示對陳總統春節談話不悅。因為國統會、《國統綱領》都具象徵性意義，也是「四不一沒有」整體承諾要素，並建議陳總統撤銷元旦文告、春節談話說法，也希望我方保證未來不要再有意外之舉，此外也提及二〇〇四至二〇〇五年間，美台關係互信有明顯改善，其中華府、台北兩大關鍵角色，就是當時擔任國安會祕書長的邱義仁和我，期盼陳總統繼續倚賴此一溝通機制，並表示AIT台北辦事處新任處長楊甦棣（Stephen Young）將在六週內抵任，希望能重建與台北當局的溝通管道，並在訪團前稱讚我在白宮眼裡形象甚佳，希望楊甦棣處長到任後也能和總統府多加溝通，以提升雙方互信。

吳澧培資政繼而表示，台灣多數人民擔心北京一系列促進統一的作為，恐怕會改變兩岸關係現狀，而當下台灣「日有所失」，中國則是「日有所得」。台灣人民也關切國民黨兩岸統一主張，希望台灣能加入美日同盟，也能和美國洽簽自由貿易協定，必然將振奮民心，並避免經濟遭到邊緣化。

張旭成副祕書長則指出，憂心中國國家主席胡錦濤造訪華府，與小布希舉行「布胡會」後，是否會有不利台灣的言論，也擔憂台灣高層過境美國是否降格，美方對此並未明確回應。

縱然祈禱早餐會代表團與美方對陳總統二〇〇六年初兩次談話見解分歧，但國安會偉德寧資深主任仍特別感謝我方迅速同意楊甦棣**接任AIT台北辦事處處長，並強調此人選重要性遠超美國派駐到其他亞洲國家的大使，遴選十分慎重，須奉白宮核定**。楊甦棣應是台美雙方都滿意的人選，且白宮官員曾告以，楊氏本來有更高職位的任命，但因為對台灣有感情而同意來台任職，美方高層也相當滿意。

只不過，一確定新職就得迎接台美關係的新挑戰，恐怕就連熟悉台灣的楊甦棣也沒料到會如此複雜。

小布希總統震怒

二〇〇六年二月二日，華府以報導內幕消息聞名，廣受決策圈內人閱讀的《尼爾森報告》（*The Nelson Report*）刊出一篇報導，標題為〈小布希對陳水扁總統再感震怒〉。

該文指出，小布希總統聽取陳總統春節談話中有關廢除《國統綱領》及憲改的簡報，本以為我方應該要從二〇〇三年發動兩項防禦性公投的後遺症學到教訓，不再重蹈覆轍，而且美國正致力反恐，需要中國協助解決北韓核武問題、防堵伊朗升高中東衝突局面，對於陳總統沒記取上一次教訓，反倒故技重施（He did it AGAIN, after what happened last time.），小布希總統震怒（personally furious）。

小布希總統所言的「上一次」是二〇〇三年底，曾送一封內容嚴正的私函給陳總統但未達到目的，後來便當著中國國務院總理溫家寶的面重申反對台獨及片面改變現狀。《尼爾森報告》又指出，台灣駐美官員正和白宮及國務院努力化解風波（what will calm the waters），但美方無意就此善了，期盼我方能重申「四不一沒有」。

見此報導，隨即聯繫美方國安會高層求證，他的表達實在相當具外交技巧。對方告知：文中資訊應非正確，因為小布希總統的反應撰文記者並未親見，但也很技巧地回應，至於是否由萊斯國務卿管道得知則無從而知。他也表示，可以確定的是小布希總統不願看到台灣問題成為美中關係的重要問題。

二月六日，美方國安會主動約晤。甫入座，對方就單刀直入地表示，希望我方三思明晚陳總統要向台南同鄉會發表演講的內容，不要再涉及春節談話中牴觸「四不一沒有」的部分。一旦陳總統發言踩到紅線，國務院勢必會公開評論，只有我們的敵人會得利（only serves our enemies）。

國安會進一步解釋，美方的考量包括胡錦濤即將在四月訪美，還有伊朗發展核武，是在中國同意下國際原子能總署才向聯合國安理會提交報告，此外北韓問題也需要中方的支持合作，希望台灣層峰發言不要牴觸美國的政策及利益。

剛談完不久，回到辦公室又接到國安會來電，表示看到ＡＩＴ代理處長司徒秀（Dana Smith）和外長黃志芳的談話紀錄中，台北方面認為美方國務院的立場似乎和其他政府機關有別。該官員告訴我，台美間雖溝通管道多元，但我方不應該有利用某一機關制衡另外一個機關的想法，因為白宮國安會仍掌握著最後決策權，我當下答應立刻電呈台北轉達。

陳總統對台南同鄉會發表演說翌日早晨，我即轉告美方前一晚談話內容。國安會高層表示已看過報告並已向上呈報，美方理解陳總統對兩岸關係的挫折感，但仍感謝我方願採納前一日建議，此次公開談話並未損及台美互信。國務院亞太局高層也表示，關注中國威脅很合理，但與其公開批評不如多思考該如何調整、增加我方國防預算，又表示外交部長黃志芳向美方提出的澄清說明，並不足以回應美方關切。對此，我詢問美方關切的到底是什麼？對方坦言，我方近期言論有意使台灣偏離現狀，是美方並不樂見的發展方向。

二月九日，再與國務院亞太局會面。

根據台北訓令，適逢台海飛彈危機十週年、中國通過《反分裂國家法》一週年，外交部擬組五至六人宣達團到美國進行文宣活動，並闡釋陳總統春節談話內容，原則上由國安會副祕書長張旭成帶隊，外交部、陸委會副首長也會參團。

美方聞言頗為緊張，表示雙方就陳總統談話衍生的問題尚未解決，為何又要派團到美國來？我當下表示，本團除了行政部門也會和美國國會、智庫、僑界等溝通，以利美方了解我方政策及思維。對方立即表示此事必須上呈至萊斯國務卿，我也馬上詢問為何要到如此高層？獲得的回答是萊斯國務卿一向只注意國際重大事件，近來卻格外關注台灣議題。最後，該團並未成行。

二月二十四日，會面美方國安會高層。對方明白表示，陳總統指出中國確實有種種不合理行徑，且小布希總統已注意此事，而美方情資顯示中國軍力提升是事實，但因動武意圖下降，在台海使用武力的可能比兩年前更低。

《國統綱領》爭議

陳總統在一月二十九日農曆春節談話提及國統會、《國統綱領》存廢問題後，美方便特意重申「一中政策」，強調「反對兩岸任一方改變現狀」，並透過資深官員接受台灣媒體的不具名採訪表達強硬態度。

二月二十二日，陳總統接見共和黨康州眾議員席門斯（Robert Simmons），並表示國統會、《國家統一綱領》（《國統綱領》）都是荒謬年代的產物，最主要是其違背「主權在民」精神，並剝奪台灣人民對台灣未來走向的自由選擇權，既然國民黨後來已修正，並將台獨列為台灣人民未來可能選項之一，那麼國統會、《國統綱領》應可正式廢除。「荒謬！」是海德利國安顧問閱讀此次會面相關報告後的批示，這評論固然十分刺耳，我仍要求同仁據實報回台北。

到了二月底，雙方已歷經為期四週協商，溝通終於有具體結果，雖仍不甚滿意，但都願意接受。四次協商的主要交涉地點在台北，出面的是總統府祕書長邱義仁、外長黃志芳、總統府副祕書長馬永成三人，陳總統仍掌握最後裁定權，至於我這個專業外交官，因為缺乏對國內政情深度了解，又遠在一萬三千公里外的華府，不可能參與決策討論，在這個案子只能扮演在地觀察、報告、建議、聯絡的職責。

二十七日，我方國安高層會議就處理國統會、《國統綱領》達成決議，最後能夠有不錯的結果，AIT代理處長葛天豪（David Keegan）得到我方信任、彼此溝通無礙，是關鍵之一。決議後，陳總統以主席身分裁示，國統會「終止運作」，不再編列預算，原負責業務人員歸建，《國統綱領》「終止適用」，並依程序送行政院查照。同時，陳總統做出七點宣示，其中除了感謝小布希總統在二〇〇五年日本京都演說讚揚台灣民主繁榮，也承諾台灣無意改變現狀，國統會終止運作、《國統綱領》終止適用並不涉及現狀改變。至於憲改進程，必須符合由下而上、由外而內、先民間後政黨精神，依照憲法程序，仍需立法院四分之三以上委員同意，並交人民公投複決，任何不符合此種程序的主權議題，不僅無益現狀維持，也不會被處理。

白宮公開回應，表示歡迎陳總統重申維持兩岸和平穩定承諾，國務院則強調陳總統做法並未改變現狀，且信守就職演說承諾。美方對「終止運作／適用」（cease to function / apply）的解讀是「未廢除」（not abolish）國統會、《國統綱領》，而是將之凍結（freeze）。事實上，**這也是台美雙方相互同意運用文字手法達成的外交妥協，彼此雖不滿意，但可接受，可說雙方都有下台階**。

然而，就在台美緊繃的情勢正看似趨緩之時，三月三日，又接到國務院亞太局電話。對方告訴我，黃志芳部長日前接見葛天豪代理處長時說詞似嫌不足，原因在於，台美雙方在二月底對該案的共同理解與台灣社會普羅大眾認知有極大差異，希望我方可以公開確認並保證。我隨即表示，陳總統在二月二十七日的國安會議已經發表七點談話宣示立場，白宮也已經表達歡迎，雙方不宜再公開表達歧見，於是我們同意在三月六日再溝通。

不被看好的台灣新憲法

三月三日，陳總統接受日本《讀賣新聞》專訪，表示「四不一沒有」承諾已不存在，原因是當時宣誓的基礎是中國不再對台使用軍事武力，但中國瞄準台灣的飛彈六年來從兩百枚增加到七百八十四枚，因此，他將根據合法程序，在二〇〇八年卸任前推動更符合台灣現況的新憲法，不只如此，行政院長蘇貞昌在立法院答詢時也表示「四不」可能會更動。美方又再度緊張。六日，我和美方國安會高層再度會面時，對方告知這勢必會使台美關係有裂痕，若我方朝向「更動四不一」，就算是跨越紅線，至於陳總統表達中國武力威脅導致台海現狀改變的說法，美方不會接受。該高層又說，美方情資顯示中國在軍事發展上完全克制，沒有任何有意犯台的警訊，軍事意圖和能力有很大差別。我隨即指出三月三日《讀賣新聞》專訪的標題，還有其他媒體引述多有錯誤、誤導之處，並把備妥的中英文版本報導交給該高層。

美方強調，雖了解民進黨內不同派系意見紛雜，但陳總統實在無法撇清界線。他進一步告知，中國國家主席胡錦濤即將在二〇〇六年四月訪問華府，應該不願意見到小布希總統在胡錦濤面前對我方疾言厲色批評吧？又告知，國務院亞太局高層已經到紐西蘭出差，美國政府各部門對此意見一致。言下之意是不用再費心說服國務院，但我還是希望能加強溝通，於是找上國會中對台灣較友好的議員執言相助，然而過程坎坷，一向友我、有分量的參議院兩位「台灣連線」共同主席，共和黨、來自維吉尼亞州的艾倫（George Allen），以及民主黨、來自南達科塔州的強森（Tim Johnson），還有民主黨、來自西維吉尼亞州的洛克菲勒（Jay Rockefeller），都表示有所顧慮而婉拒，最後僅兩位眾議院共和黨「台灣連線」共同主席表達支持，分別是來自加州的羅拉巴克（Dana Rohrabacher）、俄州的夏波（Steve Chabot），兩人聯名向《華盛頓時報》（*Washington Times*）刊登友我投書。

六日，我會晤即將到台北履新的ＡＩＴ楊甦棣處長。他告訴我，華府高層對終統案確實有相當程度顧慮，希望可以儘快告一段落。華府認為我國政府高層保持刻意模糊、不願闡明立場，而楊甦棣處長對於看到台北媒體報導，指稱美國政府內部對終統案意見不一，則表示無法苟同。

大勢漸朝不利方向傾斜。

兩位一向支持台灣的美國國會議員，不約而同表達了對台海衝突的意見。三月七日，和我國長期交好的重量級共和黨參議院軍事委員會主席，來自維吉尼亞州的華納（John Warner）在聽證會中主動表示，台海衝突如果是因為台灣方面民選領袖不當及錯誤的政治操作，不確定美方是否有必要馳援台灣。而眾議院另位重量級老友，共和黨籍、來自伊利諾州的國際關係委員會主席海德（Henry Hyde）也持相同觀點，他們兩位都是我方的鐵桿支持者，分量十分不同。

美國主流媒體對我新憲法推動進程的反應也多非正面。《華盛頓郵報》在該月十三日專訪陳總統，隔日卻登出極為聳動的報導，指出「陳總統計畫進行台灣憲法辯論：領導人以獨立為優先議題」，並認為台灣政府以「切香腸」方式逐步揚棄過去相關承諾，才會延伸出如此負面的效應。

對此趨勢，駐美代表處二十三日呈報了一份長篇研析報告，分析新憲案短、中、長期對台美關係的影響評估。報告中建議我方應重建台美互信，重視雙方駐使訊息，未來憲改議題應迴避涉及主權部分，過程中也要加強溝通、避免意外，此外也應推動對美軍購案具體進展，展現自我防衛決心，積極推動雙方在拉丁美洲等地區民主能力的建構，凸顯台灣民主、理性的形象。

當時，華府知名智庫一位長期觀察兩岸的專家向我表示，小布希總統可能是歷任美國總統中最支持台灣的一位，他甫上任就宣布三項重大軍售，上任五年來雙邊實質關係也明顯提升，但陳總統卻利用美國的支持對抗中國，此舉已降低華府對台灣的支持，且制憲等作為更會促使美國做出公開回應，表態反對改變現狀。

他歸納，陳總統的政策一共造成三項巨變：

一、台灣選民已經產生戒心，從二〇〇四年起，民進黨在地方、中央大選節節敗退。

二、北京領導人認為威嚇有用，加強軍事準備，通過《反分裂國家法》。

三、北京採用兩面手法，一邊邀請在野黨領袖訪中，贈與台灣貓熊，另一邊企圖孤立陳總統，並拒絕與其對話。

他的這番分析相當不中聽，但我仍如實將這逆耳諍言轉報台北。

上述發展的負面效應加乘下，不但折損了執政黨影響力，更加深陳總統執政的挫敗感。陳總統的棋局已陷入僵局。**回想當時中方實力尚不足，多是美國單方面「管理」，與後來美中「共管」維持現狀的景況大不相同。**

布胡會

二〇〇六年四月十八日，中國國家主席胡錦濤任內首度訪美，並與小布希總統會面。

此次布胡會，台灣是中方首要議題——美方國務院亞太局高層坦白告知，且指出中方認為陳總統倡導獨立、廢國統會即為改變現狀的明證，未來台灣憲政改革，將會更加破壞現狀。斯時，小布希政府在內政、外交均面臨棘手難題，又逢十一月期中選舉，自然也不願兩岸關係再掀波瀾。不過誠如小布希總統自己的分析，美中關係極度複雜，逆差超過兩千億美元，在內政上壓力極大，不只如此，人民幣匯率、智慧財產權保護、市場開放、履行WTO承諾等，都存有爭議。

胡錦濤訪美前，駐美代表處團隊積極聯繫行政部門、國會、智庫、媒體、學者，預作回應。我們以當下氛圍研判，二〇〇三年十二月小布希總統在與中國國務院總理溫家寶會面時批評台灣的場面應不會重演。

布胡會正式開始前，中方由副外長楊潔篪打頭陣，先在二月二十日訪問華府，預做準備。美方國安會向我表示，主流媒體《紐約時報》對此未有著墨，是件好事。

繼楊潔篪之後的是國務院副總理吳儀率團，在四月十一日與美國商務部長古鐵雷斯（Carlos Gutiérrez）、貿易談判代表波特曼（Robert Portman）共同主持經貿諮商。整體而言，美方對結果還算滿意，國會則保持審慎樂觀態度，疑慮重點在中方是否能履行承諾，美國企業界則要求中國進行體制改革。

當時，美方官員還向我抱怨，中方關切的多是如何讓胡錦濤國家主席出訪風光體面，對禮賓規格（protocol）及台灣議題的重視遠大於經貿議題。我向美方告以自己的觀察，指出中方願意表現合作態度、提出樂觀前景，而在非關鍵項目妥協，乃師法我方在一九八〇年代派遣採購團購買大宗物資、微調匯率等做法，以保持協商空間、避免破局，為布胡會營造良好氛圍，美方也接受我的分析，表示有理。

當然，我們最關心的，莫過於布胡會對台灣的影響。美方坦言，雖國務院副總理吳儀與美方會面尚稱正面，中方之後卻一再迫使美方對台灣議題表態，建議我方未來一週絕對不要再有任何意外之舉。我忠實呈報美方建言，請政府暫緩發表可能涉及兩岸政策的任何言論，應該多釋放對美善意，以增進小布希總統對台灣的正面印象。

布胡會時，美中雙方針對台灣的交流僅持續幾分鐘，反倒花了更多時間討論美中經貿議題，此發展當為台美雙方樂見。

小布希總統針對兩岸問題表示，理解中方對廢國統會、憲政改革等議題的敏感，但莫因台灣的單方面行動困擾，美方也已經向台北傳遞清楚訊息，也當面向胡錦濤國家主席表態，期盼中方能接觸台灣民選領導人，並重申不要對台灣採取片面行動。美方國安會高層也向我分析，小布希總統在白宮南草坪歡迎儀式上強調，台海雙邊應避免「衝突」、「挑釁」行為一語是刻意為之，希望我方能嚴肅看待。

整體看來，布胡會堪稱順利，美方認為胡錦濤國家主席是真心想要改善美中關係，而小布希總統個人也漸對胡錦濤國家主席有不錯的評價，認為他很聰明，是一位可以共事的對象。小布希總統對台灣的談話也均與我方事前沙盤推演一致，沒有任何意外，均不脫美中三公報、《台灣關係法》範疇，且用字精準。此前，美方國安會高層友人還曾轉述，**小布希總統私下不解，曾問他到底「反對」、「不支持」台獨有何差別？他看不出有任何差異。友人認為，個性十足的德州佬要理解外交辭令的細微差異，真的不太容易。**

當然，也還是有意外之事。

意外之一，是小布希總統在白宮南草坪以軍禮歡迎胡錦濤國家主席，準備演奏國歌時，司儀口誤，把「中華人民共和國國歌」唸成「中華民國國歌」。

意外之二，是胡錦濤國家主席致詞時，一位法輪功成員兼《大紀元時報》記者大喊：「小布希總統，請阻止他屠殺和迫害法輪功！」後續國際各大主要媒體均把焦點放在法輪功抗議上，對此失焦，美方國安會也表示相當失望。

法輪功成員抗議時，胡錦濤國家主席面對突發狀況，短暫地中斷講話，直到小布希總統靠上前，輕聲說了聲「沒事了」（You're OK），才又繼續進行。美方原本以為胡錦濤國家主席會以幽默化解尷尬，沒料到他的表現卻是木然、僵化、不知所措，這讓小布希總統私下感嘆：「畢竟不是民主國家民選的政治人物，完全無法應對這種場面。」中方使館人員對此插曲則大驚失色，除了擔心被咎責，更極度不滿地向美方抱怨：早已提供可疑名單給白宮，但是美方卻堅持尊重新聞自由，仍核發給這些可疑人士採訪證，更表示二〇〇五年釜山的APEC峰會，韓國政府就不准法輪功媒體入場；現場特勤人員依照規定在沒有危及生命狀況下不得行動；雖狙擊手已經鎖定抗議者，但身穿制服的警察距離太遠，無法即時應對。美方頗感無奈，小布希總統只能私下致歉，還好胡錦濤國家主席聽了以後一笑置之。

至於意外之三，則是小布希總統竟邀請了池琳參加這次的國宴，所幸美方國安會幕僚和我們都熟識，事前發現。她被推薦參加的原因，是我的岳父池孟彬曾任駐美海軍武官，池琳自幼在美國受教育，英文流利且口音儼然母語人士，舉止一派優雅，在華府大使夫人圈中相當活躍，參加國際婦女活動也深受歡迎。我後來告訴美方，因為考量到台灣駐美代表夫人的身分，就算收到邀請池琳也不會出席。

迷航之旅

接連震盪下，緊張與壓力使美台關係改變，並具體地展現於被台灣媒體稱為「迷航之旅」的興揚專案，境況不但使人失望，更是我擔任駐美代表期間，一段難以忘卻，令人悲傷、痛苦、屈辱的經歷。

舊金山，不可能！

二〇〇六年五月，陳總統擬出訪巴拉圭、哥斯大黎加，並參加哥國總統阿里亞斯（Óscar Arias Sánchez）就職典禮。我從四月十日就開始進洽，此趟出訪需過境美國，美方國安會當下就告訴我，中國國家主席胡錦濤訪美前不宜討論此事。翌日，國務院也告知，最好在四月二十二日胡錦濤國家主席訪美後再提出。因此，我便於二十二日提醒美方同意陳總統過境美國，然而到了四月三十日，還是沒有下文。《中國時報》駐華府特派員傅建中寫到，當天我們一同受邀參加台視駐華府記者李弘敏婚宴，宴席上我的手機雖未響起，卻不由得頻繁查看，眼看沒有來電，我還暫時到會場外頭致電美方高層，但直到當天宴席結束，還是沒有任何答案。

五月一日，美東時間上午八點，我再度致電美方國安會高層，對方告訴我已把此案列為特急件，呈請小布希總統核示。兩個半小時後就接到回電，美方最高層決定，建議我方往返分別過境檀香山、阿拉斯加州首府安克拉治。我當下詢問是否有轉圜可能？對方告以這是奉最高層核定的指示，國安會曾經為我國爭取較好的過境條件，但仍輸掉此次政府部門間的競爭（bureaucratic battle），也坦白表示這次美方承受的壓力很大，因為在伊朗核問題上，美方亟需中方在聯合國安理會採取合作態度，中方對我國媒體報載即將過境紐約的反應極端、用詞強烈。我再交涉，表示雙方工作階層已經在舊金山做準備工作。

「可否再考慮？」

對此，該高層直言：「舊金山，不可能！」

上午十一點，我致電美方國務院亞太局，獲知美方提供的條件是：在檀香山、安克拉治各停留五小時供專機加油、休息，訪團可接受友人致意但不得離開機場管制區。另外，國務院亞太局也要求我方合作，一切以低調為原則運作。我隨即嚴正表示，縱使台美關係近期有波折，但兩國仍有共同利益和共享價值，台北高層對美方決定必然感到極度失望、無法接受，又轉達外長黃志芳電話指示，說明美方此決定可能嚴重影響國內政局、兩岸關係，可否去程過境舊金山，返程在安克拉治技術性停留？對方回以會向上級呈報我方所提建議，但目前並無討論空間。

我馬上致電美方國安會高層。對方告訴我已提醒海德利國安顧問，台北對此決定會有強烈反應，海德利國安顧問則明白指出，此案由國務卿萊斯主導，他完全無意干預。

當日中午十二點半，亞太局又來電，表示ＡＩＴ楊甦棣處長已經在第一時間聯繫黃志芳部長、總統府馬永成副祕書長告知美方對本案立場，此行過境檀香山、阿拉斯加州首府安克拉治的方案是美方的最後決定。我對此表示，美方此決定已對我國層峰過境的安全和行政作業造成極大困擾，我方很擔心會帶來嚴重負面效應，希望可以再三思。該高層聽了，僅表示同意和我就此再密切聯繫、協調。

數通電話後，該日下午，我再約晤美方國安會。對方表示，當前是處理伊朗核問題的關鍵時刻，早上小布希總統才親自打電話給俄國總統普丁尋求支持，因為中、俄兩國均享聯合國安理會否決權，萊斯國務卿顯然不想與中國產生齟齬，該提議也獲得小布希總統支持。他也告訴我，曾經和小布希總統面商，了解伊朗核問題是白宮眼裡第一要務，涉及美國重大利益和整體國際安全顧慮，希望我方不要認為此次過境決定有懲罰意涵。我隨即提出往例，指出一九九四年李登輝前總統參加哥斯大黎加總統費格雷斯（José María Figueres）就職典禮，過境檀香山時美方也擔心中方壓力，禁止李前總統入境國土，只允許專機在夏威夷軍用機場過境加油。當時李前總統穿著睡衣接見ＡＩＴ主席白樂崎（Natale Bellocchi），還諷刺說道：「我最好是不要離機門太近，以免不小心跌倒，踩到美國領土。」事後美國國會對此反應強烈，使得柯林頓總統終於同意李前總統到位在美國紐約州的母校康乃爾大學（Cornell University）訪問，引起中方軍演、飛彈試射。

對此，該高層表示當下與柯林頓時代已經大不同，且兩週前小布希總統會見胡錦濤國家主席時已盡力維護台灣利益。這次處理過境案會如此抉擇，純粹考量伊朗核問題甚有可能再次挑起另一次中東戰爭，中方擁有聯合國安理會否決權，這也是國際政治現實。他甚至以個人身分建議我方，可對外解釋因為伊朗核問題正處在聯合國做決定的關鍵時刻，台灣支持伊朗非核化，也了解情勢敏感程度，為了不願因為過境給美國這個長期支持台灣的友邦困擾，所以決定縮短、簡化各項過境安排。若台北同意此種做法，在小布希總統面前會有加分作用。

隔天，我再與國務院亞太局祈錦慕副助卿會面。對方表示陳總統在和楊甦棣處長會晤時神情至為沮喪，表示無法接受美方建議。他語氣不耐，說這等於拒絕美國的建議。我也正色以對，表達台北高層對美方建議極度失望，如此反應也是自然，畢竟這是陳總統就任六年以來最嚴苛的過境條件。

「中方對於伊朗問題立場，也是基於自身利益的評估，何以需要犧牲美國與台灣長久以來的良好溝通關係？」我詢問。

祈錦慕感嘆地說，這次決定並不完全出自中方壓力。二〇〇五年十一月，小布希總統在日本京都演講時讚揚台灣的民主成就，隔年一月「終統案」發展、二階段憲改方案，這些都無助美台領袖間的互信，此次美方的過境決定，可以說是所有因素加總的結果。我聽了直接指出，這次美方過境決定恐怕對增強兩國互信毫無幫助，對方則誠摯建議我方該「向前看」，例如美國貿易談判署副代表巴蒂亞（Karan Bhatia）將在二〇〇六年五月中旬領軍來台，這是好幾年來最高層級的訪台美方官員。

我仍不放棄，對他說希望美方在未來一天內可以考慮若干有助加強互信的做法，但是對方僅是低頭不語。我再詢問，這次決定是否會影響未來台灣總統過境美國？回答是「不會成為前例」（not a precedent for the future）。

同日下午，我又電詢國安會，對方轉告台北對美方過境決定至為不悅的訊息，已報告海德利國安顧問，他聽了後僅表示除非萊斯國務卿改變心意，否則本案不會改變。國安會希望我方能「優雅」採納其建言，應該會更符合台灣利益。

五月三日，外長黃志芳在例行新聞說明會中宣讀五點聲明，大致接納美方建議。

取消計畫

美東時間五月三日當日，再次和國安會高層通電話，對方告訴我，美方對黃志芳部長的五點聲明至感欣慰，希望可以在此基調上繼續合作。白宮和國務院都已經備妥新聞發言準則，強調美方不是在中國壓力下做此決定。

下午一點，我抵達機場準備前往安克拉治接機途中，黃志芳部長突然電話指示取消原訂計畫。我即聯繫美方相關人士，包括AIT主席薄瑞光、軍政事務組長萬國成（Gregory K. S. Man），告知對方止步，不用前往。

薄瑞光主席也正在去機場的路上，聽聞消息頗為不悅，甚至使用粗話，萬國成組長則已經抵達芝加哥，正在等轉機到安克拉治。我也立刻致電國安會、國務院，美方當下決定撤回所有安全相關作業部署，而國務院發言人也在例行記者會中證實，陳總統此趟不會過境安克拉治。

國務院亞太局祈錦慕副助卿聞訊反應強烈，表示前一晚才和同仁加班到凌晨一點安排過境所需行政細節，認為我方此番做法無助雙方互信。美方安全單位原本已經抱怨準備時間太過匆促，現在又得緊急撤離，場面一片混亂。

最後，陳總統一行人選擇經阿拉伯聯合大公國阿布達比、荷蘭阿姆斯特丹降落，供專機短暫停留加油，但並未入境。回程代表團則過境訪問被小布希總統稱為「流氓政權」（Rogue State）的利比亞，陳總統並與該國總理格達費（Muammar Gaddafi）會晤。專機在返台前，還短暫停留在與新加坡一海之隔的印尼巴丹島加油。**至於台北方面何以有此戲劇性轉折，就非本人能了解**。

五月九日，代表團結束哥斯大黎加行程返回台北時，美方告訴我，雙方應該往前看、向前行，對過去幾天發展未有評論，對台美關係也不致造成影響，美方唯一的遺憾是未能及早轉達決定給我方。

何以致此？

這段期間，我多番請教幾位大老級的美國前政府高層。他們政治歷練豐富，門生在政府服務者眾，消息十分靈通，判斷局勢格外精準，他們的建議之一是改變焦點，也就是把重心轉移到台灣在反恐、阿富汗重建和北韓問題的貢獻上。

他們告訴我，國務院亞太局工作階層其實針對陳總統過境簽了兩案，第一案是過境舊金山、檀香山，第二案才是檀香山、安克拉治，而國務院除了亞太副助卿，其餘成員對兩岸問題了解均有限，也缺乏興趣，加上小布希總統支持度已經跌到只剩三成，必須專心處理伊拉克、伊朗問題，決策較無法從台灣角度思考。

另一位老朋友則明指這次美國政策決定失誤，也向北京、拉丁美洲國家傳遞錯誤訊息。但他也指出，萊斯國務卿並非討厭台灣，反倒是對中國態度相當堅決、強硬。「終統案」恐怕是她對台灣議題最近一次認真思考，令她記憶猶新，也與她心目中對台灣的印象畫上等號。

另外，對小布希總統而言，二〇〇三年陳水扁總統針對隔年總統大選動員，發動防禦性公投使美方產生的不信任感，迄今仍沒有完全消散（a hangover from 2003），所以最後才會採取國務院亞太局所提的第二案保守意見。

五月十一日，陳總統訪團返台前，國務院台灣事務主管向上呈報，表示已經和我方達成原則協議：繼續往前行，但也希望陳總統以公開或私下方式，甚至是兩者並行，清楚重申就職演說的「四不」承諾，尤其是涉及主權、國家符號的憲改議題，以重拾美方高層對我方領導人的信任。

白宮高層也提醒我，**小布希總統是標準「德州佬性格」，不咬文嚼字，也不會拐彎抹角，表達方式頗為直接**，而陳總統在該年三月九日致小布希總統長達五頁的信函內容並不夠直截了當，**以後應採用德州式簡潔明確的語句，重申我方既定立場，才會對重建互信有幫助**。他還建議，陳總統應該再次致函小布希總統，用簡短、清楚的論述方式說明未來兩年計畫，擬出台美該如何合作的方式，重建小布希總統對台灣的信任。

至於佐立克副卿，五月十日國會答詢時，他表示：如果台灣繼續挑戰一九七〇年代以來的一個中國政策，「我想它會持續碰壁」，又說「台灣某些政治人物，因為政治競爭改變承諾，或是在既有立場上倒退，還是企圖衝撞底線、導致衝突，美國政府一定會有所反應。」該白宮高層認為，這番重話固然是在議員逼問下說出，但我方也得思考，事情為何會發展成如今面貌？可想而知，當天我和這位白宮高層的談話，氣氛極為沉重、不愉快。

「老台灣通」卜睿哲也警告，美方有種遭背叛及暗算（betrayed and undercut）的感受，要我方務必小心，美中在共管台灣議題上看法恐會愈來愈接近。

倒扁紅潮起

美中在台灣問題上沒有意外的格局，只維持了短短一個多月。國內政局再掀波瀾，變化也隨之而起。二〇〇六年六月，陳總統本人爆發國務機要費案，其家人和親信也深陷弊案疑雲，國民黨丁守中、親民黨呂學樟等立委，以「財政崩盤」、「毀憲亂政」為由提出罷免陳總統案，得到國民黨、親民黨全數立委連署，然而雖連署超過提案門檻，但並未達到三分之二委員同意的法定門檻，罷免案不成立，也無法舉行公民投票。

此時，民進黨前主席施明德登高一呼，希望群眾一人捐獻一百元「承諾金」，並附上身分證字號，承諾願意支持反貪倒扁，短短十天內總募款金額達一億一千萬元，等同有一百一十萬人參與。接著，施明德前主席所主導的「百萬人民反貪倒扁運動總部」，號召群眾在二〇〇六年九月九日起，在總統府前凱達格蘭大道、台北車站廣場等人流聚集處靜坐、遊行示威。種種跡象，皆顯示陳水扁政府已陷入執政危機。

美國務院副發言人厄立（Adam Ereli）針對此發展指出：一、美國無需介入應由台灣人民決定的政治問題；二、台灣媒體試圖將美國引入台灣內部事務的辯論，但美國無意介入；三、美國並非辯論的一造，這是台灣人民間的辯論，美國不打算介入。而早在六月六日國務機要費案引起軒然大波當日，美方國務院發言人麥科馬克（Sean McCormack）即表示，這是台灣人民，而不是美國應做的政治決定。美國國安會高層也電告，小布希總統已看過報告，認為罷免與倒扁等事會發生，是政黨政治的本質，美國不應牽扯其中。

七月二十日，小布希總統臨時短暫加入中共軍委副主席郭伯雄拜會國安顧問的會議。當時郭伯雄正準備宣讀備妥的說帖，**小布希總統語帶詼諧，主動表示：「還是我先說，以節省時間。」並重申，美方反對任何一方採取行動改變現狀。這種「先發制人」的主動做法，足見小布希總統深刻了解中方一貫做法**，我也特別感謝美方國安會高層的輔佐和提醒有功。

面對台灣國內政局動盪，美方謹守對台政策底線，然局面卻漸走向失控。

制憲風暴

再挑美中敏感神經

九月十三日，國台辦主任陳雲林訪問華府。他向美方表示，陳水扁總統因為家人、親信陷入貪瀆醜聞，深陷政治困境，為了轉移注意力，爭取台獨分裂勢力支持，未來幾個月可能鋌而走險，推動新憲法，納入「兩國論」、「一邊一國」，並改變國名、更動領土和主權的意涵，擴大公投角色，強調台灣未來應取決「人民自決」，展開「法理台獨」。他進一步警告，這會開啟「潘朵拉的盒子」，中美雙方應合作壓制台灣此一魯莽行動，並稱如果台灣執意推動公投，中方絕不會坐視不管。駐美代表處得知後，即呈報台北此情資。

不及兩週，陳總統又再度挑動美中敏感神經。九月二十四日，他參加由民進黨主辦的「二〇〇六憲政改造系列研討會」致詞時，談及修憲與領土疆域問題。美方國安會高層反應快速，在美東時間隔天一大早來電，表示對陳總統談話相當失望，認為既不明智，也不符合我方的國際目標。我則表示，該談話只提到對憲法「應該認真思考予以必要的處理」，並未明示已經決定朝此方向進行。該國安會高層則未正面回應，只禮貌表示應該要繼續交換意見。

此次陳總統再拋制憲議題，再度引起美方不滿。美方高層當面向我表示，在美國政治實務上，當執政陷入困境時，也有嘗試改變議題，設法營造不同環境的方法，在國內或許有號召力，但以台灣的國家處境，在國際上可能造成極大傷害，甚至是會在未來付出慘痛代價。

身為外交官，最常遇到的頭痛問題是對國內政治議題掌握不足，主要原因是服公職時在國外時間較長，且必須對駐在國事務專精。當時網路平台又尚未蓬勃發展，國內發展只能從報章雜誌、電視管道得知，而且即便調部任職，主要的關注焦點也還是在外國與我國的雙邊事務。我就曾經在一年內出差美國數次，但卻只造訪高雄兩次，而且那兩次南下，還是因為要陪同重要外賓。

中共訓練外交官常在職涯中分發地方政府任職數年，再回外交部，也有些國家，如英國，甚至有借調至私部門歷練的做法，可惜我們的制度無法做到。國內民主化以後，此差異更加明顯，這也是個難解習題。

台北方面當然也清楚職業外交官的不足困境。九月二十六日，外交部長黃志芳約見ＡＩＴ代理處長王曉岷（Robert Wang），說明憲政改革議題。我隨即詢問美方是否看過該談話紀錄，美方表示已閱，並希望我方謹言慎行、步步為營，美方不想再被迫做出回應。此外，美方還告訴我，在北韓、伊朗議題上，中國國家主席胡錦濤低調幫助甚多，讓小布希總統相當滿意。

不久，國務院亞太局再度邀請會談，我即轉達黃志芳部長告訴ＡＩＴ王曉岷代理處長的三點訊息，表示陳總統談話並未預設立場，而且是在「維持現狀的大前提」之下討論，希望美方不要就此議題發表評論，又詢問該官員，王曉岷代理處長告訴黃志芳部長美方「最高層」已經注意此議題，這「最高層」指的是誰？該官員即言，無論是小布希總統還是萊斯國務卿都已感不悅，美方期待陳總統展現黨內領導力，避免憲改觸及主權、領土等議題。這個回答是外交辭令，但訊息也足夠清晰了。

國務院亞太局官員又指出，陳總統在「二〇〇六憲政改造系列研討會」的談話倡導完全相反的理念，完全不符二〇〇〇年、二〇〇四年兩次就職演說所做的承諾，又感慨表示，作為台灣友人，眼見如此發展，實在大受打擊（It hits me pretty hard.）。

針對我方就憲改議題頻踩紅線的發言，美方表示這正印證了幾週前國台辦主任陳雲林訪美時所言不假，更加強中方對外宣傳台灣是「麻煩製造者」的論據。又，美方最關切我方軍購預算是否能通過，而我方此番有關憲改的談話對改善國內政治氛圍雖有幫助，但國際政治困境恐將接踵而來。

凍結憲法與國務機要費偵結

十一月一日，陳總統接受英國《金融時報》專訪時，提出「凍結憲法」的想法。兩天後，我和美方國安會高層晤談，對方告以台北方面有人提出相當不恰當的主張，要以終止國統會模式將現行憲法加以「凍結」並成立「第二共和」。該高層指出，小布希總統對此已明確表示難以容忍，加上中國在北韓議題上頻頻營造幫助美國的形象，反觀台灣則是不斷製造煩擾，負面印象已根深柢固。他請我務必忠實轉達此次會面的訊息，避免再生親痛仇快之事，我表示會據實呈報。

友人提醒，兩週後APEC峰會即將在越南河內登場，中國國家主席胡錦濤看到小布希總統一定會當面抗議此事，而小布希會顯露出懷疑與焦躁，甚至感到不耐煩（roll his eyes），屆時也只能建議他重複美國兩岸政策的制式說法（repeat the mantra）。

針對憲法問題，AIT楊甦棣處長曾向我建議，台灣應該先通過國防預算再觸及憲改，否則台灣將更加弱化。他引用老羅斯福（Theodore Roosevelt）總統名言：「手持巨棒但言語和緩。」指出台灣反倒是「言語激烈而手無巨棒」。對此，我曾告訴美方，我國政府增加國防預算決心無庸置疑，今年將回歸年度預算，而且台美皆是民主國家，領導人考量政策的因素內均有國內政治成分，應該以同理心思考，美方高層聞言搖頭未發一語，顯然不表贊同。

華府另外一位「台灣通」葛來儀（Bonnie Glaser）善意提醒。她認為陳總統有關憲改的談話，顯然是以國內政治考量為先，忽視美國利益。國台辦主任陳雲林訪美時已向各界示警台灣恐有意外之舉，陳總統談話又屢次踩紅線，已經讓愈來愈多華府人士贊同陳雲林的看法，且因為憲改充斥各種版本，這次事件比年初「終統」更為嚴重。陳總統談話已經拋出領土疆域的定義問題，對美台雙邊關係的潛在破壞力不容小覷。

老朋友「台灣通」卜睿哲也向駐美代表處同仁表達他的困惑，認為陳總統的談話明顯違背過去承諾，且中華民國領土定義極為敏感，必然將引起華府及北京關切。不同於葛來儀看法，卜睿哲認為此次談話嚴重性不如年初「終統」，陳總統的談話最多只能解釋為「威脅將改變現狀」，而必然無法落實。他坦言，此發言的動機意在解決國內政治困境，但最終結果是否有益，或是反而陷入更深困境，值得深思。

另一位老朋友容安瀾也告訴駐美代表處同仁，美方已經漸感對陳總統不耐，原因不只是陳總統不信守承諾，明知不可能達到修改領土疆域、國號的目標，卻還是執意操作花招（gamesmanship），可能干擾兩岸關係，進而擾亂美中關係。美國不會制止台灣修憲，但將依照自身利益而有所回應。他進一步告知，不久前才看到一份官方報告，其中提醒陳總統不要再玩弄「律師語言」，更表示對任何民進黨所提、涉及領土變更的修憲版本，美方將視其為陳總統的責任。

與此同時，國內政局的動盪讓美方又捏了好幾把冷汗。

十一月三日，台灣高等法院宣布國務機要費案偵查終結，檢方認定陳總統涉及貪瀆，六宗祕密外交案中有兩案為實，一案為虛構，另外三案則無關祕密外交費用。國務院亞太局高層即電告，美方信任台灣的民主、法治，不會介入此案，也不會採取任何立場，至於涉及領導人個人的部分，台灣人民會依照法律程序做出決定，而發言人也會以此準則發言。

當日美東時間早上八點三十分，國務院舉行例行資深幕僚會議，亞太助卿希爾（Christopher Hill）報告台北地檢署就國務機要費案起訴陳水扁總統一事，萊斯國務卿僅簡單裁示，請亞太局將相關發展充分知會立法局，並稱台灣在國會中有很多友人。與會國務院友人向我表示，萊斯國務卿過去多半只在伊拉克、俄國、中東等熟悉議題裁示，其餘皆很少評論，顯然台灣已經在她的雷達幕上，也深悉國會對我們的支持。又有一次資深幕僚會議，希爾助卿報告台灣在制裁北韓方面對美方的協助和配合，在場官員皆印象深刻。國務院友人告訴我，希爾助卿的主要興趣仍在北韓情勢，以及如何與中方合作解決朝核問題，大方向是希望台灣不要惹事即可。

五日後，我會晤美方國安會，對方言小布希總統已經知道陳水扁總統因國務機要費案遭起訴開始有些焦慮，不過台北即便有民眾上街頭整體情況也未失控，他因而放心，認為整體情勢應不致演變為危機。海德利國安顧問則認為，起訴元首與重要幕僚並不罕見，並舉錢尼副總統的前幕僚長利比（Scooter Libby）為例，曾因妨礙司法、虛假陳述、偽證罪遭起訴，但起訴並不代表有罪。

另有一次，和返國述職，參與亞太區館長會議的楊甦棣見面。他告訴我，蒙台灣政局發展，國務卿萊斯、副國安顧問克勞區（Jack Dyer Crouch）分別接見他，十分關注。**楊甦棣對台灣朝野對立、黨派對峙至感沮喪，認為只有立法院長王金平和我兩個人能夠和各方不同勢力對話，**

其他政治領袖都抱持非友即敵的決絕立場。他更語重心長表示，假如我方只是虛耗精力於政治爭議，最後可能是台灣、華府友台派雙輸的局面。我則表示政治分量與手法難以與立法院院長比美。

美方認為，台灣當前所有政治人物對此將難辭其咎，我問他認為該如何解決？楊甦棣正色告知，美國的政策具有一致性，當前只有我方領導人謹言慎行，展現領導風範，別無他法。

台灣內政一再風雨，一波未平，另一波已起，令多方人士憂思滿腹。**回顧這段經歷，讓我覺得最諷刺的是，對比國務院駐台官員在二〇二四年對外還用「台灣人民」（people on Taiwan）一詞，這是一九七九年制定《台灣關係法》時卡特政府為了避免觸犯中方堅持的用語，二〇〇六年處理終統案時，直屬白宮的國安會已是多次要我轉報台北，多用正式國名「中華民國」，避免刺激北京的敏感神經，引發小布希總統不快。這樣的落差凸顯了國務院傳統官僚體系的遲鈍（inertia），與具有政治性、戰略性考量的國安會之間的差異。*這種現象不只發生在美國，許多國家也有類似狀況。**

＊近來發生軍援台灣軍品陳舊及處置失當事件，這也是美方決策高層與官僚體系（美軍各級司令部及軍種單位）間執行落差所致。所幸，美方願面對且改善，值得稱讚。

美中對話機制深化

相較於台美關係的向下螺旋，美中對話管道反倒是日趨多元。二〇〇五年兩次美中資深官員對話後，原本主導的佐立克副卿在二〇〇六年六月十九日去職，雙方又再循該機制進行三次對話，小布希總統也在該年九月二十日宣布成立「美中戰略經濟對話」，由財長鮑爾森（Henry Paulson）取代佐立克副卿原本的主導地位。

美中兩國元首均認為，為了維持強勁而互利的美中關係，有必要成立廣納全面雙邊經貿關係的新架構。當時正在北京訪問的鮑爾森部長和中國國務院副總理吳儀共同宣布啟動該對話機制，一年兩次，輪流在兩國首都舉行。首次是二〇〇六年十二月十四至十五日，在北京，以「中國的發展道路和中國經濟發展戰略」為主題展開對話。

在該機制宣布後不久，我請教曾在一九八一至一九八四年擔任ＡＩＴ處長，後來在一九八九至一九九一年擔任美國駐中大使，與我國長期友好的李潔明大使（James Lilley）看法。他認為，鮑爾森部長早年曾在尼克森政府擔任國防部、白宮國內事務顧問艾利克曼（John Ehrlichman）幕僚，而後進入高盛集團任職逾三十年，進出中國超過七十次，對中國領導人和各項議題自認了解頗深，二〇〇六年進入小布希政府後，並不重視傳統中國專家意見。鮑爾森部長對中國經濟實力持高度正面評價，認為美中應發展良好關係，此立場廣受美國企業界歡迎，卻與國防部長倫斯斐的避險政策相左。

北韓核武危機

美中合作在北韓核武問題上也相當密切。當時亞太助卿希爾幾乎全力投入該議題，他本人也戲稱自己是「朝核助卿」。

二〇〇六年十月九日，北韓首度進行核試爆。四天後，希爾在國家新聞俱樂部（National Press Club）演講會公開表示，北韓挑釁行為已使美中關係拉近，並謔稱北韓領導人金正日會因此在歷史上留下一筆。同日，中國外交部發表聲明，以強烈措辭譴責北韓，表示中國長期以來一直警告北韓不得進行核試，但近日北韓不但執意為之，且執行前八小時才通知中方，美方更直到核試兩小時前才從駐北京美國大使館得知此事，此舉不僅違反國際規範，更忤逆中方要求。

眼見美中在北韓核武危機立場趨同，我趕緊約晤國務院亞太局高層，表達希望台灣利益不得被犧牲或受損。美方也坦白告知，在北韓核武議題上即便對制裁程度仍有歧見，但整體而言和中方立場一致。

美中討論北韓議題的過程中，台灣議題並未出現。雖有時中方學者會建議台灣應成為被交換條件，美方皆悍然拒絕，並強調中國與美國在來往過程中，應清楚認知美方不可能選擇犧牲台灣，中方理應深知台灣在美國政府中友人眾多。

該位國務院亞太局高層又告訴我，北韓進行首次核試爆的三天後，中國國務委員唐家璇與小布希總統、萊斯國務卿、海德利國安顧問會晤，討論的重點皆是北韓，並未提及台灣。他強調，美方絕對不會同意以台灣作為交換條件（no quid pro quo）。我當下就對美方的堅定立場表達感謝。一名白宮官員則私下告訴我，唐家璇就是標準的老派共產黨員，十分無趣，美方對他其實沒有好感。

為了確保國家權益，我也再進洽國安會，對方告以北韓此次核試爆是在測試美國決心，未來可能會有伊朗、敘利亞等「流氓國家」群起效尤，美國必須嚴厲以對，否則核擴散問題將難以根除。

中方不想看到日本、南韓在北韓核試效應下走上發展核武之路，因此不得不與美國合作，十月十九日派唐家璇國務委員以中國國家主席胡錦濤特使身分訪問平壤，向北韓當局發出強烈訊息。唐家璇行前並未刻意談及台灣，美方也滿意中方在北韓議題上的合作。

我國方面，行政院副院長蔡英文於十月二十三日主持政策協調會，決議全面禁止進口北韓物資。美方對此表示感謝，並希望我國加強出口管制，避免精密工具機經由第三國轉售北韓。

四要一沒有

二〇〇七年三月四日，陳總統出席「台灣人公共事務會」二十五週年晚宴時，更進一步提出

「四要一沒有」，也就是台灣要獨立、要正名、要新憲法、要發展，而台灣沒有左右路線問題，只有國家認同分歧與統獨問題。

美東時間三月六日一大早，白宮資深官員來電，關切陳總統「四要一沒有」談話。美方認為該談話實屬不幸（unfortunate remarks），而該表述則令人惱怒（outrageous）且難以處理（awkward），國安顧問海德利為此生氣。我隨即在發給外交部的電報上說明美方反應，也向該資深官員解釋這並不算是新的宣示，而且也沒有違反「四不」承諾，其目的只是在表達台灣主體意識內涵，所以沒有法理獨立的問題，也不應該引發跨越紅線的疑慮。對方聽了我這番解釋後，沒有任何回應，顯然不以為然。

不久，國務院官員也來電，表示美方極為不悅（extremely unhappy），該談話非常負面（very counter-productive），已經引起最高當局不快（highest people upset），美方將給予正式回應。

三月九日，國安會再度約晤，告訴我美方共識為：「四要」是一項意外，我方已經改變政策宣示，將令楊甦棣處長面報陳總統，並表示副國務卿尼格羅龐提（John Negroponte）幾天前訪中，除自我介紹，多談論的是北韓核問題與六方會談、伊朗、蘇丹等議題，在台灣部分並無新意。中方對尼格羅龐提重申，二〇〇七年是反台獨關鍵年，情勢時刻危險。中國外交部長助理何亞非在陳總統發表「四要一沒有」談話後求見美方國安高層遭拒，他在美期間表示「四要」證明了中方觀點所言不假，台灣正邁向法理台獨，而美方並未積極施壓。該談話已產生負面影響，不過中方認為美方回應不夠強烈，而陳總統則認為美方回應太強烈，顯示美方回應恰取其中（just in the middle）。

八日，和台灣關係深厚，後來出任拜登政府副國務卿的老朋友坎博邀晤。他告訴我，美方行政部門對「四要一沒有」談話至為不悅（deep unhappiness），也甚感憂慮（high anxiety），認為是應付國內需求，且難以落實，勢必將刺激兩岸關係。坎博並表示，中方在北韓核問題、六方會談上，對於達成初步協議有相當貢獻，對美國而言意義重大，主事者亞太助理國務卿希爾表示欣慰，顯見中方影響力已經提升。

會晤當天正好是立法院審議國防預算，發生朝野推擠衝突。坎博指出，這使華府憂慮加深，因為國防預算通過，恐怕再生變數。美方認為朝野兩黨均須負責，而坎博建議我政府，應該向美方妥善說明未來一年的政治議程，使華府能夠了解，並預做準備。

四天後，國務院亞太局高層再次約晤，再度表達極為關切陳總統「四要一沒有」談話。該高層官員接著表示，已經看過楊甦棣處長和總統府祕書長邱義仁談話報告，並不採信我方解釋，因為美方曾經詳細研讀過談話全文並觀看錄影帶，認為「四要一沒有」絕非即興反應，而是有計畫的宣示文稿，我方說法實在缺乏可信度（lack of credibility）。

小布希政府副卿阿米塔吉，以及陸續擔任阿米塔吉幕僚長、國務院亞太副助卿的薛瑞福（Randy Schriver）也共同來忠告，表示了解陳總統談話是針對二〇〇八年一月立委選舉、三月總統大選的動員，但該論述宜由黨政高層表述，而非由總統親口說出，或許就可避免引起軒然大波。至於美方反應，確實十足憤怒，認為與兩次陳總統就職演說宣示相悖。另外，他們也告中國外交部長助理何亞非曾拜會他們，態度一派輕鬆，令他們相當訝異。會面時，何亞非一再陳述中美共管台灣議題的重要性，阿米塔吉副卿則特別強調美國政府從來就沒有在台灣議題上與中方合作過，但他擔心「四要一沒有」談話可能有些助長（a little boost）這種「共管」論調。阿米塔吉和薛瑞福均認為，此次風波後美方將對台灣高層過境予以更多限制。

我曾特別拜會在柯林頓政府擔任白宮發言人的洛克哈特，他在二〇〇四年總統大選凱瑞陣營擔任資深顧問，專長為政治溝通。

政治經驗豐富的他點出，美國各行政部門立場一致，在公開場合維持溫和、謹慎，私下則強硬以對。他解讀，美方仍試圖挽回大局，避免公開損及台美長期友好關係，並表示二〇〇六年一月，他參加「民主黨政策精英團」訪台時，短短幾天內相繼拜會藍綠陣營，發現雙方關切議題相近，背後其實都有內政考量，與美國兩黨之爭類似。*

我也曾當面請教美國國務院亞太局主管官員：如何觀察我國國內政局發展？他的回答頗有參考價值：**其一、從理論層面觀之，台灣民主體制是否穩固？美方認為，我國體制穩定，有能力面對政治情勢的挑戰；其二、相關發展是否影響美國國家利益？他認為，無論我國政府由任何人領**

* 他還告訴我，民進黨立委蔡同榮當面批評我澄清不力，他馬上為我緩頰，強調像我如此有影響力的華府外交官是少之又少。聽了，只能微笑表達謝意。

導，美國均會與其合作，使我國政府效能發揮。

後來，該官員的長官再補了一句：**美國強調台灣民主體制的良善性，更希望未來台灣能正面影響中國，這句話反映當時美國的思維。**

美國官員的析理能力與長期觀點令人佩服，而對台灣來說，像這樣能給予適度開闊角度與長遠眼界的建議，相當重要。

張忠謀與胡錦濤

二〇〇六年十一月二十二日，我和美方國安會高層通電話，對方剛陪同小布希總統出席在越南河內舉行的ＡＰＥＣ峰會。他告訴我，小布希總統和當時擔任我國領袖代表的台積電創辦人張忠謀相談甚歡，稱張忠謀令人喜歡（a likable person）。

當日與會的其他領袖多半不諳英語，小布希總統可能因此感到相當無聊，而張忠謀領袖代表從一九四九年就赴美求學，陸續取得麻省理工學院（ＭＩＴ）學士、碩士及史丹佛大學博士學位，並曾任德州儀器副總裁，不但與德州出身的小布希總統有共同話題，且兩人皆談吐直接，個性不謀而合。

張忠謀領袖代表在會議期間忠實轉達陳總統對軍購案承諾。布希坦告，已經聽過類似說法很多次，希望可以看到實質成果，也請張忠謀領袖代表把美方對憲改的意見轉達給陳總統。

相較於張忠謀與小布希的意氣相合，胡錦濤表面上看似與小布希共事愉快，兩人之間卻仍有若干隔閡。

我曾和美方學者討論中國國家主席胡錦濤的領導風格。對方認為，胡錦濤國家主席是「難以置信的謹慎」，防禦心重但缺乏遠見，對政治改革也極端保守，而其作為不能算是領導，頂多是「等待共識」，比前一任領導人江澤民更加保守，缺乏寬闊視野。

有一次，小布希在會晤胡錦濤時主動問起「和諧社會」概念。胡錦濤聽了眼睛為之一亮，即闡述把中國發展為平等社會的想法，隨後話鋒一轉，主動觸及台灣議題，對陳總統多所抱怨。小布希總統僅四兩撥千斤，表示「我要表達的內容，你以前都已經聽過」，隨即轉移話題。

還有一次，胡錦濤國家主席會見小布希總統，寒暄後隨即掏出兩頁說帖。布希見狀笑稱：「請留下說帖，讓我們細讀。」但胡錦濤堅持逐字宣讀，再加上翻譯，足足用了四十分鐘才完成，是這場原訂一小時會面的三分之二時間。

國安會友人戲稱，這份說帖一定是中共中央政治局常委會議通過的版本，必須照本宣科才行。他還笑我老是擔心台灣權益被出賣，在這種會晤模式下，雙方照本宣科完了，到底還有多少時間可以認真交換意見？

然而，無論我方與小布希意氣相投之人有多重要，中方領袖又多和他波長不合，人與人間的往來聯繫雖有一定程度影響，國際間的大勢還是沒有顯著改變，美國依然需要中國協助北韓、伊朗問題，而陳總統試圖甩開國內政治困境，也繼續往深綠靠攏，可能他的深層判斷，是中方在北韓、伊朗問題可協助的力量有限，美方不可能出賣台灣利益來交換。

雙邊互信倒退

二〇〇六年開始，美政府對我國的不信任感驟升，局勢漸趨緊張，雙方關係趨冷。

二〇〇七年初，陳總統赴尼加拉瓜參加總統奧蒂嘉（José Daniel Ortega）的就職典禮，去程、回程分別過境舊金山、洛杉磯。同年八月，陳總統出訪宏都拉斯、薩爾瓦多、尼加拉瓜，以及隔年一月出訪瓜地馬拉、聖露西亞，美方又僅給予過境安克拉治的待遇。這一連串過境待遇倒退，表示二〇〇六年美方行政部門認為台海現狀並未改變，美方固然反對中國《反分裂國家法》和解放軍軍力提升，但並不認為中方對台動武意圖升高，於是批評台北不要挑戰美國「一中政策」，雙方領導人互信嚴重受損，雙邊互信漸流失。

儘管扁政府於二〇〇一年九一一恐攻事件、美軍進攻阿富汗後對美國提供協助，直到現在，美國政界、軍界友人仍記得我方提供卡車並協助阿富汗領袖赴東京參加會議，但台美關係仍是僵局，對個人而言實在有「無力回天」之感。相對蔡英文總統八年，台美合作無間，沒有令對方意外之舉，每次過境，美國規格條件都較以前大幅提升，形成對比。

如今重新審視昔日種種，實在感嘆物換星移。現在美國「一中政策」架構依舊，但美中間的戰略競爭態勢、敵意螺旋上升。身為兩位總統對美事務的參與者，實難想像今日的變化！「變」與「不變」都是國際關係中的常數。

第 8 章

美國(三)：

反思

一九七〇年代赴美求學至今，人生的許多階段都在太平洋另一端的大陸度過，不只參與了大時代的劇變，目睹美國與中華民國斷交、曾在國會見證對美中台關係意義深遠的《台灣關係法》制定，另外也與池琳相識、成立家庭、子女誕生，進入駐美代表處第一份公職等……緣分深刻。對中華民國外交官而言，擔任駐美代表堪稱職涯巔峰。個人和池琳都認為，能做到駐美代表已是外交官職涯的極致，可說是沒有遺憾了。

二〇〇四年銜命派駐華府，積極溝通、努力協調，台美關係有一年多的穩定發展，但後來由於美國在伊朗、朝鮮核問題亟需中國協助，反恐戰爭更需要中國至少不扯後腿等戰略思考，我政府又因內政考量頻頻拋出廢除《國統綱領》、制定新憲法、四要一沒有等議題，碰觸美中台關係紅線。外交官置身風暴最前線，須即時應變，不斷依照台北訓令為政策辯護，並完整回傳美國政府負責的資深官員立場、意見及交涉經過，另呈報不少長期友台的老朋友、華府圈內人的建言給台北。這幾年風雨中戮力從公，實務經驗點滴積累成此章，希望能對國際關係研究者或接棒外交志業的後起之秀有所裨益。

回顧逾四十年的外交職涯，我時常感到只有「書本智慧」（book smart）的不足。見過太多飽學之士雖智商、學歷甚高但缺乏常識，掌握權位後又自我感覺良好，有自戀傾向，聽不進他人建議，時常釀禍，更使人戒慎的是，權力愈大，肇禍愈深。**書本知識是基礎，能接地氣（street smart），夠精明幹練、審時度勢、順勢調整也是關鍵**，這點在居於世界權力中心的華府尤為凸顯，此地臥虎藏龍，唯有兼具「書本智慧」能與大戰略家論政，同時也「接地氣」以應付稀奇古怪的人與事者，才能存活及代表國家利益。

俗話說，個性決定命運，而氣質、個性（temperament）是先天與後天學習的成果。在民主制度下要成功，情緒商數（EQ）必須夠高，懂得察納雅言，容人之所不能，此外個人魅力（charisma）也是重要因素，有了它，自然能吸引眾人目光，也能受喜愛與尊敬。雖說先天因素恐怕決定大半個性特質，然而後天學習、修練、經驗也有幫助，美國歷任總統中，甘迺迪、雷根、歐巴馬、川普等，都屬魅力型領袖。

華府是魚龍混雜，人際關係複雜的大都會，我看過很多不學無術、見識狹隘、陰險狡詐、胸襟不足、難成大事之人，也有很多趨炎附勢而謀得權位者。但**真正成功的領導人，我認為，最重要的必備條件還是人品端正（integrity）、誠正不阿。當然，在民主國家中，以選舉為基礎的民主政治，這些特質常在高明的公關運作、操控、包裝下，未必能正確呈現真相**。

如何在這塊自由女神舉著火炬的土地上站穩腳步，如何以周正的態度與宏觀視野面對外交事務，如何在繁複的溝通往來過程中，找到最有益的節奏與方式，需要時時思考，也必須持續揣度。

再望來時路，有風雨也有晴。

無論外在大勢如何嬗變，唯有一點始終不移：**身為中華民國的外交官，沒有悲觀的權利**。

反思美國

法國政治社會學家托克維爾（Alexis de Tocqueville）在一八三五年出版《論美國的民主》，歷經近兩百年，仍被視為描述美國民主社會及制度的經典著作。該書主張，美國有兩個歐洲沒有的優勢：沒有深厚的歷史牽扯、有遼闊的地理環境，另一項是離歐洲相當遙遠，此為美國幸運之處。

托克維爾指出：「自認為幸福、有權勢的人，都不會去流亡。貧窮和災難是平等的最好保障。」而美國開國元勛（founding fathers），包括華盛頓（George Washington）、漢彌爾頓（Alexander Hamilton）、亞當斯（John Adams）、麥迪遜（James Madison）、傑佛遜（Thomas Jefferson）、富蘭克林（Benjamin Franklin）等，都是當時最有智慧且道德高尚之人，這群人的組合，奠定了美利堅合眾國的基礎，可謂人類歷史上難得一見的奇蹟。托克維爾在美國親眼看到，**身分平等是民主的基石**。

托克維爾也認為，外交不需要民主特質，民主國家傾向於服從衝動而非謹慎。法國大革命後，美國國內曾表現這種衝動傾向，全賴華盛頓堅毅不屈的性格及威望，才避免因人群激憤而對英國宣戰，因為當時美國無力挑釁，需要和平。

在美國的開放社會裡，邁向富裕的機會數之不盡，勤勞而具有創新的企業家成為社會主流，也孕育出美國獨特的政治與價值觀：追求富裕、勤勞工作及個人主義的民主。托克維爾認為，這

些獨特的美國價值也解讀了美國例外主義（exceptionalism）的成因，使美國人認為自己是獨特的國家，與眾不同。

偉大的國家

一八九五年，二十一歲的邱吉爾（Winston Churchill）初訪美國，他的印象是，美國人真是奇特的民族。他描述：「這是個非常偉大的國家，不是美麗或浪漫，而是偉大、功利，似乎沒有威嚴、傳統的東西，一切都是極其實用，因此也從事實的立場判斷。」

當時英國仍受維多利亞時代（Victorian Age）影響，講求血統、身分、地位階級，年輕、出身貴族世家的邱吉爾目睹美國的平等，自然受到很大的衝擊。他又寫到：「你就將美國人想像成一個偉大、強壯的青年，這個青年踐踏你所有的感情，做出各種恐怖的無禮行徑——他並不崇敬年齡，或僅僅服膺於傳統，但是對待他的事務，立意良善、活力充沛，這點或許是地球較老國家羨慕的地方。」

邱吉爾予人的印象是焦躁、自大、傲慢、膽識過人、個性獨樹一幟。他寫到，若非美國在一九一七年四月六日參戰，第一次世界大戰將會以和平談判告終，德國取得勝利。

他當上首相時已經六十五歲。這位雄獅般的領袖，在經驗上、心理上、謀略上，已為面臨的考驗做好絕佳準備。首先面對的是德國希特勒的武裝攻擊，比利時、荷蘭、法國相繼淪陷，英國則面對德國渡海入侵的威脅。一九四〇年九月，納粹空軍轟炸倫敦長達四個月，英國沒有混亂，在邱吉爾沉穩的掌舵下拚命戰鬥。

一九四一年一月十日，邱吉爾宴請小羅斯福總統親信、個人特使霍普金斯（Harry Hopkins）。他盡其所能要霍普金斯了解，英國雖然士氣堅強，但仍迫切需要美國協助，霍普金斯告以：「總統堅決要我們一起打贏戰爭。」據會議紀錄，邱吉爾眼眶泛淚，因為他知道，這是說服美國參戰最好的機會。

英國史學家羅伯茲（Andrew Roberts）記載，代表小羅斯福總統赴英討論船舶運輸與補給的哈里曼（W. Averell Harriman）特使，高大、英俊、富有，舉止更一派溫文儒雅，與丈夫在外作戰的邱吉爾兒媳多次外遇，邱吉爾夫婦全然知曉這段在他家屋簷下發生的醜聞，「說得好聽一點，是在裝瞎」。

八月九日，邱吉爾與小羅斯福終於在加拿大最東邊的紐芬蘭省（Newfoundland and Labrador）見面。依助理記載，首相「像學期最後一天的小男孩一樣興奮」。會後，雙方發布《大西洋憲章》，但美國並未對德宣戰，只明確表達中立強國的立場。

十二月七日，日本偷襲美國珍珠港，美國對日宣戰，一小時後，英國即表態加入宣戰行列。邱吉爾在《第二次世界大戰回憶錄》（*The Second World War*）寫到當天的狂喜：「三十年前友人曾對我說過，美國就像『一個超大的鍋爐，一旦從下面點火，產生的力量就沒有限制。』我任憑自己沉浸在激動中，並感到滿足。我上床去，像得救的人，心懷感激地睡去。」

十二月二十二日，邱吉爾抵達華府，下榻白宮三週。他的速記員曾經目睹「赤裸、不害臊」的邱吉爾，沐浴之後接過毛巾，對小羅斯福總統開玩笑，並表示：「英國的首相對美國總統，沒什麼好隱藏。」總計二戰期間，在九個場合中，邱吉爾與小羅斯福相處一百一十三天。

這位可以說是大英帝國最後一位超級現實主義領導人，智慧、膽識、精明集於一身，對美國實力的評估和影響有一定見識。**雖然今日美國實力不同於二戰前，第二任期的川普總統更是打破二戰後美國主導的國際秩序，但對世界戰略均勢仍有決定性的影響力，對我國尤其是如此。**

歷史中有相當豐富的經驗智慧，台灣沒有英美間的「特殊關係」，看了邱吉爾的故事，不禁思索的是：**當前我們能有多少懷疑空間？沒有任何國家能將自身存亡全然依賴在一個外國身上，自立自強是為必須，但美國比較下仍然是最強有力且較可靠的夥伴。**

最優秀和最聰明

普立茲獎得主哈伯斯坦（David Halberstam）曾經在一九七二年出版暢銷書《最優秀和最聰明的人》（*The Best and the Brightest*），分析美國何以參加越戰，付出生命、金錢、社會分裂等巨大代價的原因。這本書影響甚鉅，使得「最優秀與最聰明」成為反諷用語。到二〇二一年美軍在阿富汗迅速潰敗，還有人用這個詞來批評美國政府決策失敗。

要討論美國的決策問題，首先要回首一九六一年，剛選上總統的甘迺迪網羅了一批東岸名校畢業、政治世家出身，或在工業界成功的精英進入內閣，像是擁有哈佛大學工商管理碩士學位、曾任福特汽車公司總裁的國防部長麥納瑪拉（Robert McNamara）、曾擔任哈佛大學文理學院院長的國安顧問彭岱（McGeorge Bundy）等，而正是這群優秀、聰明的決策者，將美國帶入越南這個難以自拔的泥淖。後世歷史家分析，要論美國的衰落，可能要從此時開始談起。在哈伯斯坦筆下，這群人出身、學歷皆完美，一等一的聰明，但知識精英的傲氣不小，相當自滿、追求權力，卻又欠缺對現實世界，尤其是人民與社會環境的了解，更遑論是對中南半島民眾反殖民民族主義高昂意識的認知。意即，**他們有智慧、知識，但缺乏常識、遠見，還有扭轉錯誤政策的能力**。

這群高智商決策者並沒有做出有智慧的決策，而是和現實背道而馳。時任副總統詹森（Lyndon Johnson）曾向他的政治導師，也是時任眾議院議長、德州出身民主黨眾議員雷朋（Sam Rayburn）說：「這群人真是聰明，內閣會議討論時精彩萬分。」雷朋嘆了口氣回答：「真希望他們曾經參與過選舉，即使是競選地方警長也好。」原因在於，真正的智慧總是要歷經痛苦經驗，從贏得選民信任開始，這位政壇老將、美國史上任職最長的眾議長所言實在是一語中的。

曾在尼克森、福特政府擔任國務卿的季辛吉，在卸任後寫到，越南之所以成為夢魘，不是美國的參戰方式，而是為何不更仔細評估可能的代價和結果就投入戰場。除非國家領袖能說清楚政治目標，並提出達到目標的務實策略，一個國家不應派出五十多萬青年子弟赴遙遠的大陸作戰，或賭上國際地位和國內團結。

「**公職人員沒有權利挑選報效國家的時機，也沒有辦法挑選任務。**」季辛吉認為，就算找遍全世界，美國也找不到比北越更難纏的敵人，他們一輩子忍辱、作戰，驅逐外國勢力，革命戰爭是他們唯一的專業，為的是建立在共產黨統治下統一的越南。

雖然「最優秀與最聰明」已經成為民粹主義者的負面符號，但華府決策階層依然充斥這群東岸名校畢業、履歷傲人的政策精英。我注意到的差別是，他們現在多半已有相當實務歷練，而不是像彭岱，他習慣抽象、概念架構思考，從哈佛大學文理學院院長一躍成為國安顧問，但是在政府高層決策，仍見類似學術討論的決策模式，依然存在於美國外交政策制定過程中。不過，類似小布希時期國務卿鮑爾、阿米塔吉副國務卿、國防部長蓋茲（Robert Gates）等由基層拾級而上，一步一腳印的人才也不少。他們的共同特徵是解決當下難題，不喜歡多談理論大架構。在這方面，川普總統更是「腳踏實地」，在房地產開發商覓地時，總是坐計程車並與司機聊該區塊事，更親自步行走訪鄰居、店家，駐足觀察往來人群，這些特質也反映他的領導、治理、決策風格。

美國文職官員中，也有不少曾志願參軍上戰場服役的。像是我國摯友薛瑞福、川普政府副國安顧問博明（Matthew Pottinger）等，川普第二任期，副總統、國防部長等都曾為國效命，他們因軍事資歷而有強健體格、堅忍毅力及不同專業與視野，對政策思維當然也會有影響，真希望未來我們政府也有文武兼備的人才。

決策的責任

駐美期間正值伊拉克、阿富汗戰爭正熾，曾參觀美軍陸、海、空與海軍陸戰隊基地，也訪視過就讀西點軍校、海軍官校、維吉尼亞軍校的台灣學官。他們的學術根底厚，訓練嚴謹、士氣高昂，令人印象深刻。曾任哈佛大學文理學院院長的柯偉林（William Kirby）就曾向我表示，西點軍校教育素質與哈佛相當。

軍人在美國社會十分受崇敬。使美時，正值反恐戰爭，五角大廈軍職人員全穿著野戰服上班，我在機場候機時，也常見返國休假的官兵背著野戰行囊，當他們整齊跨步通過時，民眾會起立鼓掌，甚至把頭等艙位置讓給這些勞苦功高的官兵。這種對軍人的尊敬，顯見美國人愛國主義的展現是純然發自內心，我們呢？

最動容與震撼的是一次接待作戰傷員的經驗。二〇〇六年八月二十五日，我們邀請當時在華特．里德國家軍事醫療中心（Walter Reed National Military Medical Center）治療的六十位反恐戰爭負傷官兵、九十多位眷屬參加晚宴。為了表達敬意，本打算在雙橡園招待，時任退伍軍人事務部長尼柯森（Jim Nicolson）夫婦也同意參加，但不知是何種顧慮，最後被要求在華府城外、馬里蘭州的僑教中心舉辦。可想而知，場地設施、廚房均不理想，當天賓客搭乘三輛大巴士抵達，因為許多負傷戰士都需要升降梯、輪椅才能移動，花費了半小時才全數入席。

與會的多數官兵都已住院半年，最長的則有一年半，歷經各種手術和長期復健、治療，狀況堪稱悲壯，令人動容。其中一位女兵告訴我，她的腦殼被削去一半，幸而搭乘醫療直升機緊急後送到美軍伊拉克軍醫院才穩住生命跡象，再專機送到德國進行手術，最後回到華府的華特．里德國家軍事醫療中心治療、復健，前後經歷不下十次手術，醫療費用總計數百萬美元。她說，能活著，實在是奇蹟。看著她的堅毅眼神、臉上的驕傲表情，我心中思慮澎湃，想說些什麼以表敬意，卻幾乎不知從何說起。

美軍軍事武器精良，訓練扎實，更重要的是精神、意志堅忍、勇敢，不惜為國犧牲。我想，全世界沒有人會懷疑他們的戰鬥抗敵意志。這群勇者無怨無悔，當然，背後有更多個人和家屬的身心傷痛、後遺症，一般人難以得見。

送這群勇士上戰場的，都是文職決策者，而這些華府少數的政策制定者，他們的決定一旦稍有不慎，就會使人民付出重大代價。我不禁思考：他們在做決策時，是否有確實想清楚，到一個語言、文化、宗教、山頭林立、派系複雜的異國作戰，會有極大難度和複雜性？一流的武器裝備、戰術訓練，是否能面對崎嶇的地形、盜匪般的游擊隊，和永遠消滅不完的宗教激進分子？事前是否設定達成既定目標後撤離的備案計畫（Plan B）？還有，可否慮及美國民眾對曠日費時戰爭的接受度，以及國家龐大財政支出的負擔等問題，這些都讓我深刻反思在決策圈責任的重大。

思考美中台關係

「巨擘」決策

美國是超級大國，國家利益在世界各角落盤根錯節，外交政策也特別重視戰略性思考，以全面性、系統性、深度且中長期角度思考外交政策，也相當倚重有大戰略、學術基底雄厚的「巨擘」。從早期的季辛吉、布里辛斯基，一直到小布希時期的國務卿萊斯都算是此類型。

萊斯國務卿是史丹佛大學教務長出身，擁有丹佛大學（University of Denver）國際關係博士學位，她用了維吉尼亞大學密勒公共事務中心（Miller Center）主任澤利考擔任國務院顧問。這個位置等同次卿，是萊斯國務卿的重要智囊，也有「巨擘」特質。

我曾和澤利考深談過，他分析從二〇〇四年到二〇一四年，**美國對中國、台灣的期盼，是與中國在政治上維持穩定、溫和關係，經濟上則與中國密切往來，安全上則要確保第七艦隊有絕對優勢。美台關係上，台灣要成為亞洲民主楷模，並永久封存現狀（to be frozen in amber），不要打亂前述美國對中國的期盼**。然而，以今天的情勢審視，至少「第七艦隊有絕對優勢」這點已有所改變，而台灣的「現狀」，也不可能再被鎖在琥珀裡了。

曾任美國駐聯合國以及駐俄羅斯、印度、以色列、薩爾瓦多、奈及利亞、約旦等七國大使，也當過季辛吉特別助理的皮克林（Thomas Pickering），也是屬於「巨擘型外交家」。我們是在一九九九年結識，當時任外交部政務次長，而他是國務院政務次卿。我們在紐約、波士頓曾三度會面，我在駐美時期，他已退休，任著名的國際危機組織（International Crisis Group）共同主席，我也經常向他請教對世局的看法。

他告訴我，美國歷任政府對兩岸關係的立場具有一貫性，**美國無意對兩岸關係的「結論」採取立場，而是關切「過程」，敦促兩岸協商，可以歸結為「三不」：不倉促解決兩岸問題、不破**

壞穩定、不使用武力（no premature resolution, no destabilization, no use of force）。因為他在國務院被視為「通才」，而非「地域性專才」，官至職業外交官最高階，所以他說的**關切「過程」、「不倉促」解決兩岸問題，特別值得注意。事實上，這原則也應該是我們國家戰略的核心。**

對於美國這樣的世界強權，確實需要全方位、系統性、長期性的思考模式，以應對複雜多變的國際情勢，當然，能在急迫中解決危機的能力也非常重要。

台灣獨特的地位

綜觀國際上的對台政策，美國、歐盟、加拿大、澳洲等西方重要國家傾向用「一中政策」，北京當局及大部分第三世界國家則用「一中原則」，差異主要在於對台灣主權歸屬的立場。

北京的一貫說法是台灣自古就屬於中國，是中國不可分割的一部分，而西方主要國家則均對此模糊以對，避免附和北京立場，造成中方據以用非和平方式吞併台灣，所以在論及「一中政策」時，在用詞上特別斟酌，提及中方對台立場等情況時，使用的是「注意到」（take note of）、「了解與尊重」（understand and respect）、「認識到」（acknowledge）。想必這些用詞，是當初西方主要國家的資深外交官絞盡腦汁、經過多重深思熟慮的結果，是外交辭令的最高境界。在建交誘因當下，中方不得不吞下「一中政策」上的特殊用詞，但卻在中文本翻譯時全譯成了「承認」。「一中原則」與「一中政策」不同，我們必須小心、謹慎，務必錙銖必較所用的詞彙，不能丟掉僅有的模糊運作空間。

我國在美國外交政策制定過程中，其實相當獨一無二。以國家實力、雙邊議題的重要性、複雜性，應該常見兩國政府高級官員互訪、實地訪查，面對面、眼對眼溝通交流才對，然現實處境不然。當然，雙方溝通的管道與層級，二十多年來雖已有很大改善，但仍欠缺最高領導人、行政首長的直接對談、交換意見，遑論在國際場合運用場邊機會就現存議題交流。

隨著二〇一七年底美中關係典範轉移（paradigm shift），美台關係及內容也有了重大轉變。近年，無論是形式或象徵，**美台雙邊接觸情況已有改善，但決策層級、對議題深入相互了解上，仍有不足，其中一個重要原因，是美國為超級大國，利益遍布全球，國安高層旅行頻仍，工作繁重，多數雙邊議題的決策層級有限，自然很難談具有全面性、歷史縱深的戰略思考與改變。**

近年「東升西降」之說可謂甚囂塵上，美國確實在內政、經濟、社會面臨嚴峻挑戰，在國際間影響力很難與二戰後相比擬，民主更受民粹主義撕裂，但制憲先賢的制度猶存，企業創新精神依然獨霸全球，端看二〇二四美國總統大選，世界各國政府、企業界關注程度仍極高。中國、俄羅斯、北韓、伊朗及宗教極端政權雖不滿意美國，也還是注重維持對美關係，不過儘管顧及國內民族主義及領導人「面子」，發言依舊強硬，也不願放軟姿態，顯示以美國為中心的例外主義對任何主權國家都不討喜，卻依然存在國際關係運作中。

以數學觀念來看，美國對台政策常是對中國政策的「次集合體」（subset）。個人始終覺得，如果要用讓美國決策者、民眾聽得懂的語言，就是要多談尊重兩千三百多萬台灣人民以自由、民主方式決定未來，而不是強調及要求美國這個強勢大國了解「台灣主體意識」。

我們也應該更懂得如何將台灣與美國利益嫻熟整合，而不是吵美國是否棄台、援台。如何設法說服美方政策精英階層加強相互溝通才是重點。同時，台灣政府與社會也應該加強對美國及非中共勢力範圍的國家實質關係，宣導切實際、有利於自身國家利益的思維和論述。

台灣主體意識

「台灣主體意識」在李登輝總統執政後期、陳水扁總統任期內，都是政策方向。我駐美期間，因美中元首相處愉快，美國也需要中國在北韓核武危機、聯合國與多項全球議題合作，陳總統在二〇〇〇年、二〇〇四年就職演說曾兩度承諾「四不」政策，即不會宣布台灣獨立、不會更改國號、不會推動兩國論入憲、不會推動改變現狀的統獨議題公投，但執政黨內部壓力、遭中方拒絕交往的挫折感、反對黨的杯葛乃至國內選舉失利，我方的許多政策反應作為都衍生出對美方的不滿言論及作為，進而惡性螺旋式加速雙邊互信的流失，增加溝通障礙。

馬英九總統時代的「太陽花運動」應是台灣主體意識的反撲。蔡英文總統則相當巧妙運用平衡策略，一方面避免民進黨內基本盤大反彈，另也走出具理性及一致的政策，中方雖不滿意，但也只能吞下。她的領導帶來八年的和平與繁榮，廣受國際讚譽，然而，民主台灣內部對此仍有分歧。

從美國國際現實主義角度，中國與台灣的天秤重量並不平等。**美國對台灣能成功發展為自由、民主國家十分讚許，但伴隨而來的多元主義、言論思想自由，如果符合美國利益，自然受歡**

迎，但若被認為有阻礙美中關係的合作、發展，就會被視為「破壞現狀」、未經事前諮商的「意外」，甚至是「跨越紅線」。

美國的外交政策主導者，如國務卿、國安顧問，其實很少具有區域專長，通常背景是大律師、華爾街金融領袖、高階將領、知名學者、企業家、國會議員，多屬「通才」而非地域專才，講求的是全球視野、談判能力、政治分量，以及對總統的忠誠度。* **再者，美國利益幾乎涵蓋全世界，往往都是登上報紙頭版後，外交高層需在短時間內立刻處理的棘手問題才能吸引其注意，他們的行程一年中約有三分之一在世界各地旅行，談判斡旋、施壓以化解各地紛爭。二〇〇〇年以後，伊拉克、阿富汗、反恐、中東議題、當前的烏克蘭，恐怕占據他們過半時間和心神，且部會間要花不少時間溝通、協調，辯論政策方向，也要花許多時間、精力在與媒體、司法機關互動。因此，個人的經驗是，台灣事務通常是由國務院亞太助卿、國安會亞太資深主任及國防部負責國際安全的助理部長三人有共識，即可決行，而事實上，約九成的日常業務皆由這三人決定，無需再上呈。**

駐美時期，白宮主管選舉策略的高級顧問羅夫（Karl Rove）權傾一時，深得小布希總統信任。羅夫很常強調「基本盤」（base）的重要性，而陳總統也曾囑咐我，要我向美方轉達他的處境與基本盤的必要。有次，向白宮高層官員轉達此訊息，對方微笑不語。顯然他是了解的，但是不願惹中方不快，選擇不表意見。

中國的強勢反對及干預，助長了美方不要「破壞現狀」的格局思維，不過**從最基礎面向來**

看，美國又有多少外交高層能理解及認識，以台灣為主體的民族主義有相當程度是由美式民主催生、鼓勵而來？

對中政策

美國國安會在制定中國政策上的角色相當吃重。

柯林頓政府的中國問題資深主任李侃如分析，關鍵在總統個人對國安會重視的程度，此外國安顧問個人的政治分量、自我定位及與內閣相關首長的關係，都會產生影響。雷根總統時期，國安會功能較弱，而老布希、柯林頓政府時，國安會功能明顯增強。

小布希時期的亞洲事務資深主任葛林認為，國安顧問個人條件、與總統關係都很重要。例如，萊斯國務卿經常傳達小布希總統意志，並將之具體化，繼任的海德利曾任萊斯副手，相當尊重已轉任國務卿的萊斯。

國安會在美國對中政策的角色日益重要，主因是議題高度政治性，國會不僅十分關注台灣議題，也具有相當影響力。且美中缺乏架構性溝通機制，不像美國與日本、澳洲、歐盟、韓國間的雙邊友盟關係，所以美、中領導人峰會格外重要，後來佐立克副卿主導的美中資深官員對話、財長鮑爾森領軍與中國國務院副總理吳儀的美中經濟戰略對話，可以略彌補制度上的不足。

＊能純熟運用外語的國務卿僅有近年的凱瑞、布林肯（法語）和魯比歐（西班牙語）。

李侃如認為，**美中間最大潛在問題，在雙方對彼此仍存極深不信任感。另外，國防部對中國的立場，也常與其他政府單位不一致，尤以文職官員為甚**。葛林曾告以，他在小布希政府中，與時任亞太副助卿的薛瑞福，還有負責亞太事務的國防部副助理部長勞萊斯（Richard Lawless）密切溝通，所以小布希時期的對台政策較為一致，但類此和諧關係不常存在，多還是政府部門間的權力競逐。

歷經尼克森、福特兩位總統的國務卿季辛吉評論美國外交政策制定的過程，曾寫到美國外交政策受限於人事流動、時間變遷、需針對高度特定問題提出對策等因素，很少能以整體觀念思考，雖臨時處理局部事項時發言人眾多，然若談到整體策略則根本乏人問津，必須要有一位異常堅毅的總統，深諳華府官場之道，才能打破此舊習。

雷根總統時期的國務卿舒茲（George Shultz），對外交政策制定過程中官僚體系永無休止的鬥爭十分感嘆，認為這些官僚故意玩手段，不當面反對而斷章取義向媒體洩露資訊，技巧地把政策導向他們的立場，有時還可能是長官授權的故意洩密（deliberate leaks），用現在的用語，就是「帶風向」，常見的是高層自我吹捧攬功，滿足權力的虛榮心。《紐約時報》、《華盛頓郵報》、《華爾街日報》（*Wall Street Journal*），甚至是右傾的《華盛頓時報》都經常刊登這類精彩的爆料。

當然，認真的分析家會小心篩選、辨識，摸索出政策真實的輪廓。個人在撰寫博士論文時就引用公開資訊加上深度訪談，大致可掌握八成政策及背景。後來二〇一三年國務院文件解密，證實三十年前論文的論述與判斷均屬正確。現在社群媒體、網路媒體五花八門，更造成資訊氾濫，所幸人工智慧發展，可幫助去蕪存菁，然而針對缺乏透明性、對資訊流動箝制嚴格的政體，如北京、莫斯科、平壤等政權，更需要人員、電訊、衛星情報及大數據綜合分析協助理解。

華府生存法則

擔任稱職的我國駐美代表一定要有精準銳利的眼光、判斷力，能超前部署，提前對有潛力的人物預下功夫，培養雙方的感情及互信。回想二十年來的美國總統、國務卿、國安顧問皆曾拜會，簡報過台美雙邊關係，也與他們的主要國安幕僚建立情誼。駐節期間，曾與拜登參議員面對面坐下深談過兩次，當時陪見的首席法律顧問就是後來擔任國務卿的布林肯。唯一錯失的是川普總統，當然是很大的失算，但不知是否有哪位駐美使節預見他的崛起。

要超前部署，祕訣首在足夠的基本功，這需要長時間的觀察、閱讀、請教專家及有系統、清晰地分析，此外還需要擅長溝通。個人有幸自高中起就訓練自己，並在大學時奠定了理論基礎、分析的能力。《華盛頓郵報》（*The Washington Post*）及《紐約時報》是每日必讀的，當時《郵報》占地利、人和之便，刊載豐富的政治內幕及分析。值得一讀的還有精彩的社交版（style），因為要拿捏與往來對象之間的分寸，了解政壇社交圈互動及八卦至為重要。

人際網路更是要事。建立良好口碑，能夠獲得有力人士推薦，較容易「芝麻開門」，進而到雙橡園享受美食、佳釀，強化私人甚至家庭友誼。個人與專研選舉的《庫克政治報告》（*Cook Political Report*）發行人查理．庫克（Charlie Cook）是好友，兩人交情從他任職參議院民主黨領袖拜德（Robert Byrd）政治顧問時始，至任代表時已有二十年交情，也曾邀其參加國會助理團來台訪問，因而政治消息自然靈通。

個人的努力固然重要，但同樣關鍵的是身邊共同奮鬥的夥伴。外交官配偶的條件與努力常是重要助力，錢復代表及夫人田玲玲女士是我們的榜樣。同仁的協助更是不可或缺，能幹的同仁常引介他們交際對象的長官，彼此合作打造一張綿密的關係網，能夠在不同層面互通訊息。行政同仁的付出也相當重要，盡善盡美的宴會、主廚烹調的手藝能否切合客人的喜好，都是製造適宜環境、達到目標的必要條件。

人和與地利是為成事基礎，能否不辜負磨練與累積，在需要時發揮最大能力、說服對方，也是成敗的關鍵。駐美代表處同仁多為國內各部會精選，經歷豐富的人才，而華府確實是訓練寶地，日常接觸的對象多為各界精英，無法自我提升者自然會被淘汰。於世界政治權力中心華府居上位者，莫不行程滿檔，倘若不能講出令人信服的道理，大概十五分鐘就會被送客，過去陪同國內訪賓就曾遇此尷尬場面。

擔任駐美代表期間，和美方等各國資深外交官往來是日常。這些資深官員多半歷經專業訓練考核、人情事故練達，代表國家利益且立場堅定，但態度和用語謹慎婉轉，以預留後路。但有時，也會遇到性格嚴苛、帶有主觀意見、性情易怒的對象，事後了解有些是因職場前途未卜、家庭遭遇變故，也遇見因過去跟隨的長官對台態度強硬、冷淡而耳濡目染，對台灣存有偏見之人，然而無論如何，必須忍謀大事。

行政部門資深官員當中，副助卿層級以上都可以政治任命，因此背景多元，有學者、智庫、情報官、律師、軍事、商業等，養成的過程不同，個性也互異。和他們打交道的經驗是，先研究學經歷和嗜好、是否曾經發表過著作、有過哪些言論，然後再仔細研讀相關資料、剖析脈絡，掌握其思維模式，尋求雙方共同興趣、經驗，擴展談話題目，進而發展超越公務互動的情誼。偶有碰到無理之人，也只能先忍住，再設法以幽默化解，或直接轉移話題。

早期層級還不高，出差華府時曾目睹長官拿著台北訓令照本宣科，通常對方也會搬出官式回應，彼此交集不多。有次事後檢視國務院發言人的詢答紀錄，幾乎與美方簡報（debrief）完全相同，顯示駐使並未發揮應有功能，報回台北的電報能參考的價值有限。謹記此教訓，個人在**駐美期間總是盡其所能取得內部資訊，深入了解美方決策過程的各種考量，甚至連最高層的情緒、私下評論都能掌握。如果台北決策者仔細閱讀，一定可以對華府決策的考量、環境等背景因素，有更全面且透徹的了解。我認為，這也是一個外交官的功力所在。**

外交官要在華府生存、真正發揮效用，需從不同的層面融入，要相當程度的知識、技巧、敏銳觀察，周全的準備功夫則更是重要。

夙興夜寐

駐美期間各式活動絡繹不絕，平日與美方交涉，週末則都是僑社活動，也常需訪問外州，東西兩岸跨越三個時區過著夙興夜寐的生活。

原因之一是小布希總統的第一任國務卿鮑爾、副卿阿米塔吉都是職業軍人出身，習慣早起運動健身，清晨五點多就抵達辦公室，可以想像他們的部屬要更早到勤，此傳統在我駐美期間仍延續，所以美方官員喜歡舉行早餐會，通常七點開始，這是在我派駐歐盟時期未曾經歷過的。由於駐美代表官舍在城郊，上班通勤壅塞，要準時赴約，清晨六點就得出門。

有次，與美方官員會面，寒暄後對方直接問我，陳總統當天在嘉義的談話該如何解釋？此資訊我完全無所悉，只好問是何時發生的？對方告訴我，是五個小時以前。

回到辦公室，即密電陳唐山外長，他也不清楚。一小時後，陳部長來電表示確有此事，並囑咐回覆美方的說詞。我坦白表示此說法過去已用過，對方不埋單。最後，陳部長不解地問，陳總統在外縣市全程用台語演講，美方如何得知內容？

兩週後，在家宴請美方官員，酒酣耳熱之際，我向對方提出此疑問，他也爽快釋疑，告訴陳總統的公開行程每日見報，ＡＩＴ會派諳台語聘雇職員旁聽，即電華府。從此，我必須更早起，先上網看看有無任何公開訊息以備答詢。＊

參加俱樂部

在華府，參加俱樂部是很重要的一件事。

駐館代表經會員推薦後，可以參加距離白宮步行可及的大都會俱樂部（Metropolitan Club），那是美國南北戰爭時期成立的會所，會員主要是男性，後來女賓經陪伴，也可以加入聚餐。因為它的歷史性、知名度、隱密性，很多重要的會晤、會議都會在此場地舉行，美方官員也樂於一窺堂貌。

俱樂部的內部陳設全是木製古典家具、皮沙發，牆上懸掛肖像或風景油畫，腳下踩的則是柚木地板、波斯地毯，燈光幽暗、氣氛沉靜。侍者多是非裔或拉美裔美國人，咖啡免費供應，而菜單、食物烹調據說百年未變，我曾多次看到季辛吉坐在沙發上讀《紐約時報》。

與大都會俱樂部對比的是白宮斜對面的亞當斯飯店（The Hay-Adams）。從餐廳窗戶放眼望去可見白宮，食物可口。這裡空間開放，往來自由，有次和美方高層在此進行早餐會時，隔兩桌就是中國駐美大使楊潔篪和另一位美方官員。

華府的國際婦女活動也十分頻繁、競爭。各國大使、國會議員、高層官員、公關公司，還有不少有閒有錢的貴婦都會熱心參與，彼此交誼、互換訊息。在這類場合，如果夫婿位居要津自然可以掌握優勢，也會受到殷勤款待。不過，成員個人的才能、品味、見識、語言、魅力、個性都

＊ 後來，台灣報紙上預報總統行程的欄位也取消了。

是重要元素，當年錢復夫人錢田玲玲女士及池琳，都幫夫建立了不少重要人脈關係。

我們因為國家處境關係，不能正式列入外交藍冊（Blue List），只能憑自我努力建立在華府社交圈的聲譽和人際網路。駐美期間，雙橡園這個歷史性名園的內部主廚、工作同仁，也提供了很多助力。

國內外媒體

如何處理好媒體關係，是民主國家官員及外交官必備的要件。

個人駐外生涯，僅有華府有多位國內派駐記者，除了此地是世界政治重鎮，還因為美台雙邊關係良窳關乎國家利益、安全，所以國內媒體派駐的個個都是精選能力、經驗俱佳的人選。

「誠」是個人為人處事的一貫作風。面對媒體，不能透露之事，包括正在進行交涉者，就不說。若被逼急了，只好說，但不多談。有時，我也會回覆實在不便評論，但是從不誤導或欺騙媒體。

當時經常接觸的有傳統三大報（《聯合報》、《自由時報》、《中國時報》）、中央社和主要電子媒體，以及幾位當地僑報記者。

華府特派員當中，最資深且最具名望的是《中國時報》，人稱「傅老」的傅建中先生。他在華府前線採訪報導已三十餘年，經歷無數任大使、代表，多僅寫評論、隨想、札記等，跑線的則是較年輕的劉屏先生，通常每月我會與他們在傅老喜歡的義大利餐廳以新聞素材背景方式閒聊，有時，傅老會在數月以後刊出部分談話的內容。

《聯合報》張宗智先生、《自由時報》曹郁芬女士都是在外交部時期認識至少十年的朋友，直到現在交情依然不減，彼此常透過社群平台聯絡，中央社的劉坤原、林芥佑也是如此。

對於電子媒體，針對其特性，我通常在每月雙橡園媒體茶敘後開放特別時段，以言簡意賅的方式滿足需求。其中TVBS的特派員史哲維先生一表人才、風度翩翩。我幾次問他，為何不報考外交特考，成為外交部一員？可惜他英年早逝，思及此事，十分悲痛。

至於美國本地媒體，與之往來可說既簡單又困難，因為與國內媒體不同，他們不會追問與國內相關的議題，但提問內容較寬廣、深遠。常打交道者有《紐約時報》專欄作家佛里曼（Thomas Friedman）、《洛杉磯時報》（*Los Angeles Times*）的曼恩（Jim Mann）、《華盛頓時報》的葛茲（*Bill Gertz*），另外當然要提一提的，還有時常端出內幕報導的尼爾森（Chris Nelson）。我通常會與他們相約於美國人在華府最喜歡，陳設雅緻、菜餚尚可口但服務一流的中餐館 Mr. K's 聊聊，提供新聞背景素材。

現今網路媒體平台發達，媒體生態也有巨大變化，許多過去的經驗固然能做參考，但恐怕需要更多新的做法，應對更須即時、周全。

美方工作夥伴

駐華府期間，我們夫婦因工作結交了很多美方友人，彼此共同合作、協調解決，避免掉不少難題。雖然我們各自代表不同國家，政策利益未必相同，但總設法異中求同，尋求最大公約數以達成共識。當然，不見得次次成功，但雙方始終秉持友好態度，使交往更加順暢，其中幾位特別值得一書。

1. 坎博（Kurt Campbell）

民主黨的坎博是台灣的長期友人，我時常向他請益。早在一九九六年台海危機，擔任國防部副助理部長時，他就發覺需加強台灣自我防禦能力、兩軍連結至為重要，任職政府期間也致力於此。歐巴馬總統時期的軸心轉向（pivot）、印太戰略都是他的傑作，有印太沙皇之稱，在拜登時登上副國務卿職位。

他擁有英國牛津大學（Oxford University）國際關係博士學位，因長期任官職，在華府人脈綿密，分析問題有特別的觀點及視野，更有「文藝復興人」稱號，大學主修科技、音樂（小提琴）。此外，他也頗具「大哥風範」，像是薛瑞福、葛林等跨黨派國安人才，都是他樂於結交、培植的對象。他在距離華府車程約兩個半小時的藍脊山脈（Blue Ridge Mountain）下有座牧場，喜歡在那裡生營火、舉辦烤肉會，我和池琳也曾應邀出席，是非常典型的美式聚會，席間皆係華府各部門精英。

二〇〇五年，坎博就告訴我特別欣賞兩位我方女性，分別是當時擔任不分區立委的蔡英文，以及台北市第一選區區域立委蕭美琴。坎博的夫人布蘭納德（Lael Brainard）是位猶太裔金髮美人，擁有哈佛大學經濟學博士學位，曾任財政部副部長、聯準會副主席，也曾任教於麻省理工學院、拜登政府白宮首席經濟顧問，倘若民主黨在未來總統大選獲勝，出任財長、聯準會主席機率很大。這對傑出夫婦，讓我深深體會到美國之所以能維繫世界強權，人才濟濟是原因之一。

早在二〇〇七年，坎博就告訴我，未來二十年，美國將面對兩大國安挑戰，一是伊斯蘭基本教義派，二是必須同時克服中國崛起帶來的競爭。中國由專制政府統治，對台灣勢在必得，將使情況更為複雜，而且可能傷害美國利益。

坎博認為，美國對中國策略的「交往」與「避險」兩大策略，必須以更有效方式整合。早在歐巴馬總統尚未上任前，他就主張要加強與日本、印度關係，在亞洲面對中國崛起時，強化印度所扮演的角色。中國既不是柯林頓總統主張的「戰略夥伴」，也不是小布希總統所言「戰略競爭者」，而是兩者兼具。

2. 卜睿哲（Richard Bush）

卜睿哲堪稱華府「台灣通」第一人。我們早在一九八〇年代初就結識。他當時是眾議院外委會亞太小組主席、紐約州眾議員索拉茲（Stephen Solarz）的立法顧問，後來也擔任過中情局國家情報官、AIT理事主席、布魯金斯研究院講座研究員等職。

他在台北研習過中文，領養一位台灣小女孩，對台灣事務不只精通，著書多本，且富有感情。他是一位真正熱愛台灣自由、民主、人權的謙謙君子。我們結識、相交逾四十年，一直都是我請益的對象，始終知無不言、言無不盡。我也會把他的中肯建言完整報回台北供參。

記得一九九九年「兩國論」風波後，他曾銜命來台溝通，李總統約他在鴻禧大溪球場球敘，初學高爾夫的他，在電視攝影機直播下，連揮兩個空桿，後來告訴我：再也不打球了！他的夫人瑪蒂（Marty Bush）也是我們的好朋友。卜睿哲幾本寫台灣的著作，充滿不少獨到的見解，可見其用功之勤且深。

3. 葛林（Michael Green）

處理對美關係時，美方資深官員的戰略觀總是讓我佩服。身為大國，美方在政策背後，多有思慮周密的概念性架構，分析、支撐當前政策。當時我的對口之一，國安會亞太資深主任葛林，就分析小布希政府對中政策其實是屬於「交往」，而非「圍堵」。

他曾提出「三路並進方式」（three-pronged strategy）處理美中關係，其內涵為：

一、再確保並鼓勵中國（reassure and encourage）：意思是美國無意圍堵中國經濟成長，而且樂見成長與繁榮。

二、避險（hedge）：美國無法確定中國未來二十年的發展，美國有必要繼續和日本及區域內盟邦維持良好關係。

三、形塑中國的決策（shape Chinese decision-making）：美國歡迎中國扮演更重要角色，願意見到胡錦濤國家主席成功處理中國內部挑戰。葛林認為，胡錦濤希望傳達中國的印象是，不只不是威脅，而且日益成長的經濟影響力，將成為全球良善（benign）力量。

葛林是我在駐美時期，第一位打交道、主管亞洲的國安會資深主任，曾在日本住過五年，深受日本文化洗禮，待人有禮、有節，擁有約翰霍普金斯大學（John Hopkins University）國際關係博士學位，是位性格圓融的學者型官員。

我們合作的時期，是陳水扁政府任內台美關係較為穩定的階段。葛林面晤陳總統時，態度總是不卑不亢、彬彬有禮，充分表達美國政府政策，也使陳總統感覺被尊重，應該是當時台美溝通平順的重要原因。

他也是蘇格蘭風笛手。我在派駐加拿大期間，他兩度到加拿大表演，都借住在官舍。印象最深的是，二〇〇五年除夕在他婚宴上，為了陳總統元旦文告上用詞，數度進出宴會廳，和國安會祕書長邱義仁通電話，正巧國安會接任官員韋德寧、國務院亞太局台灣事務主管夏千福也在場，迅速解決可能的紛擾。葛林開玩笑說道：「還好離任了，你們儘管聊！」一則是大喜之日，另也如釋重負。

二〇一六年，葛林因簽了「拒絕川普信」（Never Trump Letter）被白宮人事室列入黑名單，否則他應是國務院亞太助卿絕佳人選。值得一提的是，有望成為日本首相的明日之星小泉進次郎，在留學哥倫比亞大學時曾經在葛林CSIS辦公室實習。

4. 韋德寧（Dennis Wilder）

韋德寧是我在駐美時期重要的工作夥伴之一，從國安會東亞事務主任晉升到資深主任。猶記他在接任該職前，共和黨新保守主義者，不斷詆毀韋德寧親中，使小布希總統、海德利國安顧問深感困擾。但實際上，韋德寧曾經兩度和中國外長唐家璇、駐美大使周文重為台灣議題激辯，還得勞煩一位我的華府國安圈友人出面調停，顯見他是有原則的。

他長期服務於中央情報局分析部門，一九八〇年代起就曾訪台進行情報交流。他的背景、行事作風和外交官、學者出身的官員大不相同，不僅低調寡言，發言也相對直接，但我們在工作上互動仍非常融洽、順暢。

後來兩人熟識，他常分享不少祕辛，有高度參考價值，究竟是高級情報分析官出身，觀察入微，頗有洞見。有次在出差費城路上接到他的電話，他告訴我：「我晉升成總統特別助理（special assistant）了！」我馬上祝賀，回應他的興奮與喜悅。顯然他的工作表現深受小布希總統、海德利國安顧問的肯定。

韋德寧後來調任總統每日情報簡報官（Presidential Daily Briefer），是總統進辦公室第一批會見的官員，蒐整並會報過去二十四小時政府各部門蒐集的全球情報給總統。這項工作壓力很大，分成兩班制。退休後，韋德寧任職喬治城大學外交學院。個人認為，這正是該校成功之處，能夠網羅具有實務經驗的一流人才任教，傳授寶貴見解而不拘泥於博士學位，或是要求發表只有少數行家閱讀的學術論文，所以該校畢業生前景看好，廣受政府及企業歡迎。

5. 薛瑞福（Randy Schriver）

薛瑞福是我在駐美期間第一位打交道的國務院亞太局東亞事務副助卿。他畢業於全美排名第一的威廉斯文理學院（Williams College）和哈佛大學，後來加入海軍服役十二年，參加過波灣戰爭，後來進入國防部服務，也曾擔任駐中國武官、副國務卿阿米塔吉幕僚長，與阿米塔吉情同父子。

薛瑞福精力充沛，熱愛自由、民主的台灣，如果借用西諺，就是「比教宗還更虔誠的天主教徒」（more catholic than the Pope），對我立法院杯葛三大軍購案感到十分不解，畢竟二〇〇一年初，他曾任密使向陳總統簡報小布希總統的對台戰略構想。

令我難以忘懷的是，有次他告訴我要外出度假數日，但有要事仍可聯繫。我也確實有事電商，爾後才知，那是他的新婚蜜月假中，在海灘接電話。他在川普第一任政府做到國防部主管印太事務助理部長，也希望他未來能更上層樓、大展鴻圖，為美國印太政策貢獻。

6. 柯慶生（Thomas Christensen）

柯慶生擁有哥倫比亞政治學博士學位，是我在駐美代表任內最後一位打交道的國務院亞太局副助卿，也是小布希總統從普林斯頓大學網羅來的教授。據悉柯慶生婉拒加入共和黨，黨內有人持保留意見，使上任時間延誤數月，但他個人學養豐富，具有宏觀思維，態度溫和有禮，長時間浸淫中華文化，是位典型儒者。

我們互動十分密切，而他也能從陳總統觀點思考，但仍掌握美國政府底線，彼此靜心議事，也穩定我任內最後一年的台美關係。他的夫人是小兒科醫師，每週末他都要往返華府和紐澤西州普林斯頓，卸任後被母校哥倫比亞大學聘任，拜登政府又請他回國務院擔任顧問。

從柯慶生的案例，可看出美國政府強項，總能延攬頂尖人才參與公職，從不同的視野、高度貢獻智慧，使政策不局限在官僚思維。我們的友誼一直持續，在台北、紐約必定見面長談。假以時日，他也一定會成為巨擘型學者、外交官。

7. 辛恩（James Shinn）

辛恩也是深具遠見的兩岸通、美國亞洲問題專家。不只兼具實務、理論經驗，他還是個創業家。擁有普林斯頓大學博士學位的他，歷任國務院亞太局、中央情報局分析師，更在加州矽谷成為晶圓設計大廠超微（ＡＭＤ）高階主管，背景十分特別。

早在二〇〇六年，他就主張美國應針對中國崛起，採取「制約交往」（conditional

engagement）策略，在對台政策上，他主張向台北施壓，不要宣布獨立，並靜默協助台灣維持軍事嚇阻力量，同時對於台灣一旦遭受攻擊，美方是否馳援一事保持「刻意模糊」。

辛恩把這種模糊戰略歸結為：**倘若台灣宣布獨立，不要指望美國支持；倘若中國入侵台灣，也不要把美國算在外**。**（If Taiwan declares independence, don’t count on us; if the PRC invades Taiwan, don’t count us out.）**

他主張，如果台灣未宣布獨立而解放軍卻入侵，美國應該提供台灣直接參戰以外的所有協助。當時，他就認為，對中國採取「不對稱的以牙還牙」（asymmetric tit-for-tat），以及「胡蘿蔔與棍棒」的混合戰爭，這些論點，到二〇二五年的現在，仍深具參考價值，應該也是美國兩黨的共識。

小布希總統執政時，曾經考慮由辛恩接掌國安會亞洲事務資深主任一職，據說因為財產信託問題，最終仍婉拒邀約。卸任中央情報局及國家情報總監辦公室亞太事務國家情報官後，辛恩轉任負責亞洲事務的國防部助理部長，參與當時阿富汗戰爭政策制定，並獲頒卓越公共服務勛章。

在科技圈歷練十多年後，辛恩重返國務院，擔任經濟成長、能源與環境局的高級顧問，與曾在任內訪台的副國務卿克拉奇（Keith Krach）合作，專注和中國相關的科技政策。

8. 艾倫（John Allen）

艾倫將軍是標準陸戰隊將領，體格精實，表情嚴肅，眼神堅毅。擔任駐美代表時，他是國防部台灣事務主管，陸戰隊准將軍銜。有次和他共餐，見他只享用了一半的餐點即停，我問他是否為了保持身材？他告訴我，在戰場上有時每天只能吃一餐戰備口糧，此舉是為了要隨時備戰。

艾倫將軍是位允文允武的人才，海軍官校第二名畢業，歷練完整。時任國安顧問海德利曾想網羅他進國安會擔任資深主任，卻被陸戰隊司令婉拒，表示他是軍方培養的司令人選之一，要回部隊，上戰場歷練。

臨別時，我國防部特別囑咐為這位台灣長期友人授勛，他全副戎裝，在官舍舉行儀式，場面隆重、感人。他的臨別辭尤其令人動容：「我家裡備有七十磅行軍囊，內有維生物品，**只要總統下令**，二十四小時內會在台灣土地上指揮軍事行動。我不怕犧牲，但要知道為何而戰。」不久，他便赴伊拉克戰場擔任陸戰師副師長，指揮法魯加之役（Battle of Fallujha），因功升為四星上將、阿富汗總指揮官。

退役後，艾倫將軍轉任布魯金斯研究院院長。我們在華府、台北均再相聚。

「現在，我們都是平民了。」看著他微凸的小腹、轉圓的臉龐，我笑著說。

已然為平民的他，回答時仍沿用過去的習慣，立正說道：「Yes, Sir.」

9. 裴敏欣

和美國「中國通」談中國問題，可以感覺到他們分析能力極強，也夠用功，但思維邏輯總是太西方，缺乏中式底蘊，後來也遇到有些六四天安門事件後，到美國一流大學取得博士學位，但大學教育在中國養成。這些人曾短暫經歷文化大革命，接受完整馬列主義教育，了解中共作為。他們對中國的觀察、解讀更加精準，當然有時候會略帶保留，畢竟還有親屬在中國大陸。

一九七七年文革結束後，恢復高考。出生上海的裴敏欣在二十歲生日那天被上海外語學院（現為上海外國語大學）錄取。他在一九八二年取得學士學位後，留校任講師兩年，隨即赴美深造，陸續取得匹茲堡大學（University of Pittsburgh）藝術創作碩士、哈佛大學政治學碩士與博士學位，並入籍美國。

在駐美期間，他擔任卡內基國際和平基金會中國專案主任，目前擔任加州克萊蒙特．麥肯納學院（Claremont McKenna College）政府學教授，是常請教的學者之一。

二〇〇五年，裴敏欣向我分析，從一九九六到二〇〇五年，美國對中政策有「三支柱」，分別是政治交往、經濟統合與戰略避險。他認為，小布希上任初期，曾經把中國看作是「戰略競爭者」，但九一一事件後，又改採柯林頓政策，耕耘與中國領導人的私人情誼，進而建立互信，減輕中方對美國可能採取「圍堵」策略的憂慮。從一九九四年起，雙方領袖共會晤十八次，包括四次峰會。

在經濟整合方面，美國希望促成中國融入全球經濟，使中國成為全球現行秩序的利害關係人

（stakeholders），另外也試圖利用市場經濟，打開中國封閉政治體系。

至於戰略避險，則是預防強大的中國，成為威脅美國重大利益的風險。因為中國經濟高速成長、威權政治體系，勢必將影響美國國家安全，因而美國國防政策在小布希政府上台後，把重點轉向西太平洋，強化與台、日合作，避免中國取得關鍵物資，以和盟友合力應對潛在的兩岸衝突。

然而，裴敏欣認為，從一九九六年到二〇〇五年，美國對中政策難以維持，小布希總統必須重估中國政策，以減輕美國對中國的憂慮。當時華府智庫圈友人，幾乎一致建議，小布希政府內外交迫，無暇他顧，不樂見台海旁生事端，所以我方應該設法穩定兩岸情勢，避免提出讓美方為難的政策，反倒是應該著力解決軍購預算等有助雙邊互信關係的政策。

轉任駐加拿大代表

駐美兩年八個月，執政當局有意找替手的消息不斷，也一直有鼓吹陳總統應該派「自己人」出任駐美代表之說。美國國會研究處（CRS）也曾在二〇〇六年十月公布一份報告，指出我和前任駐美代表程建人雖然都是台灣最有才幹和技巧的代表，但卻因為台北方面對非同黨派的我們有疑慮，無法信賴駐美代表處，但美方看見我焚膏繼晷的努力，對我的信任反而增加。《中國時報》駐華府特派員傅建中甚至寫到，美方認為我不能離開現職。而我也在《聯合報》特派員張宗智採訪時表示，**無論綠營人士對我有何批評，「我還是效忠我的國家、人民」**。

二〇〇七年二月，陳水扁總統針對外交、國安人事進行改組，並在三月中宣布，由陸委會主委吳釗燮接任駐美代表，我則轉任駐加拿大代表。現在回顧，在那個時間點離開，實在是最佳的安排。

內華達州眾議員、台灣連線共同主席之一柏克莉（Shelley Berkley）向《自由時報》特派員曹郁芬表示，在充滿挑戰的時代，我能普遍受到美國各界尊敬，立下很高的標準給下一任代表，台灣人民應該以此為傲。

三月二十七日下午，在國會山莊圓頂下的曼斯菲爾德室（Mike Mansfield Room），國會議員特別為我們夫婦舉辦惜別酒會，很榮幸參院兩黨領袖，民主黨、出身內華達州的瑞德（Harry Reid），以及共和黨、代表肯塔基州，妻子趙小蘭分別在小布希、川普政府擔任勞工、運輸部長的麥康諾（Mitch McConnell），還有參眾兩院「台灣連線」六位共同主席一起領銜邀請。

回想二十五年前，第一份外交工作就是駐美代表處國會組諮議，五年半期間，參、眾兩院不知跑了幾百次。二十五年後，身為駐美代表，國會還是工作的重心之一。

惜別酒會上，參議院多數黨領袖瑞德，特別告訴美國之音記者，和我已經有二十五年交情。一九八三年一月，他第一次選上眾議員，我就敲門自我介紹，隨後也曾陪伴瑞德伉儷訪台，殷殷之情令人感動。

其他與會貴賓，包括共和黨在二〇〇八年角逐總統大選的候選人、亞利桑納州參議員馬侃

（John McCain），以及參議院財政委員會主席、蒙大拿州參議員包可仕（Max Baucus），還有參議院情報委員會主席暨西維吉尼亞州參議員洛克菲勒、參議院商業委員會主席暨夏威夷州參議員井上健（Daniel Inouye）、前參議院軍委會主席，但當時仍是維吉尼亞州參議員的華納、前眾議院多數黨黨鞭暨密蘇里州眾議員布朗特（Roy Blunt）、眾議院外委會主席暨加州眾議員蘭托斯（Tom Lantos）、眾議院外交委員會暨共和黨首席眾議員，出身佛羅里達州的蘿絲－蕾提南（Ileana Ros-Lehtinen），一共超過一百二十人出席，氣氛至為熱烈，且溫馨感人。馬侃參議員還特別和我相擁告別。我也告訴他：「你是永遠的英雄！」

致告別辭時，我特別感謝在駐美代表任內美國國會通過嚴正關切《反分裂國家法》，也曾敦促歐盟維持對中國武器禁運等決議案，並希望國會友人能繼續支持新任的吳釗燮代表。

離任前兩週，和維吉尼亞大學校友，也是駐美代表處政治組組長曾厚仁博士前往母校夏綠莊（Charlottesville），向冷紹烇教授墳上獻花，感謝他對我們的教導和恩情。我們也前往安養院探望湯普森教授，他的慈祥、對外國學生的特別諒解，永誌難忘。這是最後一次會面，臨別時，他特別交代我們要在專業上繼續努力。他教導的「中道」、「審慎」原則，也是個人終生信奉的理念和原則。

二〇〇七年四月十二日，我們離開華府，前往加拿大首都渥太華履新。

有趣的是，《中央社》報導，一位僑胞在歡送我的僑宴上向我「自首」，二〇〇四年我剛抵任時，他是在華府杜勒斯機場外頭舉抗議標語的僑胞之一，但兩年八個月過後，他卻是以非常依依不捨的心情為我們餞別。僑宴上支持藍綠的僑胞都有，當天沒有顏色之別，唯一共識就是離愁。

身為第一位在台灣出生的駐美代表，華府是我外交工作生涯的起點，是和池琳相識、結婚的所在地，我們的一雙兒女也在此出生。告別華府，縱然如釋重負，但也有不捨。面對新職，還是一如過往，以「誠」和「勤」與加國政、商、學、僑界互動，在新崗位上，促進加國對台灣的信任與支持。

第 9 章

加拿大：

溫和的美國「小盟邦」

二〇〇七年四月，離開駐美代表崗位後，轉任駐加代表。

得知轉任的消息時，池琳及我不由得鬆了很大一口氣。兩年九個月駐美期間，居中溝通、疲於奔命，來自各方龐大壓力與責任傍身，所幸得以關關難過，關關過。

加國的政治環境相較單純，而且好山好水，與駐美時期得和華府精英打交道、充滿大都會快節奏步調，且受到國內長官、媒體密切關注的日子相比，可說是多了不少喘息的空間。旅加的僑胞也有相同的感受，都因為加國的優閒生活環境而神清氣爽。到加東的愛德華王子島（Prince Edward Island）拜訪時，一位僑胞就曾分享，移民到此一年半就瘦了二十五公斤，原因是過去在台做生意，時常得應酬、喝酒，但到了加拿大，責任只剩下接送小孩上下學，飲食也儘量以簡單、健康為原則。

加國洋溢著輕鬆、愜意的氛圍，而且因為緯度較高，橫跨了溫帶與寒帶地區，一年四季分明，美景無限。首都渥太華雖位於加拿大國土的東南方，地處內陸河谷但論冬季嚴寒程度，已是世界上僅次蒙古烏蘭巴托第二冷的首都了，只要是在這裡服務過的外交官，口頭禪便是「我存活了幾個冬天」。有年六月，卸任的呂副總統秀蓮來訪，她為沿途所見的景色動容，對我說：「大使，你活在天堂裡！」我回答道：「報告副總統，歡迎您明年一、二月再來訪。」當然，對從小在冰雪間長大，擅長滑雪、溜冰等冬季運動的在地人來說，感受肯定截然不同。

加拿大是個適合閒適過日子之地，但對我而言，無論在哪個崗位，必定全力以赴，方能出使四方，不辱使命。

既近又遠

「美加」這個將美國與加拿大合併稱呼的一詞，想必許多人都十分熟悉，而且習以為常。美國和加拿大的確有不少相似處。兩國皆位處北美洲大陸，與英國有歷史淵源，美國官方語言英語，也是加國主要使用的雙語之一（另一語言為法語），此外，這兩國之間有近九千公里的不設防邊界，雙邊人民、經濟往來更是密切。當然，美、加雖然焦不離孟、孟不離焦，卻是兩個國家，在歷史、地理、產業、人口結構、政治制度、認同、消費者習慣、市場經濟等，都有巨大的差異。

有別於南方強鄰，與加拿大外交官接觸時，他們最常提的是「**模範的世界公民、致力於國際合作**」角色，然而卻又時常強調美、加的共享價值與利益。

其中，經貿關係永遠是民主選舉國家重要的外交考量，是影響兩國外交策略的重要因素之一。加國確實也有不少本土企業，如黑莓機（BlackBerry）、北方電訊（Nortel）、航空運輸業龐巴迪（Bombardier），時尚品牌也有 Roots、Lululemon、Canada Goose 等。但是本土市場有限，到一定產業規模後，這些公司多被美國公司、財團併購。加國出口迄今仍然約八成銷往美國，中國僅是第三，占比約是美國的十分之一。

對加國而言，與美國的雙邊關係是整體外交政策的重中之重，國家安全、經濟繁榮，都有賴彼此充分合作與融合發展，但對美國人而言，加國多被視為一個富裕、友善、英語可通，對國際秩序貢獻有限的溫和「小盟邦」，多數美國人鮮少對北方近鄰發展有深度了解。相比之下，加國人則廣泛展現對美國政治、經濟、社會、文化的高度興趣及關切。

整體而言，加拿大的文化、工作倫理更貼近歐洲，與美國不一樣。例如，美加兩國雖都張開雙臂迎接移民，但對**「多元文化主義」（Multiculturalism）**採取的態度卻有極大不同。美國的策略是「大熔爐」（melting pot），也就是移民到美國，就應該接受美國既有的文化價值，融合成為共同文化的美國人。反之，**加國政府則希望各族裔保持自己的認同與特性，像是「馬賽克」（mosaic），遠看是幅畫，近看每片都不同**。

令我印象深刻的是，過去曾走訪美國各地，發現中國城皆顯得相當老舊，多為二十世紀初期的產物，中華會館則隱身在老式建築的三樓或四樓，內部裝潢十分陳舊，也總有幾桌長者玩麻將。但我拜訪加國曼尼托巴省（Manitoba）省會溫尼伯（Winnipeg）時，發現當地中華會館不只設計新穎，還定期舉辦活動，維持多面向社交功能，深入了解後，才發現加國政府定期提供補助，為各族裔聚會場所提供營運預算。

這種對不同族裔的兼容並蓄，使得尊重多元文化成為加國國民的日常，更讓加國有不少第一代移民能夠當選國會議員。如曾在二〇一一年至二〇一五年間擔任高齡事務部長（Minister of State for Seniors），來自香港的黃陳小萍（Alice Wong），是我的好友，即便英文仍帶有廣東口音，依然得以獲得英屬哥倫比亞省（British Columbia）列治文市（Richmond）選民支持進軍國會，並成為內閣成員。二〇二五年四月，加拿大選舉，拜川普之賜，自由黨意外勝選，第一代台裔張瑋麟甫參政，即當選溫哥華本拿比（Burnaby）中區國會議員，他能操流利英、國語。相較之下，美國政壇活躍的移民，則多以第二代為主，雖然說得一口流利英語，但與母國的文化和語言連結較為薄弱。

另外，**加拿大人的工作倫理也迥異於美國，他們比美國人更重視工作生活平衡**。一九九三年到一九九六年間，我擔任駐波士頓台北經濟文化辦事處處長，不管什麼時間經過麻省理工學院（MIT）的實驗室，總是燈火通明。駐加期間，我曾在某個週五拜訪加拿大國家研究院（National Research Council Canada），該機構性質猶如我國工研院，當天下午五點在院長陪同送行到門口時，我發現偌大的停車場裡已經僅剩幾輛零星車子，再抬頭一看，研究大樓的辦公室也多已熄燈。對比美國經驗，截然不同。

不過，加拿大儘管在多元文化主義、工作生活平衡的實踐比美國更徹底，國土面積排名世界第二，比排名第三的美國更大，而且人民教育水準高，礦產、農產、水力豐沛，但卻自謙定位自己為「中等國家」，與澳洲、瑞典同級，在美國這個世界超級強鄰面前，自然矮了一截。

在這樣的背景下，加國外交官對上美國，總有些複雜心理（complex）。

二〇〇七年三月底，即將離任駐美代表時，國務院為我舉辦餞別宴。席間某位資深官員在酒酣耳熱之際，居然說要不是一八一二年美國攻擊當時仍是英國殖民地的加拿大失敗，否則如今美、加就是一個國家。而我也戲回，倘若當時美國成功，今日就不知何去何從了。又有一次，和加國外交暨國際貿易部資深官員餐敘閒聊，我表示在和美國談判經驗中，迴旋空間多是有限。那位負責貿易談判的友人認真盯著我，深深嘆了一口氣，且語帶無奈說道，面對實力強大的對手，即使是友善的近鄰，在安全、經濟、貿易、投資上相互依賴，但在談判桌上，加國也是弱勢的。聽完以後，心情十分複雜，無言以對。**畢竟外交也是要講實力原則的，即便美加親密如兄弟，也得明算帳**。

二〇二四年十二月，時任加國總理小杜魯道（Justin Trudeau）拜訪美國總統當選人川普商討關稅問題時，居然被「建議」成為美國第五十一州，還直言小杜魯道可擔任「州長」，真是是可忍，孰不可忍，引發加國人民憤怒。小杜魯道「溫和」的反應，是導致他提前下台的原因之一，再回想離加時與友人的那番談話，更是感慨。

加中建交，影響深遠

加中建交的主導者是時任總理老杜魯道（Pierre Trudeau），當時一般人對他的印象是一頭搖滾巨星般的長髮，以及深具魅力的演說，此外，他明星般美貌、正值花樣年華的妻子也令人印象深刻。

老杜魯道青年時就是社會主義的嚮往者，在一九四九年及一九六〇年兩度赴中國大陸旅遊，並獲毛澤東接見。與中國建交，不只是老杜魯道的個人浪漫憧憬，也是著眼當時中國六億人口的利益所驅。事後思考，當時中國文化大革命正熾，經濟凋蔽，對於加國農業出口來說，尤其是小麥，當然是重要市場。

至於另一個可能因素，應是老杜魯道的叛逆個性與當時美國的尼克森政府不睦，想走出一條不同的「自主外交」之路。繼一九六四年法國外交轉向、加國的外交作為，代表著又一主要西方國家承認中共，其後，義大利、比利時等國便跟進。

依據學者吳得源研究，一九六九年五月二十八日新總理杜魯道當選後即指示：「兼顧在台灣有一分立政府存在的事實同時，儘快承認中華人民共和國政府，並支持其在聯合國取得中國席位。」加國外交部即透過英、法、瑞典等國大使館蒐集資料，進行檢討與研究。有意思的是，加國外交部決定力行「多邊主義原則」，將談判過程告知包括我國、美、英、法、澳、紐西蘭、比利時、義大利、日本、西德、瑞典等國，原因是要「減少友邦對加國行動的可能疑慮」。針對此事，加國最重要盟邦美國的第一反應是，時任國務卿羅吉斯（William Rogers）建議加國盡可能尋求「雙重關係（dual relationship）」，**尤其應避免明示或默示接受北京對台灣主權**。

加中建交談判可分為三大階段：一、前期談判（約一九六九年二月至四月）；二、實質原則討論（一九六九年五月至八月）；三、協議內容文字斟酌（一九六九年九月至一九七〇年十月），而每回合的進展，加國皆向我國時任駐加薛毓麒大使簡報。

隨著談判進入實質階段，美方收到較其他盟邦更為完整的簡報內容。加國駐美大使雷奇

（Edgar Ritchie）建議給美方更完整的簡報內容，認為主動、坦誠會使「美方更覺得必須負起保密義務，在談判過程中默許並配合我們完成談判的可能性就愈高」。事實上，當時美方確實擔心協議文字有所閃失，背離美國對台政策方針。加國則以十分具外交尊嚴的方式向美方強調，並非尋求美方的庇佑（blessing），而美方也識相表示「沒有評論」。

當時加國內閣通過建交公報內容後，立即傳給美國國務院，雙方也交換各自在國會的擬答稿。加國駐美大使館電報指出：除了少部分國務院官員，尼克森政府私下樂見加中建交協議。加國外交檔案則顯示：英、法兩國曾多次提供與中方談判、接觸的經驗。在進入談判深水區時，英國甚至「指導（coach）加國，應保持冷靜堅定立場」。

加中建交的影響深遠，其中一個極為重要的，就是對台灣主權的用詞。**《加中建交公報》很技巧地規避中國聲稱「台灣是中國的一部分」，加方用的是「注意到（take note of）中國立場」，而非承認（recognize），這點至少代表加國並不認同中方主張的「台灣是中國的一部分」**。這等巧妙的文字運用給予了我們在國際上的空間，也避免台灣的自由、民主制度淪喪，成為中華人民共和國的一部分。不過，中國外交部將所有《加中建交公報》的「注意到」（也是中方翻譯用語），全譯成了「承認」，著實刻意。這一切，難道西方的中國通，也都看不懂嗎？我想，**雙方對公報的不同解讀，算是「各自表述（agree to disagree）」，此點也是西方各國「一中政策」與北京的「一中原則」最主要歧異處，我方不可不慎**。

後來，比利時、秘魯、阿根廷等十四國均沿用加國模式，到一**九七二年，日本則採用「了解**

及尊重」（understand and respect），往後菲律賓及荷蘭便沿用日本模式。至一九七八年底，美國採用「認知」（acknowledge），與澳、紐、西班牙、馬來西亞、泰國等相同。

歷史上的反諷場景，多由來於人為的矛盾與錯失。在加中建交之前的一九六八年五月二十九日，老杜魯道曾聲明：在台灣的中華民國政府將被視為另一個互不相隸屬的政權。學者王文隆根據中研院近史所藏「外交部檔案」，發現時任加國外長夏普（Mitchell Sharp）曾於五月二十七日撰長簽呈予總理，主張並不認為在台灣的中華民國政府有資格代表中國，因此與中建立外交關係，並非「兩個中國」政策，認為世界僅有一個中國，另一個則為「台灣政府」。如今再回首，這兩項論述不是很熟悉嗎？

另一幕具歷史反諷的是，一九七六年在蒙特婁舉行的夏季奧運，當時陸方尚未與會，我以正式國名參加，卻遭老杜魯道政府在北京壓力下以違反一中原則為由，拒絕中華隊以「中華民國」名義參加。我代表團在紐約上州邊界等待入境參賽，後經各方壓力，包括美國福特總統及英國伊麗莎白女王，加方終於同意我以「台灣」名義參加，但我方拒絕，最後以缺席奧運收場。可以想像，當時運動員、國人及國際社會的失望與憤慨。但到如今，換我們想爭取用「台灣」參賽，恐怕加國不會同意，北京更不會默許了！

更進一步來看，這些歷史事件證明了，**政治人物無法從上帝視角看五十年後的發展和思維。古今中外歷史人物做的抉擇，都是因應當時局勢，做出最合乎自身利益的選項**，而這些決定關乎皇朝未來如何繼續生存、發展，換到現代民主國家的情境，就是必須贏得下次選舉，使政權得以延續。拿兩岸領導人都曾認同「一中」，只是定義不同的問題來說，**我們不能單以今日的視角來評斷過去的決策，需要以同理心看當時決策者的思考邏輯及時代背景，才能真正了解何以造成矛盾、錯失，或許是錯誤的決定**。

加中建交並非一朝一夕的決定，而是經過相當時間醞釀的結果。我駐加大使館在加中建交的前一年，即獲加國「暗示」出售大使館及溫哥華總領事館館產，我也曾赴遺址憑弔，現在已經是運河旁一棟公寓大樓。薛毓麒大使也在建交聲明公開前四十八小時，獲得加國外交部預先示警（advance warning）。相較之下，同樣是斷交，一九七八年十二月十五日，我駐美大使沈劍虹在外州，被急電召回華府，同時在台北，蔣經國總統於翌日凌晨二時許（時差十三小時）獲美國駐使緊急告知斷交消息，而此時距美國正式宣布與中華民國斷交僅剩七小時，麻州大道上的中華民國駐美大使館在倉促中緊急賣給海地政府，雙橡園也急讓。卡特政府在外交上的操作手腕與加國並陳，真是不禁令人懷疑大國的外交風範何在？

早有淵源

設立經濟文化代表處

個人和加拿大早有淵源。一九九〇年二月一日，從行政院新聞局國際新聞處副處長職位，調回外交部擔任北美司幫辦。幫辦在人事法規上，位階等同於副司長，但由於北美司是大司，會另設幫辦，實際上的工作內容就是輔佐司長。

到職後，第一個任務就是負責台加雙邊設處、通航協議談判。

中華民國和加國關係從來都稱不上密切。一九五〇至一九七〇年代，我國仍和加國維持邦交期間，僅在首都渥太華、西岸大城溫哥華設館，且劉鍇、薛毓麒等駐加大使必須兼任駐紐約聯合國大會代表，支援每年聯合國大會的代表權保衛戰，長期不在任所，而加國也未曾派遣專使駐台北，雙方投注資源均相當有限。

我國和加國在一九七〇年斷交，爾後雙方均未設立任何辦事處，但雙方貿易額卻節節高升，從一九七〇年的兩千兩百萬美元，一路上升到一九八〇年的七億八百七十萬美元，成長逾三十倍之多。

一九八六年，加方始同意以加拿大商業總會（Canadian Chamber of Commerce）名義，在台北設商務辦事處，預算來自加國政府。這段期間加國駐台代表都是由商界人士出任，而非來自外交系統，不僅功能有限，位階也有待提升，而我國則由全國商業總會，經加國政府批准，於一九八〇年在多倫多設立台北中華貿易商會（The General Chamber of Commerce of Chung-hwa Canada, Inc.），行政院新聞局亦參與該商會推展業務。當時駐多倫多代表為經濟部國貿局派任的林義夫，後來他在二〇〇二年成為經濟部長。

一九九〇年以前，加國與我國曾有過多次接觸，希望能洽談設代表處議題，但總因消息走漏見報而引發中方抗議，加方也畏於壓力而破局。因此，一九九〇年二月底這次談判，我國格外謹慎，只有北美司司長王肇元和我參與，而且所有文件均由個人親自執筆撰寫。

四次密會：從東京到渥太華

翻開歷史，加國外交完全獨立自主於英國之外，係始於第二次世界大戰，迄今不過八十多年，因此也難稱悠久傳統。依據政治學者哈特（Michael Hart）歸納，大致遵循兩個原則：**漸進與小心**——從前一節加中建交的過程，和我協助設立辦事處的經驗來看，確實如此。

雙方第一次交涉的舞台是日本東京。當時加國駐台代表葛勵敦（John Clayden）休假不克陪同前往，於是就由王肇元司長、我，以及加方代表貝祥（Howard Balloch）三人在東京赤坂王子飯店祕密會晤。

王肇元司長曾任外交部情報司司長及駐烏拉圭末任大使，親眼見證過兩岸外交情報戰短兵相接的他，要我先到飯店大廳查看是否有中方情報人員。當時我放眼望去，舉目所及幾乎清一色是黑頭髮、黃皮膚的東方人，間雜幾位西方人，正當我專注觀察是否有情報人員的蹤跡時，一位留著鬍子的西方人與我對上眼，我們心有靈犀，很快地，確認他正是貝祥後，就共同前往二樓會議室。

貝祥的祖父是一名茶商，十九世紀末時曾在中國福州居住長達二十多年，而貝祥也是一位做法較具開創性的職業外交官，後來擔任加國駐中大使，與曾任加拿大皇家銀行日本主管的葛勵敦，都力主在台北設立由外交暨國際貿易部主導的代表處。

當晚我們一面用餐，一面談。雙方策略是要把設處、通航兩件事綁在一起，但加方更重視涉及商業利益的通航。當時華航飛機塗裝上仍有中華民國國旗，加國政府對此頗為敏感，後來華航同意未來飛航加國班機由華航子公司、沒有國旗的華信航空執飛，加方也初步同意我方赴加國設立辦事處。

第一回合談判後，雙方各自回國、呈報談判結果後，不久就展開在溫哥華的第二回合談判，而這也是我首次踏上加國國土。住的是泛太平洋飯店（Pan Pacific Hotel Vancouver），位在溫哥華港邊碼頭上，可以俯視整個港灣及市景。儘管已是五月初夏，遠處山頭上仍可見皚皚白雪，這有山有水、空氣清澈冷冽的景象，讓我當時心中暗想，如果有一天能來此擔任處長，有多好啊，殊不知未來竟真有此機緣。早餐時，王肇元司長剛打完太極拳，滿意地告訴我有這樣品質的空氣、山水，要是住這裡，可以活到一百歲。

抵達加國的第二天一大早，我們在飯店傍辦公大樓的亞太基金會（Asia Pacific Foundation of Canada）會議室磋商。該組織是加國半官方智庫，主要運作資金來自加國外交部，在此開會不但保密，更別具意義。

第二回合談判也很順利，一路暢談到下午三點左右，我們才搭乘當日晚間班機，經東京轉機回國。我利用溫哥華飛東京的十個半小時，把當天的會議紀錄寫好，經王肇元司長稍微修改幾處後，隔天清早一抵達台北，便直接呈送給錢復部長。

大約過了一個月，第三回合談判在多倫多舉行。由此一過程可看出，加國的民族性和外交做法是循序漸進且小心翼翼：雙方首度見面是在第三地，二度見面在西岸港口城市，三度則在加國第一大城晤談，始終沒到首都。

一個月後，雙方進行第四回合談判，這次終於要在加國首都渥太華舉行，而且，是在加國外交部內進行磋商。此次確定加國同意我國赴渥太華、多倫多、溫哥華、蒙特婁設立代表處，並由華信航空、加拿大太平洋航空（Canadian Pacific Airlines）共同營運台北－溫哥華航線。＊

談判塵埃落定後，加方希望我們多留一天，特別安排到蒙特婁看看。蒙特婁所在的魁北克省，居民主要使用語言為法語，不同於加國其他省分。一九九〇年代初期，正逢魁北克省分離主義沸沸揚揚，加國外交部希望我們也能在當地設處，透過增加台灣與當地雙邊觀光、移民、貿易往來，平衡對待法語區與英語區。

一九九〇年十月二十二日，雙方就我國赴加國設置辦事處完成換函手續，我方也陸續於隔年在多倫多、溫哥華設處。我國首任駐加代表，就是此次領銜談判的王肇元司長。而加國駐台代表，也在一九九一年由外交暨國際貿易部出身的博雷特（Ronald Berlet）出任。

我國和加國通航、設處消息一出，中方罕見並未大動作抗議，據悉，應和天安門事件後急欲和加國修補關係有關，而我相信，加國已事前向中方簡報並取得了諒解。儘管如此，加國仍希望我方先赴商業性質較濃厚的多倫多，隔一段時間再到首都設處，較能降低政治敏感，因此王肇元代表一九九一年二月先赴多倫多履新，直到一九九三年才轉赴渥太華。這**再次彰顯加拿大做為民**

主國家，外交官做事採謹慎及漸進做法，但言而有信，承諾過的事情，絕對不會輕易毀約。

一九九一年農曆新年伊始，升任外交部北美司副司長。當時我們一再考量是否要在蒙特婁設處，最後決定在外交資源有限，且渥太華其實就足以兼管蒙特婁領務的情況下（兩地車程僅兩小時）暫緩這個提案，一直到二〇二三年，蒙特婁辦事處才正式成立。

別出新意的增溫策略

雖然加國政府對台灣的基本立場是同情與支持，但他們一直以來更著眼的，是難以忽視的中國大陸的廣大商機。不過在我赴加就任的前一年，情況有了變化。加國舉行聯邦大選，由哈帕（Stephen Harper）率領的進步保守黨贏得政權。哈帕政府重視自由、民主、法治、人權等基本價值，與我國理念相近，一改過去較親中的自由黨所奉行的「親中遠台」政策，使台加關係開始增溫。

二〇〇七年至二〇一二年，擔任駐加拿大代表的五年餘，就正逢進步保守黨執政。對此，我

＊目前華航機尾標誌改為梅花，加拿大航空（Air Canada）併購太平洋航空，就自然成為兩國籍航空聯盟飛航。

的策略仍是秉持審慎、務實、誠懇的態度，在兩方原有的外交基礎上，繼續培植國會跨黨派友我力量，並加強對當時仍在野的自由黨布局，同時強化和加國外交政策鐵三角——總理府、樞密院、外交部——的良性緊密互信關係，並趁機推動中華民國國民赴加免簽案。

加國官員普遍素質良好，但他們必須想盡各種說詞說服政治上的老闆，才能順利推進政務。因為部長、國會祕書都是國會議員兼任，又值哈帕總理採強勢領導，各部長辦公室均有相當數目的政治幕僚，要如何讓這些非專業領導接受建議，進而成為實際政策，更加需要相當程度的智慧與說服技巧。當然，這是內閣制國家的慣有狀況，對此我也不陌生，而身為外國政府代表，在如此情況下要達成任務，自然要有不同作為、要別出新意，且要從各層面推進，僅舉以下幾個故事為例。

第一個故事是關於代表大使的「使」字車牌。我抵任駐加代表後數月，突然接到加國外交暨國際貿易部禮賓司通知，要在二〇〇七年底收回代表座車的「使」字車牌，並被告知加方早就想收回，是前任駐加代表與加方妥協，同意於當年底交回。針對此事，幾經正式管道交涉均無效果，我只能請部長辦公室的友人協助，數日後，同仁即獲告，「使」字車牌可以繼續使用，一個具有象徵性地位的標誌得以維持，也算鬆一口氣。*

第二個故事與甫卸任加拿大總理小杜魯道有關，他是任內拍板與中華民國斷交的前總理老杜魯道之子。小杜魯道風度翩翩、魅力十足，儼然明日之星。他首次當選國會議員後，我親赴蒙特婁選區拜訪，不只如此，早在他距離總理大位尚有好幾哩路之遙的二〇〇九年，獲知他喜迎第二個小孩，便特別挑選象徵財富與健康的銀湯匙送給他，彼時還是在野黨資淺國會議員的小杜魯道，也特別親筆寫了謝函。

第三個是一位加國議員的故事。他擔任過交通部長與國會政府黨領袖，我與他保持良好友誼。後來，這名議員貝爾德（John Baird）出任外長，我很小心，為了不要給他添麻煩，便避免與他直接接觸。有天，在國會餐廳遇見，他趨前緊握我的手，熱情地說：「好久不見！」我則回他：「沒大事不麻煩你。」兩人熱絡互動的消息很快傳開，有天，和外交部對口餐敘，他主動問起最近是否與部長會晤？自此，雙邊關係更為平順。

第四個是一位官員的故事。某日政治組長陳克明來告，他的對口，一位加國中階外交部官員想來拜會。這位加國官員面告，他的長官原定出任駐外大使，但任命卡在部長辦公室，原因是立場太親中。我便出面拜會部長辦公室主任，告以該君立場尚屬公允，是位好大使人選。數月後，他獲任另一個更重要國家的特命全權大使，現在他已退休安居在一座美麗島嶼上，我們依然保持電郵聯絡。

除了戮力與加國各界人物維持友善、良好的關係，我也將加國的能源與原物料視為一大目標。加國石油、天然氣、煤、鈾、鎳、鉀肥等礦產蘊藏豐富，是全球輸出大國，資源開採技術先進、輸送體系完備，而且政經社會穩定，是可靠的供給國。而我國是能源進口國，主要能源來源多是

＊只可惜在離任後數年，這車牌還是被收回去了，也喪失了一個主權的象徵。

政經情勢較不穩地區，容易影響能源安全。我認為必須針對增加投資、採購加國能源、原物料進行研議，既可促進台加雙邊關係，亦可分散我國能源、原物料過度集中特定市場的風險。

不只著眼既有的資源，外交官的目標與做法，也與執政黨政策緊密相關。二〇〇九年下半年，哈帕政府開始轉向和中國大陸修補關係，與我方在馬英九總統上任後，積極尋求兩岸關係融冰方向一致。

我曾在接受《聯合報》時任華盛頓特派員張宗智的訪問中提到，當時中國在全球經濟崛起，是無可爭辯的事實，既帶來挑戰，也帶來機會。對於正思考爭取中國市場的加國政府，可以把握兩岸相同語言、文化背景，運用台商在大陸的投資經驗，把台灣當成加拿大通往大中華經濟圈、東南亞市場門戶。這個觀念我也利用拜訪加國大商社、銀行、科技公司時廣為傳布，反應都很正面。因此，也配合馬政府拚經濟政策，尋求台加經貿科技合作商機。其中印象深刻的是，我在二〇〇九年九月拜訪加國第一大、全球第三大電子通路商富昌電子（Future Electronics Inc.）創辦人兼執行長米勒（Robert Miller），他隨即在十月下旬訪台，拜會副總統蕭萬長、經濟部長尹啟銘，並表示將在台設立節能電子產品設計中心，儘管後來這個計畫沒實現，但二〇二四年台灣ＩＣ通路商文曄科技以三十八億美元併購該公司，成為了世界第一ＩＣ通路商。

在地美酒與台灣味

外交要達成的目標甚多，為了順利推動策略，我們不僅要積極建立人脈，不斷溝通、說服對方，還要運用技巧，例如在宴會的食物和酒單下功夫。

渥太華外交圈內最具影響力的刊物《大使館週報》（*Embassy*），每年都會針對外交圈各項人、事、物進行評比。我國駐加代表處在二〇一一、二〇一二年連續榮獲「最佳宴會獎」，而個人也在近兩百位各國駐加使節中，多次被評選為「工作最勤奮大使」、「最具影響力大使」、「對加國政治內幕消息最靈通大使」、「最佳工作午餐對象」等項目前三名。傲人的是，這些名單上的第一、二名總是美國、英國，一個是強權近鄰，另一個則是母國。

每次辦事處舉辦宴會，我們一定會請來樂團唱奏《望春風》、《流浪到淡水》等台灣民謠、名曲，尤其是後者，帶動氣氛的效果堪稱一絕。一般人難以想像的是，和精巧的晚宴布置或流程控管相比，更困難的是菜色，因為要請外國廚師做中華料理，得不厭其煩溝通、溝通、再溝通，一直試到不離譜為止，當中耗費的心力、試錯的過程之煎熬，常人難解，這過程中最需要感謝的，就是池琳了。

有一次，宴會菜單上列了一道「紅燒獅子頭」，結果外國大廚興沖沖端上來的竟是「義大利肉丸」，只是把常用的番茄醬改成醬油而已。在廚師殷切地想得到肯定的目光注視下，就算這道「紅燒獅子頭」難以下嚥，因為實在不忍心苛責，只好從頭教起，備料、調味、在絞肉中加入太白粉和荸薺讓獅子頭吃來軟嫩可口，一連試做了好幾次才算成功。但坦白說，在異地由異國廚師烹飪菜餚，要求非常道地的口味實在是不可能的任務。

我們也會利用當地的食材做變化，例如加國盛產的鮭魚，一般在地的料理方法通常是用火烤，我們宴客的鮭魚則是以日本味噌先醃漬過後再烤，得到很多好評，賓客吃起來也認為這是一道異國料理。

當然，有美食，就要配好酒。對於酒單，個人一向有個原則，就是派駐到哪國，就用哪國的紅酒和白酒，但在駐加時期卻碰到困難，因為加拿大尼加拉瀑布附近酒莊產的白酒口感還不錯，但好的紅酒不容易得，著實苦惱了好一陣子。

有次，到一家飯店用餐，跟侍酒師聊了起來，便順勢問他加拿大是否有好紅酒？他表示，在西岸的英屬哥倫比亞省，距離溫哥華向東車程四小時的歐肯納根山谷（Okanagan Valley），是該國唯一地中海型氣候區域，但當地的紅酒產量不多，而且麻煩的是，駐加代表處所在的安大略省，就像我國的菸酒公賣局，有專賣政策，並不進口英屬哥倫比亞省的紅酒。

聽了他的建議，一查之下，才發現該地是好友，時任加國國貿部長戴國衛（Stockwell Day）的選區。在我拜訪該選區時，戴國衛便親自介紹認識酒商。多虧他的引介，由於駐外使節在加國均享有特權，得以直接向酒商下訂紅酒，往後每年，我們都會固定買幾箱到渥太華來。

有了這支酒，辦事處的晚宴總算完美了。宴請外賓時，侍者通常會用餐巾布包著酒瓶為賓客斟酒。我會問：「你們覺得這是哪裡的酒？」有些人猜這是法國波爾多產的酒，也有些人回答說是美國加州的酒。當侍者打開包巾，答案揭曉時賓客都會驚訝不已——竟是加拿大產的紅酒。不少賓客對我說，就連他們這些本國人都不知道加拿大有這麼好的紅酒。

當然，成功不光是靠一道菜、一支酒就能達成，而是仰賴許多人的力量。駐加代表處主辦宴會時，場地、菜色、氣氛、活動節目，每一項都不容馬虎，總務同仁及內子最是辛苦。此外，還要特別感謝的是來自台灣，當時在加國擁有十四家分店的大統華超市創辦人李安邦、李羅昌鈺夫婦，熱心的他們是能在加國推動美食外交的背後關鍵推手。每當我們在家舉行晚宴，卻又不知該如何端出道地料理時，兩位總是特別從溫哥華請來公司主廚，不計成本到官邸來協助做菜。

除了紅酒與晚宴，也善用加拿大牛肉創造話題。有一次，國內一位負責評估加國牛肉進口的官員來訪，請她到加國最頂級的牛排館用餐。後來每次遇見這位官員，她都會提起當時享用的牛排，念念不忘。這位為美味折服、留下深刻印象的官員，就是楊珍妮，二〇二四年接任行政院經貿談判辦公室談判總代表兼政務委員。

《聯合報》記者王光慈曾問，為何總能在《大使館週報》拿下如此優異的評比成績？我的回答是，做事用心，並廣建人脈，就是要讓大家覺得：「怎麼每個場合都看得到你？」幾次下來，人與人之間有了連結，推展工作就跟著順利。

原住民文化的連結

除了情誼與在地物產，文化也是相當重要的一環。我們與加國關係增溫的關鍵媒介之一，正是原住民文化。兩國原住民在二十世紀中葉以前皆受到歧視待遇，也因此，雙方政府在提倡原住民文化、藝術有相當共識，可謂不遺餘力，交流相當頻繁，而且沒有太高的政治敏感性。

有一次，與池琳到加國薩斯喀川省（Saskatchewan）訪問，當地國會議員帶我們參加原住民祭典。酋長一聽到我是台灣代表，馬上請上台，並且告訴在場所有與會者，前一年訪台時，受到我國原住民族委員會的熱情款待，深受感動。當天，我們不僅有幸欣賞精彩的原住民舞蹈表演，也在儀式當中備受尊榮，令我們既意外又驚喜。

像這樣不同國家文化與文化之間良善的互動、交流別具意義，在時時必須衡量政治與經濟的外交工作上，其價值遠遠超越有形的利益交換或折衝，是更為單純、人與人或族群與族群之間，願意理解、接納彼此的善意，帶來的是踏實且永恆的感動。

免簽突圍

從美食、文化、能源、科技多管齊下，不只讓每年定期舉辦的「台灣之夜」參與的內閣成員，參、眾議員質量上均屢創新高。從二〇〇九年邀請到包括國貿部長戴國衛、交通部長後來轉任外交部長的貝爾德在內的五位重量級閣員，到離任前最後一次的「台灣之夜」，座上賓已名列眾議長、七位重量級閣員。

加國友我力量不斷茁壯，在此氛圍下，自然也出現不少外交突破。像是二〇〇九年五月二十七日，我應邀出席加國參議院外交暨貿易委員會「中國大陸、印度及俄羅斯在全球經濟崛起及其對加國政策意涵」專題聽證會作證，是我國自從一九七〇年與加拿大斷交後，首位獲邀赴加國國會作證的官方代表。此外，二〇一〇年二月，第一夫人周美青女士赴溫哥華參加冬奧文化季、雲門舞集活動，是一九四三年時任第一夫人蔣宋美齡女士訪加後的創舉。

當然，台加關係升溫，也打鐵趁熱，運作時任外交部長歐鴻鍊訪加，並獲得加方同意，但可惜的是，歐部長當時必須在立法院備詢，只得由政務次長夏立言代為出訪，而這不管是層級、意義、突破性，均和外長親自出訪有段落差。

關於外長訪加，二〇一七年任外長時訪友邦聖露西亞，我們擬在多倫多機場旅館過夜，並在隔日早晨搭直飛的雪鳥班機（Snow Bird）*，卻遭婉拒，原因是無前例可循，只得改由到美國邁阿密轉機，多花一天在路上。當然，駐使是否認真經營，累積資源、信任、說服對口，還是很重要的。

即便外長沒能踏上加國國土，但當時加台雙邊關係緊密，且哈帕政府上台後採取較友台政策，加上友我的康尼（Jason Kenney）出任移民部長，我嗅到這是推動中華民國國民赴加免簽證的絕佳時機，便在二〇〇八年十月底正式啟動這計畫。

初始遇到不少阻力，原因是加國外交部態度相當保守，對中國大陸戒慎恐懼，後來經過不斷說服，該部對此案改採中立立場，終於促成移民部派遣技術勘查團訪台，於二〇〇九年六月順利成行，且做出正面評估。但就在推動計畫的東風眼看著終於要吹起，卻變化突生，令我一度憂心

* 雪鳥班機是在雪季時將加國觀光客載往加勒比海島嶼的季節性航班。

已推動年餘的免簽案可能胎死腹中。執政了四年的哈帕總理選在同年年底訪問中國大陸，並發表聯合聲明，雙方除簽署氣候變遷、礦產資源、文化和農業教育等合作協定，並同意進一步推動戰略夥伴關係。

當時，我方最為關切的是中加雙方聯合聲明涉及台灣主權的一節。我在事前三度向加方交涉，並提出嚴重關切，希望維持加方在一九七〇年對中建交公報僅「注意及」（take note of）中方對台灣主權的主張，切勿退縮。此外，我方也善意提醒加方，公報文字是「相互尊重主權和領土完整」，而非「片面尊重主權和領土完整」。後來在正式聲明中，加方只是重申建交時確立，且長期一貫的加國「一中政策」，強調支持海峽兩岸和平發展，包括兩岸加強經濟、政治和其他領域對話與互動的努力，亦即未從一貫立場退縮，顯見我方交涉已產生效果，且未對免簽案造成負面影響。

另一道關卡，則和擴大進口加國牛肉有關。加國農業部希望把免簽證案和我國擴大加國牛肉進口掛鉤，但由於加國和美國均曾爆發俗稱「狂牛症」的牛海綿狀腦病（BSE），人類可能因為食用感染該疾病牛肉罹患新型庫賈氏症（vCJD），若貿然擴大進口加國牛肉，不只在國內引發食安疑慮，更造成政治口水。對此疑慮，加方給我的解釋是，加拿大農人會老實申報，而南方大國則是選擇直接掩埋，雙方處理的態度與方法截然不同。不過，加方也認為牛肉議題尚未解決，內閣仍有雜音，總理府一度決定展延免簽案討論。對此，我先面見加國農業部長讓兩案脫鉤，改對該案採取中立立場，最後終於在二〇一〇年八月，再說服外交部長關鍵幕僚，外長終於同意將牛肉擴大進口案與免簽案脫鉤。

儘管大勢底定，免簽案宣布時機卻還是一再推遲，原因在於執政的哈帕政府縱使重視自由、民主、人權、法治，卻因為金融海嘯後亟需中國大陸市場作為振興經濟的萬靈丹，加上擔憂中國大陸不支持加國爭取聯合國安理會非常任理事國席次，以及達賴喇嘛選在二〇一〇年十月，加中建交四十週年之際訪問加國，這一切讓加方更加小心翼翼，擔心一不小心就會觸怒中方，於是在對我免簽案上自我設限。後來免簽案甚至造成加國外交部、移民部兩部會意見相持不下。外交部擔心中方大動作抗議，主張以書面宣布去政治化，但移民部則認為應擴大宣傳，可以爭取台僑選票，堅持由移民部長康尼親自宣布。

最後，免簽案在康尼主導下，說服強勢領導的哈帕總理，由他在渥太華時間二〇一〇年十一月二十二日親自宣布。自該日起，凡持中華民國外交部核發有效護照，內部注有身分證字號的台灣旅客，訪加將享有最長六個月免簽證待遇，比美國二〇一二年十月二日宣布台灣加入免簽證計畫（VWP）足足早了近兩年。相信加國宣布免簽，對不設防邊界的美國也產生不少早日公布的壓力。

深究免簽案得以成功推動的原因，除了康尼部長與總理政治及私人關係密切，旅加僑胞連署造勢亦發揮作用，更重要的是我們掌握了關鍵的時機。運用哈帕政府執政初期對我友好、對陸方疏離之際積極推案。即便二〇〇九年下半年後，哈帕政府開始修補對中國大陸關係，但因為我方對此已有相當程度的鋪墊、進展，根基甚深，免簽案才能順利推動成功。

除了免簽案，我當時也認為台加洽簽「投資促進暨保障協定」（FIPA）深具機會。特別是駐加代表處那幾年在國會黨團、政府高層的經營相當扎實，並累積了相當的友我實力，有助於由上而下（top-down）的決策，而且第七屆台加經貿諮商會議加方主談人、外交暨國際貿易部副部長麥高文（Peter McGovern）也帶來正面訊息，表示願意和我駐處就投資促進暨保障協定內容交換意見，顯示我方推動該案已在官僚體系有支持助力。

心想，我方在二〇一一年已和日本簽署《台日投資協議》，倘若能和加拿大簽署投資促進暨保障協定，這不僅是提升雙方關係，更代表我國與日本以外，另一八大工業國（G8）關係的突破，頗具指標性意義。不過，當時加國政府、工商界領袖「親中遠台」者仍眾，而且政府部門對雙邊關係的詮釋也相當保守，技術官僚多以工作繁重為藉口不願推動，只能維持政治階層決心，力挺我方，才有成功機會。

加方當時特別關切的有兩件事：一是我方遲遲未擴大加牛進口。加方要求的是開放三十月齡以下帶骨牛肉，不包括牛雜、絞肉等，敏感程度相對較低。而且二〇一二年我國衛生署食品衛生管理局已完成加牛風險評估，結論是安全，因此便建議政府應該加速相關程序予以開放。

加方關切的另外一件事，則是我國尚未完成內部整合，簽署《避免雙重課稅協議》（ADTA）。該案符合全球課稅的潮流，也是我國邁向國際化、貿易自由化的必經途徑，且對促進雙邊投資有積極作用，然而卻因為極小部分富裕僑領及國內高層顧慮、反對而擱置。

其實，在駐加代表任內，財政部曾兩度派專家赴加，完成避免雙重課稅技術階段談判，可惜雙方政治階層尚未準備妥當，要到二〇二三年才正式簽署《台加避免雙重課稅協議》。不過，就算沒有台加避免雙重課稅協議，我在二〇一二年六月底離任前，加國外交部向我簡報，仍表示願意和我方洽簽「投資促進暨保障協定」作為我的離任禮物，只是該協議遲未啟動，直到二〇二二年才展開雙邊談判，二〇二三年底終於完成簽署。

至於雙方民間高度期待的自由貿易協定，需要雙方高層的政治意願，並由上而下決策方能開花結果。我也不斷疾呼，應該要把握對我國較友好的保守黨執政機會，營造雙邊良好正面氛圍，以利成案，惟又因雙方內政考量而未有進展，十分可惜。

加國是相當有潛力的國家。九十%的人口住在離美國邊界一百公里的帶狀區域，其餘土地除了大冰層外，多荒蕪但肥沃，且淡水湖蓄量豐沛，水資源可南銷美國，未來發展潛力極大，此即與澳洲缺水的荒原大不同。地球暖化帶來人類危機，但對加國而言，反而是凍原融化，可用土地增加，許多稀有礦產漸具開採經濟規模。加國產的鑽石自一九九一年發現，迄今已躍升世界第三大產地，超越南非，且預計未來可望躍居全球第一，這都是「拜」暖化所賜。

二〇二二年，發生中國領導人教訓加國總理的事。該年十一月十七日，印尼峇厘島G20峰會期間，中國國家主席習近平當眾批評加拿大總理小杜魯道洩漏兩人對話內容給媒體。根據推測，他抗議的內容與前一天雙方討論了加拿大指控中方情報人員干涉加國國內選舉有關，習近平透過隨行翻譯指責小杜魯道欠缺誠心，過程被一旁的攝影記者拍錄，隨後上了國際新聞，一時熱議。

大概北京的領導仍視加國為「美帝」北方的小弟。

二〇二四年再贏得總統大選的川普，屢次放話要兼併加國，然加國是七大工業國（G7）的主權國家，且政治、財政、社會制度與美國差異甚大，人民生活價值觀也不同，個人以為這應是川普總統**非傳統的極限施壓談判手段，真正的目的應是著眼未來能夠獲取豐沛的自然經濟資源。川普的手段很快獲得「現世報」，他不喜歡的自由黨在大選逆轉勝，由從未參選過的素人金融家卡尼（Mark Carney）[*]上位。卡尼曾任加、英兩國中央銀行行長，國際經歷豐富，財經能力佳，被視為能應付川普美國對等關稅及主權威脅的領袖。加國此次的選舉結果，被認為是對抗川普的「公投」。美加有如孿生兄弟，經濟長期整合，爭吵後，還是難分，只是美國迎來一位專業、精明、低調的硬對手。**

不過，加國經濟人口不足，市場規模有限，受美國壓力甚大，連人才也因南方強鄰高薪及較低稅賦而移居。另外，**加國文化較偏安、知足，缺乏美國拓荒精神，也無法如加州有群聚效應及大膽創業精神，社會制度面類似歐洲福利國度，講求正義與公平，選擇安逸者眾，競爭力確不如美國。**雖然加國有頂尖大學及科研能力，多倫多大學（University of Toronto）、麥吉爾大學（McGill University），都名列世界前二十大，如諾獎得主人工智慧教父辛頓（Geoffrey Hinton）離開矽谷後就在多倫多大學做研究，加拿大也有意創造楓葉谷（Maple Valley），但顯然不敵矽谷，這當中制度的選擇可能是重要因素，而這些文化及制度元素相當難解決，但也究竟是人民的抉擇，然而，我不相信「第五十一州」的概念能實現。

返台，任北協主委

駐加五年多，幾乎是在成功推動免簽案之後，重大案件均因雙方政治環境影響而窒礙難行。我駐外超過十一年，便向馬英九總統表達希望返台的意願，於是安排我在二〇一二年七月接任北美事務協調委員會主任委員，這是一個儀式性的職位，沒有實質工作，存在的理由是與美國無官方關係，美方留存「美國在台協會」，我方想撤也不可得。儘管是享有部長級待遇的內閣成員，但不用參加行政院院會，相對過去，多出不少個人時間。

利用這段時間，有幸赴台大政治研究所、政大外交研究所開設「中華民國與美國關係」課程，受教的莘莘學子中，不少人後來通過外交特考入部服務。二〇一六年接任外長時，見到過去的學生，還能逐一叫出這些年輕科員的名字，讓他們的司長非常訝異。

二〇一三年四月，美國公布卡特總統時期（一九七七年至一九八〇年）對華關係解密檔案，總計一一九二頁。對博士論文以《台灣關係法立法過程》為題的我，可謂研究美、中、台關係最重要原始史料。個人在史料公布後逐頁解讀，並在五月下旬對外交部同仁進行心得演講。

在暫時放下繁重政務的日子裡，我難得有許多得以自由運用的時間，可以專注喜歡的研究、

＊卡尼是位精英型金融家，哈佛大學畢業，牛津大學經濟博士，歷任高盛（Goldman Sachs）主管十三年，入公職後，跨越保守、自由兩黨執政。

教學，更為細緻地探究歷史檔案、周全地思考國際事務，也更能夠了解年輕學子們對台灣國際關係的想像與看法，這些往後都成為絕佳的助力。

第 10 章

澳洲：

無羈的國度

二〇一五年一月四日，抵任澳洲，面對這片未知的土地，第一個留下深刻印象的，便是成群結隊的袋鼠。

官舍對面就是野生保育公園，猶記抵達首都坎培拉的第二天早上，有晨運習慣的我甫出門不久，便與野生袋鼠相遇了，牠們成群結隊、精神抖擻，於是不免俗地拿出手機拍攝，與台北親友分享這前所未有的體驗。後來住久了，才發現第一天的越洋分享是大驚小怪，因為這被稱為澳洲國獸的袋鼠族群之昌旺，可說幾乎無處不在，要說走在路上隨便都會碰到袋鼠也不為過，甚至因此造成不少駕駛人開車，或園丁清理花園的麻煩。

澳洲對我而言，是個相對陌生的國家。儘管數位澳洲駐台代表和我們夫婦都有友善的交往，不過在出使之前，只有一次到訪的經驗，那是在一九九八年擔任外交部政務次長任內，我們隨時任行政院長蕭萬長伉儷，在九天的「南太平洋之旅」期間，出訪當時仍有邦交的東加、索羅門群島，當時過境斐濟、澳洲進行「睦鄰之旅」，回程時於澳洲布里斯班過境一夜。

當時也想不到，有一天竟會派駐此地。二〇一四年年中，錢復院長有意安排我轉任監察委員，當時有黨政人士向《中國時報》表示，我的國際關係專長與其他提名人有明顯區隔，在監委提名作業審薦小組審查會議中也全票通過，但最後並未獲得提名。可能是馬英九總統認為我更適合留在外交界服務吧！當年底，我就獲知自己將接任駐澳代表。

新職公布後，不少人私下告訴我，澳洲首都坎培拉是個無聊的城市，人口只有三十多萬人，僑胞不足百位，無夜生活，也沒有一家夠水準的中餐館。如果我是三十歲時駐澳，可能會和友人有相同的感受，但當時已逾耳順，心境已轉，實際待了下來後，覺得人們口中這座城市的缺點其實正是令人感到舒適的關鍵，當地僑胞少、造訪的賓客也不多，免去了許多送往迎來及頻繁宴飲，因此在工作上更能積極推動台澳自由貿易協定、致力於促進台澳關係升溫，此外，這裡自然風光無限好，閒暇時間還可以好好親近澳洲宜人的景觀，也是運動的最好環境。不只如此，向來喜歡讀書、觀賞歷史劇的我，也更有餘裕靜下心來投入，陶冶於歷史、文字及科普之中。

就這樣，在這陌生國度上，展開了為期一年三個月，短暫、充實又令人留念不已的生活。

從殖民地到南太警長

美國總統小布希於二〇〇三年稱澳洲是美國在南太島國的警長（sheriff），而之所以會如此稱呼，是因為一九九〇年代冷戰結束後，美國的影響力逐漸撤離該區，澳洲、紐西蘭隨之承擔了更多責任。

雖然在該區域舉足輕重，但**澳洲政府相當謹慎，始終避免以狂妄、自大國家留名於世**。澳洲政府的小心謹慎，可從二〇〇三年霍華德（John Howard）總理，在派遣軍人及警察去索羅門群島成立維和部隊，維持法律及秩序時的發言窺見一二，他當時表示：「**我們肩負著對太平洋地區和平的部分義務，但是不代表澳洲願扮演地區國際警察的角色。**」

位於南半球的澳洲，國土面積約是台灣的二百一十四倍，是全球第六大，但人口數僅二千六百六十七萬（二〇二四年）。澳洲在世界史上嶄露頭角，是自一七七〇年開始，當時庫克船長（Captain James Cook）開始在澳洲大陸東海岸殖民，宣示將之納入英國主權管轄範圍，但因此地距離母國十分遙遠，當年交通、通訊都不發達，澳洲的人民、政府政策因而都具有「害怕被遺棄」（fear of abandonment）的特質，歷史學者沃克（David Walker）稱其為「無依無靠的國家」（stranded nation）。

澳洲的歷史與母國緊密連動。一次大戰時，人口只有五百萬，卻有三十三萬青年遠赴比利時、法國邊境佛蘭德斯（Flanders）平原、中東為大英帝國效命，總計犧牲六萬英魂，與同屬大英帝國成員的加拿大情況類似。澳洲、紐西蘭、加拿大青年多需在荒野中農耕、放牧、伐木，或至大海中捕魚，因而身體壯碩、有更好的耐力與毅力，英軍指揮官往往把最艱難、危險的任務交付與這些忠心的帝國子民，他們是戰場上的重要戰力，留下不少英勇故事，還拍成了多部電影，至今仍撼動人心。

澳紐聯軍紀念日（ANZAC Day）是澳洲十分重要的日子，每年的四月二十五日都會紀念一九一五年一次大戰期間協約國聯軍登陸土耳其加里波里（Gallipoli）之役，紀念儀式莊嚴而盛大。這場攻堅戰役歷時約八個月，其中傷亡最慘重的正是澳紐軍團。不少史學家認為，澳紐的國家認同，就是從這一場戰役開始形成。

眾所皆知，加里波里之役不但以失敗告終，而且過程慘烈異常，大英帝國的總傷亡人數是十一萬四千七百四十三人，其中有兩萬一千八百八十二人在作戰中陣亡，八千八百九十九人逝於醫院。當時的鄂圖曼帝國指揮官，是後來被譽為土耳其國父的凱末爾上校（Mustafa Kemal Atatürk），英國的決策者則是海軍大臣邱吉爾，他稱此次遠征為「合法的戰爭賭博」，最後也因為戰局失利而被迫辭職。

戰史學者多認為這場戰役從海上登陸仰攻敵軍，最後以撤退告終，反映了英軍將領作戰規劃疏漏、指揮不當。英國軍事戰略理論家富勒（John Fuller）就認為，當年在執行戰術時英軍犯了前所未有的錯誤，不過，一九一七年十二月，英國國會針對此戰役的調查總結報告裡，並不認為失敗的主要責任在邱吉爾，而是戰場指揮官。

彼時澳洲人民多不知戰場的殘酷真相，因為當時英軍嚴格管控新聞內容、報喜不報憂，直到一位澳洲記者老梅鐸（Keith Arthur Murdoch）*親眼目睹，發現英軍指揮不力，澳紐軍團戰士只能白白送死，哀慟氣憤之下寫了一封八千字的長信給時任澳洲總理費雪（Andrew Fisher），表示加里波里戰役無疑是「我們歷史中最可怕的章節之一」。

老梅鐸後來會見英國政府官員，這些官員又說服了英國首相阿斯奎斯（Herbert Asquith）閱讀他寫的信，間接使英軍作戰總指揮遭到解職，所有盟軍並在一九一六年一月撤退。

* 這位記者的兒子小梅鐸（Rupert Murdoch），後來在半世紀後陸續創立新聞集團、福斯集團，成為家喻戶曉的全球媒體大亨。

雖然與母國緊密相連的命運讓澳洲子弟過去在戰場上為大英帝國捐軀，此地的移民也不總是悲情，十八世紀末期時，很多來到澳洲的人，都是因為不見容於英國階級制度觸犯輕罪而被送來，充滿了反骨精神，而這也造就**他們希望在這片廣袤大地維持平等的信念和精神，並特別重視夥伴情誼，直到現在，澳洲人還是習慣把 mate（朋友、夥伴）這個詞掛在嘴邊**。

有一件印象特別深刻的事值得一說，澳洲政府部長在乘坐公務車時，並不會坐在後座，而是坐在副駕駛座與司機並肩。這畫面十足地象徵了，**這是個人人彰顯自由平等，沒有階級意識的國度**。

澳洲與世界

外交策略三支柱

澳洲的外交政策類似加國，皆相當依賴大英帝國，直到二戰期間一九四二年才開始獨立自主。而澳洲外交官也如同加國外交官，喜歡強調「**做良善的世界（或全球）公民，致力維持世界和平及發展**」。而在地緣上，澳洲與加拿大也有共通性。澳洲位處南方大陸，國土四面環海，周遭並無強大到足以威脅生存安全的強權。

根據友人、曾任澳洲情報分析局長的金格爾（Allan Gyngell）見解，澳洲外交政策有三大支柱：

第一個支柱：與強權結盟。二戰前，澳洲倚賴英國，二戰後則是與美國交好。澳洲對駐美大使人選的重視恰恰反映了這個特質，過去十五年，已有兩任駐美大使是由前總理或副總理出任，分別是曾在一九九五至一九九六年任副總理的比茲利（Kim Beazley），另一位則是二〇〇七至二〇一三年間，兩度擔任總理的現任駐美大使陸克文（Kevin Rudd）。

另一個澳洲重視對美關係的例子，可從我在坎培拉服務期間說起。當時正值澳洲海軍汰換噪音過大的柯林斯級潛艦（Classe Collins），時任日本首相安倍晉三與澳洲總理艾伯特私交甚篤，日方便成竹在胸地認為蒼龍級潛艦勢必得標，但公開遴選時滕布爾已接任澳洲總理，最後是由法國柴油潛艦得標。然而，美國二〇一七年公布「印太戰略」（Indo-Pacific Strategy）並劍指中國後，與前兩任總理同屬自由黨的新總理莫里森卻推翻當初與法國的交易，寧可賠償五億五千五百五十萬歐元（約合新台幣一百九十五億四千五百萬元）違約金，也要改由美國協助建造核子動力潛艦，並以西澳作為基地，巡航範圍更長又遠，不只南海，整個西太平洋都納入其中，可見美國在決策間發揮的影響力。

令我驚訝的是，一位在澳洲國防部參謀指揮學院擔任教授的朋友卻表示，他懷疑澳洲海軍是否能招滿願意潛航數月至半年不能回家的軍士官兵。因為澳洲的日子太好過了，當地人又缺乏美國的愛國主義，在這種情況下，會有多少年輕人願意冒險、犧牲自由吃這種苦？

川普「對等關稅」及刪節政府支出的政策，也影響了二〇二五年五月的澳洲大選，持進步立場的工黨在選前逆轉落後民調，拿下絕對多數，這個結果應不致影響美澳緊密的關係，但無疑加深了選民對川普政策的擔憂，也更不信任立場較保守、言論親川普的在野黨。

第二個支柱：參與亞洲區域事務。對英國來說，亞洲是遠東，但對澳洲來說，亞洲是它的近鄰，而且自鄧小平推行改革開放後，中國經濟轉型，中國、日本、印度、東協成為亞洲政策重心，澳洲更加要慎重考量此區域。目前美國領導的「印太戰略」，亞太安全依然是外交重點。

至於第三支柱，則是支持經認可的國際秩序，如聯合國、世界貿易組織、亞太經合組織、東亞峰會、太平洋島國論壇等。

跟著氣旋走

國際地位上，澳洲與加拿大相同，都謙虛地自我定位為中型國家（middle power），而且兩國不但都有地緣戰略的安全依靠，還在礦業、能源、農、漁業等自然資源上，成為亞太地區的主要供應國，享有互補經貿關係。特別是澳洲的鐵、煤等礦產品質優異，北領地區達爾文外海又蘊藏豐富天然氣，合占澳洲總出口額半數，也是我國台電用的煤、中鋼的鐵礦、燃煤，以及中油天然氣的輸入大宗。

不只天然資源豐沛，澳洲也是人才濟濟。在教育方面時常有傑出表現，有八所大學在二〇二四年QS世界大學排名中名列世界百大，迄今有十六位學者獲頒諾貝爾獎，半數出自生理學及醫學領域。

先天有豐沛天然資源，後天又有英國協助建立制度，使澳洲一直以來被稱為「幸運之國」（The lucky country），該名稱來自於澳洲作家霍恩（Donald Horne）在一九六四年出版的同名書籍。該書的主要論點是，澳洲的權力和財富的累積幾乎全憑運氣，並非來自政治、經濟體系的實力，而且澳洲人也缺乏創新和雄心壯志，普遍自滿、不關心國際事務。然而，六十年後富裕的澳洲已和過去大不相同，除了先天的自然好條件，廢除白澳政策後吸引不少新資金、移民，皆貢獻良多，我也遇到不少在澳洲致富的台僑。

為什麼澳洲會有這樣看似消極的特性？深究其源頭，或許是基於「怕被遺棄」的潛意識。金格爾直指，澳洲「**有時缺乏野心，不願適時使用權力，喜歡抱團取暖、不當出頭鳥，外交上謹慎小心**」，這點從曾為我主持餞別宴的澳洲外交部次長公開的發言可印證：「**澳洲規避使用權力。我們習慣把權力委諸他國，每當必須使用權力時，我們則跟著氣旋走，而非領導。**」

外交政策、地緣、國際地位等皆和澳洲類似的加拿大，就是氣旋之一。仔細觀察，澳洲經營對外關係的步伐始終慢加國一兩步，且「加規澳隨」。例如，加國與中國建交於一九七〇年，兩年後，澳洲和中國也建交了；一九九〇年加國同意我國赴加設處、通航，澳洲又在隔年跟進。雖然明眼人都看得出端倪，但基於自尊，想來澳洲人一定不會同意這種說法。

主導加國外交的「漸進主義」（incrementalism），在澳洲也看得到。我國赴加設處時，為了降低政治敏感度，首先到商業第一大城多倫多，而後才到首都渥太華。在澳洲，我們也循相同的模式，先到舊都商業大城墨爾本設處，後來才前進首都坎培拉。

不只如此，澳洲對我方設處一案堪稱謹小慎微。一開始，他們嚴格限制我方派駐人員的層級，太過高階的官員不得擔任，使我方最後只能派時任國際組織司副司長李宗儒擔任首任駐澳代表。他曾在《台灣光華雜誌》回憶，一九九一年派駐墨爾本，名為「遠東貿易公司」的辦事處裡只有他和祕書兩人，而他們連澳洲外交部都不得其門而入。熬到隔年，才終於獲准進入，並得到澳洲政府允許把辦事處從墨爾本搬到坎培拉，改名為「台北經濟文化代表處」，並在各國大使官舍林立的街道上尋覓官舍。

當時，他提報兩間候選房舍，一間格局較大，價值超過百萬澳元，另一間則略顯侷促，價格約五十五萬澳元。外交部是以代表在部時的位階評估，決議採用後者。但問題是，這間官舍的格局太過狹小，再加上隔壁是某南太島國，經濟實力有限，但格局較我氣派，對比之下，雖然官舍勉強足夠宴請僑胞，但若要招待外賓，恐有失國格。我派駐澳洲期間為此問題困擾，住在斜對面的新加坡大使慷慨傳授自身經驗，表示可以先搬到其他地方住兩年，再同時拆掉原建築，改建為兩層樓的新房子，如此一來宴請貴賓時較能彰顯國家實力。

如今，澳洲已取消對我國駐澳代表的層級限制，個人和前一任駐澳代表張小月皆是當過外交部次長後駐澳，可見在歷任代表努力下，澳洲已逐漸放寬限制，這些都為我接任代表後，力推台澳洽簽自由貿易協定打下了一定程度的互信基礎。

緊密的澳中關係

澳洲華語流利者及對中國研究深入者頗多，對外政策上傾向中國。在加拿大與澳洲兩個大英國協體制國家服務過，兩相對照之下，我對陸方明顯的影響力深有所感，便試圖了解原因與背景。

加澳兩國與北京建交的執政黨都是講求進步價值、傾向自由派的政黨，分別是加國的自由黨及澳洲的工黨。兩國與中國建交時，正逢文化大革命，四人幫意識形態主導了中國政策。一九七一年，時任澳洲反對黨領袖的惠特蘭（Gough Whitlam）帶著一位年輕中國研究學者費思棻（Stephen Fitzgerald）訪問北京。當時，澳洲仍在「白澳政策」年代，只有三%人口非來自歐洲，加上共產主義的威脅及對外來文化的懷疑，與中國建交在澳洲於是成了一個意見「嚴重分歧」的問題。

周恩來總理在人民大會堂接見澳洲訪團，並請記者留下。記錄會晤過程中，費思棻回憶：「一個最成熟、最文明、最禮貌、最富外交風采、最迷人的中國人就在我們面前。」他認為，惠特蘭與周恩來的會面，「將永遠改變我們與中國的關係」。隨團澳媒對周恩來的印象也極佳，並對中國有特別的正面報導，這些都改變了澳洲人對中國的看法。

一九七二年十二月澳洲大選，由工黨取得執政權，很快地，當年十二月二十一日，澳洲政府就承認了中華人民共和國。翌年，費思棻以三十五歲之齡出任首任澳洲駐中大使。接受他呈遞國書的是八十餘歲的代理國家主席董必武。當時，董指著七十三歲的總理周恩來說：「我老了，快退休了，你要跟年輕人多交往。」

無論是在駐中大使任內，還是後來回澳洲任職智庫及澳中理事會，費思棻都卯足全力說服政府及教育部門引進中文、開展中國研究，其中包括引介後來出任澳洲國立大學亞太研究學院中華全球研究中心主任的白傑明教授等一批青年學子，直接進入以工農兵學員為主的大學學習，可說完全融入中國社會，底蘊之強，令人咋舌。

費思棻終生努力、執著於追求增進澳洲與中國的關係，他喜歡展示一張抱著熊貓的照片，也不吝於直接坦承「我就是一個擁抱熊貓的人（panda hugger）」。駐澳期間，曾要求赴雪梨禮貌性拜會他，獲婉謝回應。

不只政策傾中，就地理距離來看，比起加拿大，澳洲與中國大陸的距離也近許多，另外從經濟的角度來看，澳洲有不得不傾中的現實理由。澳洲的出口主力仍是礦產、能源、農業等原物料，中國是第一大貿易夥伴，占全國出口的三分之一。就二〇二三年澳洲的對外貿易情況，進口有二十六%來自中國，十二%來自美國，日本、韓國則分占約六．六%。在出口方面，四十一%倚賴中國，其次是日本、韓國分占十二%、七．一%。很顯然，中國是澳洲的第一大貿易國，也是澳洲礦產、紅酒、龍蝦的主要市場，出口金額遠超其他國家。

除了貿易，留學生、觀光客也是中國對澳洲外交的一大籌碼。中國是澳洲最大留學生來源國，根據二〇二四年統計，占二十二%，第二名的印度占比僅十七%。而相較澳洲本地學生只需繳四分之一學費，海外留學生就讀大學、研究所時是繳全費，對各校而言是一大收入支柱。

至於觀光客，疫情前每年約有一百四十萬中國大陸遊客赴澳洲短期旅遊，在各國排名第一，帶來價值一百二十四億澳元（約合新台幣兩千六百七十五億元）消費。雖然在疫情後受中國封控政策、澳洲貿易爭端影響，赴澳洲短期旅遊的人數驟降至二十三萬五千人，被紐西蘭、美國、英國迎頭趕上，消費只剩原來一半不到，但對澳洲仍具一定影響力。

兩國政治、經濟關係的深化，了解中國於是成為澳洲必須要具備的能力。為此，澳洲政府在文化研究上投入了不少，曾經在台灣師範大學就讀，能直接用華語溝通，有「中國通」稱號的陸克文在任總理期間，便特別撥款了一千八百萬澳元在坎培拉的澳洲國立大學亞太研究學院，成立名為「澳洲中華全球研究中心」（Australian Centre on China in the World）的智庫，因為學術志趣，個人和該中心保持密切互動，他們網羅了不少頂尖的中國研究專家。曾任港大校長，後來到新加坡國立大學任教，並獲選為我國中研院院士的史學大師王賡武，就曾執教該校。

該中心創始人暨主任白傑明（Geremie R. Barmé）是位有理想和思辨精神的知識分子。他於澳中一九七二年建交後被送至中國，當時正逢文化大革命，白氏因此不只說得一口流利北京話，更把《毛語錄》背得滾瓜爛熟，即便事隔多年，還能即興在我面前背上一段。有趣的是，他雖然與中國有深厚的淵源，但後來看到中國共產黨執政下的種種問題，對中國態度轉趨批判，因而他和中國駐澳大使關係不睦，反倒與我交情深厚。

澳中關係緊密固然帶來豐厚的利益，但也伴隨著足以劇烈衝擊澳洲的風險。二〇二〇年，中國大陸和澳洲發生嚴重外交爭端後，便對澳洲徵收最高二〇〇%的懲罰性關稅。《紐約時報》指出，此舉讓澳洲這個最高曾達十二億澳元（約合新台幣二百五十七億五百萬元）的最大海外紅酒市場瞬間化為泡影，大量香氣馥郁的紅酒滯銷，眾多澳洲酒莊一度瀕臨絕境。許多華人喜歡，性價比高的澳洲奔富（Penfolds）389紅酒，在台售價也因此從新台幣三千兩百元，降為兩千七百元。直到二〇二三年政黨輪替，工黨澳洲貿易部長法瑞爾（Don Farrell）、外交部長黃英賢（Penny Wong）在該年底訪中，中國外長王毅也在三個月後訪澳，此事才獲緩解，北京當局表示將取消二〇二〇年對澳洲葡萄酒徵收的關稅，象徵澳中兩國關係緩和。

不只經濟上與中國關係緊密而受其掣肘，在政策上澳洲過去也因為傾中，忽視中國的影響力而深刻影響了其在南太平洋島國的權益。

就地緣戰略角度，澳洲對南太平洋島國有實質影響力，而該區域也有不少國家是我國邦交國。駐澳時因此常利用各種機會向澳洲外交部官員、國會議員進言，應該投入更多注意力和資源在南太平洋諸島國並協助我固邦，此為雙贏。

事實上，澳洲對南太平洋島國已投入不少區域、國際合作資源，但這些島國領袖卻仍抱怨連連，聲稱半數援助款項都由澳洲承包商、職員賺走，當地實質獲利有限。當然，其中有不少怨言與澳方對技術品質、嚴格專案管理、透明會計與審計法規有關，但我也再三強調，**南太平洋諸島國是澳洲前院，重要性一如拉丁美洲是美國後院**。美國在「印太戰略」發布以前對此區域介入甚少，如索羅門群島，美方只委由當地美僑兼任名譽領事，並沒有考慮若北京勢力入主該區，必然會影響區域戰略安全。

為了華為通訊廣設基地台以及中方掌控海底電纜鋪設一事，當時不知費了多少唇舌，但澳方官員始終反應平淡。或許他們認為，既然已經承認北京政府代表中國，那麼再協助台灣鞏固南太邦交國，恐有違「一中政策」吧。直到二〇一八年，索羅門群島、吉里巴斯相繼承認北京，中方說服索羅門群島同意其使用首都荷尼阿拉市（Honiara）深水港，並簽訂祕密安全協議，且不久後澳媒揭發數起中國移民不當政治獻金、疑似間諜活動等，澳洲國會才終於正視這個長久被刻意忽略的隱憂，在該年六月二十八日通過《反外國干預法》。

索羅門群島首都深水港受中國牽制，長遠地改變了該區域潛在的國際權力均勢，因為在當前地緣政治下，處於澳、美、日、中間的索羅門群島，不管在地理位置還是海線交通上皆深具戰略價值。二次大戰期間，讓七千餘美軍壯烈捐軀的一九四二年的瓜達卡納爾之役（Guadalcanal campaign），正是發生於此。當時為爭奪韓德森機場（Henderson Air Base）爆發血戰，鄰近海域充滿美、澳、日共六十七艘沉沒軍艦、千餘架戰機，後人稱為「鋼鐵底港灣」（Iron Bottom Sound，又譯鐵底灣），而這即是深水港的所在地。*美國深知這場歷史留名、陸戰隊犧牲慘重的戰役的重要性，驍勇善戰的美軍精銳陸戰隊第一師軍旗上，迄今仍有「瓜達卡納爾」字樣。二

＊ 喜歡巡禮舊戰場、緬懷犧牲將士的「戰史控」應該不少，尤其是美、日官兵後裔，也是增進索羅門群島觀光經濟的賣點，然而這些景點仍需整理、包裝、行銷，我曾向索國政府建議，但對方似乎沒有興趣，甚是可惜。

〇二三年，美國終於重啟索羅門群島關閉三十年的大使館，印太海軍司令部也成立特遣支隊，經常訪問該港。

相對美方對深水港的注重，**澳洲過去長期忽略中方在南太平洋諸島的發展，不但使戰略位置重要的深水港受中方牽制，甚至將北領地部分達爾文港以商業方式租給中國嵐橋公司，還要在後來美國的「勸告」下，才開始加碼投入比過去更多資源及關注，但已不見得能夠獲得對等的回報，真是「千金難買早知道」**。

根據澳洲著名智庫洛伊研究所（Lowy Institute）報告，中國已經超越美國，成為南太島國第二大援助國，二〇二二年，澳洲援助十五億美元，中國為二．五六億美元，比三年前增加了十四%，美國則為二．四九億美元。

二〇二五年二月二十一至二十二日，三艘解放軍海軍特遣支隊軍艦，在澳、紐海域進行實彈演習，並南繞經過澳洲最南端，彰顯有能力延伸至第二島鏈以外的南太平洋海域，以支持未來軍事布署。此次軍演的理由，是澳、紐可派軍艦至南海及穿越台海，中國依據國際法，亦可在澳洲東岸公海演習。此行為當然兼具認知作戰與示警作用，震驚澳、紐政府及輿論。

澳洲政府對中國的大意與輕忽，除了政策方向的短視，更反映了系統性的問題，而這也正是於美國篇提及的問題。**內閣制民主國家政務官處理政務時**，將大部分時間、精力投入燃眉之急，須立刻解決的事件，又勤於出訪，參與國際會議。**選區事務也關乎政治生命的延續，所餘時間、精力能有多少放在思考長期策略、戰略利益上？**而官僚則依循前例、規定、法律，多不願突破性思考，這個慣性法則在內閣制、總統制普遍如此。美國的國安會，內閣制的樞密院、總理府辦公室多少能夠彌補，但仍不足，這是制度性的缺憾。

台澳之間

貿易部長三次婉拒台澳FTA

二〇一五年六月，中國大陸和澳洲在坎培拉國家美術館正式簽署《中澳自貿區協定》，雙方給予對方最惠國待遇。逐步降低的關稅影響了澳洲乳製品、牛肉、海鮮、羊毛、煤、銅、鎳，以及中國的機電產品、工業製成品的貿易。

雖說澳洲與中國的關係因此更進一步，但在眼前愈發艱難的外交處境下，我卻嗅到了難得的機會——台灣有機會循《台紐經濟協定》、《台星經濟夥伴協定》，在《澳中協定》後，推動澳洲與台灣簽署某種形式的自由貿易協定，而這便是我駐澳期間政務工作的最大目標。

為了促成此事，我使用了多方管道，其中最為關鍵也最為直接的，是在坎培拉、雪梨多次拜訪時任貿易暨旅遊部長羅布（Andrew Robb）。

初見面時，羅布告訴我，澳洲正在和印度談自由貿易協定，而且印度官僚制度非常複雜，必須全心投入與印度的談判，言下之意，是無暇與我談協定。他當時的確多次出訪印度，希望能促成和印度的自由貿易協定，我也設法從側面了解，證明確實所言不虛。既然無法如願正面說服，我便轉了一個彎，請託了許多和他同屬自由黨的國會議員朋友，希望他們能協助敦促澳洲與台灣簽署自由貿易協定，羅布也在國會應答詢時公開承諾有此意願。

然而，一段時間過去，我漸漸發現澳洲的外交、國防部門，以及貿易、財政部門對此案的立場不盡相同：在外交與國防部門，我們得到的同情遠大於貿易與財政部門。畢竟，一方考慮的是地緣戰略，另一方則是現實的商業、財政利益，觀點不同。

我和羅布的第二次會面，地點在他的雪梨辦公室。他的說法和第一次見面時一致，表達澳洲正忙著和印度談判，實在抽不出人力，不只如此，我接觸的其他外交部官僚也持相同說法。既然和職業官僚懇談這條路行不通，我只能把重心轉至經營與國會議員的關係以及遊說的工作。

當時我曾就台澳ＦＴＡ問題請教過老友，時任經濟部長，後來成為行政院經貿談判辦公室總談判代表的鄧振中。他告訴我，台灣貿易已經相當自由化、國際化，貿易障礙很有限，台澳要簽自由貿易協定，大概兩回合就能談完：第一輪談判由國貿局長主談，確立技術細節；第二輪談判再由政策階級官員會晤簽字。

澳洲能和貿易障礙更多的中國大陸簽自由貿易協定，沒有理由不和自由化程度更高的台灣簽，我始終認為，此事之所以受阻，肯定是政治意願的問題，便一再向澳方強調，「台澳自由貿易協定」是「唾手可得的果實」（low-hanging fruit），能輕易收穫，且絕對不像印度，不需花費大量時間談判又難以取得共識。然而，就在我幾乎動用所有資源推進時，羅布婉轉告知，由於

和中國大陸談自由貿易協定時，雙方對「與台灣保持適當距離，是一種禮貌」有默契，因而暫時不便與我洽簽自由貿易協定。

這一連串的發展令我深有所感，**民主政體下的政治人物，必須考量是否能繼續執政，經濟榮枯與選票多寡有必然關聯，說再多的價值和原則，在現實的經濟、政治利益面前，還是得折腰，而台灣又成為一顆理所當然的「軟柿子」**。

耕耘政變之都

繼續廣結善緣，與眾多國會議員交往，不只不能分黨派，還要求面面俱到照顧每個黨內的不同派系，這是我養成教育的重要基因。重要原因在於坎培拉是世界知名的「政變之都」，十年內換了四位總理。

以隸屬於工黨的陸克文為例，二〇〇七年，他就任澳洲第二十六任總理，不過短短兩年七個月，就由同黨的吉拉德（Julia Gillard）突襲接任，但三年又三天之後，政權又回到陸克文手上，這次僅維持八十三天就政黨輪替，由自由黨的艾伯特接任總理，但艾伯特掌權也撐不到兩年，又由同黨的滕布爾（Malcolm Turnbull）接任。

除了政權從工黨轉移到自由黨的那一次，其餘幾次總理更迭，皆是由於黨內政變。對此，我也曾身歷其境。

二〇一五年九月，我約了一位國會議員共進晚餐。突然，下午四點鐘該議員幕僚來電，表示晚上有緊急會議，餐會只得取消。

在美國華府時也常碰到這種因緊急狀況臨時爽約的事，接到消息後沒特別放在心上。隔天一早打開電視，赫然發現一夜間澳洲總理竟然換人做了，原來正是在前一晚的黨團會議上，艾伯特被罷黜，由滕布爾接任第二十九任澳洲總理。臨時取消與我共進晚餐的那位國會議員，是發動政變首腦之一，隔日已經成為新內閣部長。

為何澳洲會如此頻繁更換總理？一切都和制度有關。澳洲政府雖然師承英國的西敏寺制度（Westminster System），但英國若要更換首相，國會議員、黨員投票必須各占五成始達成條件，要成功發動黨內政變並不容易，而澳洲要更換總理卻僅需黨團投票過半，這成了長期政局不穩的原因之一。為了改革此陋習，在二〇一八年上台、隸屬自由黨的莫里森（Scott Morrison）修改了規定，將更換總理的條件上修至黨團投票的票數必須超過三分之二，以降低政變機率。莫里森本人在實施新制的狀態下，直至二〇二二年五月國會大選，自由黨屈居少數黨，才把政權交給工黨的艾班尼斯（Anthony Albanese）。

但即便改善了制度，澳洲國會的動盪還是不減，政治宮廷深似海，即便同黨議員間也是爾虞我詐，私人恩怨甚多。因為這層了解，我後來擔任國安會、總統府祕書長時，艾伯特、滕布爾先後造訪台灣，我都宴請，且十分識相，在他們面前絕口不提另一位，而兩位前總理也皆然。

坎培拉雖然是個「政變之都」，但澳洲職業官僚行事作風謹慎、文官制度穩健，縱使多次更換總理，我接觸的外交部對口似乎都不覺得有何大礙，台澳關係的基本面也沒有受到影響。見西敏寺**內閣制成功與否，必須建立在優秀、健全的文官制度上**。

除了公領域的往來，深入私領域的交流往往更有助益，也更彌足珍貴，我和交情甚篤的工黨國會議員朋友佩雷特（Graham Perrett）即是如此。澳洲幅員遼闊，絕大部分國土均是荒野地帶（outback），需要駕車多時方能抵達。有一次，佩雷特跟我聊天時，發現我從沒到過聞名的澳洲荒野，於是主動熱心地邀我和他一起返鄉，表示願意擔任自駕導遊，帶來一次有趣且難得的體驗。

佩雷特是布里斯本附近的莫頓選區（Division of Moreton）的議員，出生地是昆士蘭州的聖喬治（St. George），開車從布里斯本向西，總計要花上六到七小時才能抵達。

這趟為期三天兩夜的返鄉之旅，第一站是拜訪佩雷特的椿腳。這位很有頭腦的生意人知道我是台灣駐澳代表，立即語帶興奮告訴我，聽聞華人對壯陽健康食品很有興趣，他正在研究如何將袋鼠睪丸冷凍加工、真空包裝，或是磨成粉賣到台灣，希望我能代為尋找適合的經銷商。我聽了以後，委婉告訴他，此事牽涉台灣農委會、衛福部的法規，恐怕要再仔細研議，才能給他進一步的答案。

第二站，我們前往佩雷特父親的老家。出發前，我們在後車廂補滿瓶裝水，油箱加滿，因為此行沿途幾乎沒有任何商店。就這樣，我們在筆直的公路上往內陸而去，愈前進景色愈是一馬平川、渺無人煙，盡是大片紅土，夾雜著灌木、雜草，放眼望去，除了我們這台奔馳中的車，再無人跡，甚至途中還能隨興地將車停下，兩人落落大方地在路中央玩自拍。

開了好幾個小時，久到快遺忘城市與人來人往的風景時，我們終於抵達目的地。迎接我們的佩雷特父親高大、身材粗獷，早年曾是修剪羊毛的工人，雖然現已是機器代勞，但過去辛勞的工作仍在他身上留下了痕跡，不過令人訝異的是，他的手掌上絲毫沒有粗繭，詢問之下，原來是每日浸潤於綿羊油中，有天然護膚潤澤。

為了迎接我們，他父親找來十多位朋友，下午時分就開起啤酒派對。前來同樂的人一聽到我來自台灣，踴躍地問起了關於台灣的諸多問題，我也逐一回答，眾人你來我往，談笑不絕，絲毫不拐彎抹角，這樣的直球往來使我充分體會到**澳洲人的率直、熱情及粗獷**，使我對澳洲人民有更深一層的理解，而這，正是官式交流以及算計國家利益上的場合不會有的感受。

軟實力

對澳洲而言，台灣有一項很夯的軟實力，即赴澳打工度假的青年。青年人力能夠解決澳洲荒野上缺工的窘境，又能賺到人生第一桶金。

根據澳洲移民暨國境保護部統計，赴澳打工度假的台灣青年人數在二〇一三年攀上史上高峰，逾三萬五千人，排名世界第二，僅次於英國。我到任時，人數雖有減少，但仍有兩萬多人；二〇二二年時，人數則降為七千兩百二十九人，仍排名亞洲第一。之所以逐年漸減，主要原因是政府開始對打工酬勞課稅，加上匯率變化，前去澳洲的誘因便少了很多，但即便如此，還是一股不小的力量。

為了向這些年輕國人宣導人身安全注意事項，我兩次從坎培拉搭五個小時的飛機，赴西澳伯斯（Perth）表達關心、和他們一起野餐、聆聽他們的心聲，特別提醒他們的工作安全問題。澳洲幅員廣大，缺工的地區往往在荒郊野外，當地道路大多沒有鋪設柏油，盡是碎石和塵土，許多來打工的青年人為了要省錢，買的都是三手、四手車，輪胎可能幾近磨平，再加上他們往往早上五點鐘就得出發上工，到農場採水果或蔬菜，倘若遇上路況、視線不佳，或撞上袋鼠，加上澳洲屬右駕，和台灣駕駛習慣相反，休息不足或工作過勞時，常意外翻車，造成不幸傷亡。

去國千萬里，尤其是在這樣荒野的環境之中，國人的安危特別需要駐館重視，也需要充分的支援，這也是領事業務的一部分，但我國在伯斯並無設處，一旦發生緊急情況，官方的協助不見得能及時，代表處領務同仁不管如何日夜不停奔赴現場，都已是翌日。幸而當地有百餘位僑胞居住，其中一位古道熱腸的王錦昌僑務委員，外號叫「西澳背包客救星」，召集其他僑胞，包括醫師、律師，組成緊急志工小組，每當西澳有國人發生意外，他們總是不辭千里，第一時間趕往現場（常是離大城數百公里之遙），並悉心照顧來自台灣的家屬，更與當地慈濟、佛光山、台商會組成綿密的急難救助網，是一大助力。

在官方管道的外交關係艱難之時，像這樣來自民間自發性集結的力量不但重要，且能在關鍵時刻發揮巨大影響力，是不可小覷的軟實力。佛光山就是一個很好的例子。

二〇一五年三月七日，由佛光山創辦的澳洲南天大學，在新南威爾斯州臥龍崗市舉行落成啟用典禮，邀到時任澳洲總理艾伯特（Tony Abbott）與該校創辦人星雲法師共同揭幕。

這所佛教學校係由澳洲臥龍崗市（Wollongong）政府捐贈二十九英畝（約合三萬五千五百坪）土地，歷經十五年才大功告成，它的開幕堪稱華人在澳洲興學的歷史時刻。啟用典禮當天湧進近萬名嘉賓，我也是受邀的一員。

典禮結束後，星雲法師特請艾伯特總理與他的幕僚，還有我，到接待室晤談。幾句寒暄後，星雲法師向艾伯特總理介紹：「這位是我國的前任駐美代表，這次來到貴國擔任代表，您可以想像我國對貴國的重視。」美澳在二次大戰後一直維繫特殊夥伴關係，因此，星雲法師話語方落，艾伯特總理便立即抬起頭來，仔細地看了我一眼，表示對我「已經觀察良久」。

我相當佩服、感念星雲大師展現的智慧與愛國情操。這段會晤，讓我建立了和總理身邊幕僚的聯繫管道，而這條透過宗教牽起的溝通往來的線，能夠越過既有的國會議員、官僚管道，直通總理府。

外交關係的維繫從來不只表面上看得到的硬道理，在人與人之間，在與民眾生活息息相關的層面扎下的根，往往比利益的結盟更能走得更遠、更久。澳洲這陌生無羈，看似冷漠實際上卻熱情、率真的國度，帶給我不少重要的啟發與懷念。

第 11 章

外交部長(一)：

逆風向上

台北來電

二〇一六年三月分，鈴聲響起，是一通來自台北的電話。通話中，我得知蔡英文總統當選人有意和我面談。第一時間便想到，欲談之事應與外交部長一職有關，但對我來說這一切還是相當意外，因為在人生規劃中，能走到政務次長，駐美、歐、加、澳四大國代表，在外交部歷史上也是空前，已相當滿足了，其他更有企圖心的事從來不在考量之中。我深知外交部長之位可遇不可求，因為牽涉到太多考量和因素。坐得上去，是命運；坐不上去，也是尋常。

掛了電話，我立即寫電報呈報外交部，告知要私人休假返台三日，懇請同意，並馬上訂機票安排回國之行。匆匆抵台後，總統當選人辦公室特地安排一輛車到家中接我，經由北平東路民進黨黨部辦公室地下室直接上樓，避開在外守候的媒體及攝影機。

蔡總統當選人非常直率，見面的第一句話，就是表達希望我返台接任外交部長一職。雖然心中已經有底，但我還是告訴她，還正推動「台澳自由貿易協定」，雖然要談成不容易，但還有機會，而且在我公職生涯規劃中，駐澳已經是最後一站了。

靜靜地聽完我這番話，蔡總統當選人看著我，笑了一笑，緩緩說道：「你要跟總統當選人說No嗎？」我即刻決定承擔此一重任，將之視為命中注定（manifest destiny）的使命，並成為蔡政府內閣第一位拍板定案的閣員。

外交部同仁相當敏感，見我返國休假僅短短三天，也沒進部，已略知大概。返澳後，不過短短兩週就收到電報，要我返國述職。因此，從四月初到五月上旬，我都在台北準備候任外交部長。

結束述職，我旋即返澳收拾行李並道別友人。澳洲外交部次長特別設宴替我餞行，外交部長畢夏普（Julie Bishop）則在辦公室接見、予以祝福，國會議員友人也舉辦歡送酒會，場面皆十分熱絡。他們認為，駐使能返國接任外長是件光彩的事，而接受他們祝福與鼓勵的我則是有些惆悵，澳洲是很棒的國家，我在這裡真正享受了工作和生活的平衡，遺憾的是只待了一年三個月，有些不捨，但無論如何，成命已接，是時候告別這段略顯愜意，卻也有努力方向的日子了。

二〇一六年五月中旬，返回台灣，迎接新挑戰。

思考外交策略

出任中華民國外交部長，出身基層的我自然是備感榮寵。因為台灣民主化以後實施政黨政治，政治任命成為自然發展，而在澳洲任代表時，心中一直認為這是我公職生涯的最後一站。接到蔡英文總統當選人邀請出任外長的當下，我便深知這個職涯中自己未曾期待的位置，將是逆風而上、吃力不討好的職位，雖難免有些顧慮，仍拋下不安，以三十多年的在職經驗與訓練，告訴自己不能逃避，要勇於承擔。

上任前，曾做了深刻且綿長的思考，不只國家的處境、現況與未來，也放眼兩岸國際，在外交事務上比較了各國的體系、境況，在歷史中尋找可能的解方。

回顧中華民國一百一十四年歷史，很難想像的是，我們幾乎沒有一位外交部長，曾享受過如同其他中型國家外長應受到的國際矚目、外交儀節與典禮尊榮。或許有人會說，中華民國曾經是聯合國五個常任理事國之一，怎麼可能如此？但當時國共內戰已開始，很快地，中央政府就陸續搬遷到廣州和台北，而長達二十二年的聯合國席次保衛戰，也是年年難過關關過，直到一九七一年，中華民國被迫離開聯合國，與我國斷交潮即起，特別是一九七九年與美國的外交關係終止後，外長赴各大國首都訪問變得十分困難，必須祕密進行。這是我加入外交部第一天就了然於心，也必須坦然接受的殘酷現實。

長年從事外交實務，也受過完整學術訓練，並曾教授「國際政治」一門課多年的我，對於部長在立法院的外交業務報告常變成流水帳，內容多細數上年有多少元首、外長、參眾議員、州長訪問台北等深感無奈。反觀美國國務卿，甚至東亞助卿到國會作證時，每每都能提出國際戰略架構、分析美國外交政策作為與走向。再看我曾服務過的比利時、加拿大、澳洲，因為採行西敏寺內閣制，國會採取即問即答方式，這些國家外長雖較少提出整體外交戰略，但外交部長出外演說，或每隔數年發表政策白皮書時，偶會勾勒出對外交的分析架構。

我曾就國家外交戰略問題個別請教過加拿大、澳洲負責政策規劃的主管。他們坦言，**中等國**

家制定外交政策大多是回應當前議題，因為需要他國合作、配合並不容易，很難像美國有主導全球或區域的外交戰略規劃。不過，這些進步民主國家與台灣有一處截然不同的關鍵，那就是政務官與常任文官之間有自然的分界，政治雖然影響政策，但政策並不會受政治牽制過深，原因在於他們的外交機構完善、制度化，人員素質完整且訓練扎實，再加上政黨輪替為常態，即便上層人事再如何變動，下層文官的基礎也不太受影響。就我在兩國的經驗，的確常遇到文官私下謔稱長官為「政治主人」（political master），也看過不少人運用專業知識和經驗，玩弄「上有政策，下有對策」的戲碼。英國BBC有部一九八〇年開播，蔚為經典的幽默影集《部長大人》（*Yes, Minister*）就原汁原味呈現了這種現象。然而，加、澳兩國因為政務官人數少，只有外長、國會祕書（相當我國的政務次長）、少數政務任命大使，近年外長政治幕僚人數明顯增加，有時總理府官員也會直接介入，加上政黨影響力膨脹不少，且黨派意見分歧上升，這一切都使原具有朝野共識的外交政策逐漸消失。

美國總統制是獨特的民主制度，國務院可政治任命至副助卿、顧問層級的官員，因此通常三分之一的駐外大使都是由總統親信、捐款大戶出任，且幾乎所有「好缺」都是政治任命，如美國駐倫敦、巴黎、羅馬、東京等大使。至於其他「不太甜」，或敏感、艱困、複雜難享清福的大使缺（如莫斯科），則由經參議院同意的職業外交官出任。雖然因為政治考量因素，美國的職業外交官在那些能吸引觀光客的國家通常最高多只能升到副館長（Deputy Chief of Mission）的位置，但因為熟悉館務，時常是實際執行者。至於華府的政策運作，因涉及眾多部會、國會隨時行使監督和同意權，還有利益團體（包含各國使館），過程萬分複雜，非一般民眾能理解，這也是為什麼川普總統會用「抽乾沼澤」、打破「深層政府」等民粹口號，試圖移轉選民對現狀的不滿。

民主國家的硬傷

冷戰結束前，包括美國在內的西方民主國家多有兩黨一致的外交政策，彼此尊重、保持禮貌，但近年卻普遍因為政黨對立，導致不一致的外交政策作為，我國也難例外。

剛進外交部時，長官最常說的一句話和運動品牌 Nike 的知名廣告台詞不謀而合：「去做就是了。」（Just do it.）事實上，在國內任職的外交官光應付每日案頭文牘、電話、會議、上級交辦事件、接見、陪見、應酬、國外出差，就已是案牘勞形。超乎一般民眾認知的是，我們要處理的外交事務不只來自全球各地，還包括國內的各種偶發事件，而且必須時時追蹤正在進行的案子。至於國會議員的要求、民意反映，也都是必須當下立刻解決的要務。民主化以後，各國外交部同仁加班已成常態，不管是我國還是東京霞關外務省、美國華府霧底洞（Foggy Bottom）國務院皆是如此超負荷狀態，於是主導外交政策方向，常成了政治任命官員的責任。

在美求學時期，二十世紀現實主義學派奠基人之一摩根索的高徒湯普森曾告訴我，必須從國家利益思考問題，不能在輿論的祭壇上犧牲良好政策；不能放棄領導輿論來支持良好政策，而且要利用國際輿論支持強化政策。

英國牛津大學加拿大裔史學巨擘麥克米倫（Margaret MacMillan）教授在評論加拿大外交政策

時，也表示民主政府需要傾聽輿論，但也要嘗試教育它、領導它。她含蓄地表示，加拿大不需要新的外交政策，只是要多一些新活力。曾任美國國務卿的季辛吉（Henry Kissinger）也明確指出，**政務官的責任是清除實務與願景鴻溝的藝術。但民主國家為了短期政治利益而向民族主義、民粹思想妥協的例子，卻是屢見不鮮**。

世界上的民主國家都重視國際規則（rules）、機制（institutions），但我國自一九七一年離開聯合國，此兩者轉身便成了拓展外交關係的限制。除了美國仍是超級大國，常有符合自身利益的考量，對我國政策仍維持一定彈性與空間，其他民主國家對我多採取遵循傳統國際法的法理解釋，尤其是外交部。以國家為會員資格的國際組織也是如此，甚至更為嚴格。

近年，台灣民主蓬勃發展，高科技成果舉世稱羨，中共的強勢與反民主作為逐漸招致國際反感，再加上美國的「說服」，我國和諸民主國家在雙邊交往及議題設定上確實有長足進步，但在多邊國際組織的處境，仍與國人的期待有不少距離。

沒有悲觀的權利

我國的外交制度，應以二〇〇〇年首度政黨輪替為分界。國家的兩個主要政黨，隨著民主多元化，就民族認同及國家定位，有了不同的論述與解釋，因此，外交部政策制定與執行策略自然有各種爭論，當然，國際現實是難以撼動的。在執行面，檯面上的人事任命顯而易見。陳水扁總統任內，真正由外交部外空降的政務任命並不多，馬英九總統亦然，重要原因還是可以變動的空間有限，因為具實際經驗、符合任用資格的資深外交官，職涯多始自國民黨執政時期，而在蔡英文總統執政的八年間，執政黨熟稔國際事務的人才日漸成熟，政務任命增加也是必然趨勢，我便是在這樣的背景下，扛起外交部長一職。

二〇一六年五月二十日，就任外交部長的典禮上，老長官錢復、丁懋時、簡又新、陳唐山等歷任外長蒞臨現場鼓勵，令我深為感激。在席間發表談話時，特別提到薩利機長的故事，他沉穩、熟練、勇敢掌舵，在航機迫降河中時確保乘客和機組員安全、無一傷亡的故事，並引以自勉之。希望不會遭遇類此橫逆之事，但我們也要有信心，準備好應對一切艱難。

我特別提到，**身為中華民國外交官，沒有悲觀的權利。我們面對的可能是來自於歷史、制度、國際關係等的「原罪」，要翻轉談何容易，可以想見的是注定坎坷曲折，但仍應盡最大努力克服險阻，時時以國家利益、人民福祉為目標努力奮鬥**。這番話說來實在嚴肅、沉重，但充分表達了自己的心情、對前景的評估，更重要的是，希望能夠藉此與外交部所有同仁互勉。

我認為，民主國家外交制定政策的目的，是：維護國家安全、主權獨立完整，執行民主政府的外交政策，並同時維持國際尊嚴，促進國家經濟、貿易繁榮，保護人民在外權益，使全民均能受惠。

外交部同仁同在一艘船上，面對相同的困難，瞄準目標，共同往前奮進。我們是維護國家安全、主權獨立的夥伴，共同切實執行民主政府的外交政策，維護國家在國際上的尊嚴，不只是追逐理想，還要具有熱情、實踐理念，更重要的是，擔任爭取全民幸福與利益的超級業務員，促進繁榮貿易、昌盛國家經濟。

一生為此刻做準備

二〇〇九年一月十五日，薩利機長（Chesley Sullenberger）駕駛的全美航空（US Airways）A三二〇客機，預定由紐約拉瓜迪亞機場起飛，卻在起飛爬升時遭加拿大黑雁群鳥擊，雙邊引擎同時熄火，完全失去動力。

經驗老到的薩利機長知道以飛機當下的情況，撐不到轉降附近的任何機場，便決定在升空六分鐘後緊急迫降於哈德遜河。這項決定大膽而冒險，幸而機上一百五十五人皆平安無事，此事後來被稱為「哈德遜河上的奇蹟」（Miracle on the Hudson）。薩利機長事發後接受CNN採訪時，表示自己**終其一生都在為這一刻，為應付最不可能發生的事情做準備**，這讓當時仍任駐加拿大代表的我看了深受感動，奉為榜樣。

薩利機長的表現，顯示了經驗的可貴和遇事沉著、冷靜、精準判斷的重要性，讓他在事發當下能夠當機立斷，罔顧機場塔台要求回航的建議，選擇以嫻熟技巧操作，成功迫降於河面，再加上事件發生在早晨，紐約市政府及民間力量得以迅速集結救援，將這場劫難的傷害降到了最低。聯邦飛安委員會後來啟動專案調查此事，過程漫長又煎熬，令薩利機長痛苦萬分，但他撐下來了，直到最後贏來公道昭示天下，證明當下的判斷正確。所受的專業訓練，強大的心理韌性，都是解除空難危機的關鍵，也是他挺過質疑與龐大壓力的重要支柱。

前一節提到我正式就任外交部長當日，便是以此故事勉勵外交部同仁。我也希望自己能像薩利機長一樣，能以冷靜、沉著的思考，迅速判斷最好的解決方案，且準備萬全，面臨任何不順境況都可及時為總統提供最好的建議，共同應付最橫逆的狀況，領導外交部這艘大船穩健前行。

薩利機長的故事後來翻拍成了電影，機長角色由兩度奪得奧斯卡金像獎最佳男主角的湯姆．漢克斯（Tom Hanks）飾演，二〇一六年九月在台上映。我和池琳利用中秋連假前往戲院觀賞，後來也推薦同仁們欣賞該片，希望大家都能從中得到工作上的啟發。

外交十二律

外交工作成敗固有大格局架構的影響，但個人的因素仍是重要關鍵，因此我極為重視部內同仁間的溝通與教育，在民主化後，贏得人民支持、信任仍是最基本要求。**各國外交官的通病都是了解外國多於自身國家**。中華民國外交部有超過百年歷史，始自晚清「總理各國事務衙門」，有好的傳統、素質高、辦事嚴謹，卻也難免積累官僚習氣，包括自以為高人一等。我多次在每週部務會議上，針對當前形勢，提到我國外交官應該具備的特質、條件、需求、涵養與修為，綜整為以下十二大項：

1. 謙虛、謙虛、再謙虛

外交部同仁要**避免官僚氣息**。蔡總統在勝選後一再強調「謙卑、謙卑、再謙卑」，我只敢希望同仁要自我要求「謙虛、謙虛、再謙虛」的工作態度，特別是隨著民主發展、政治生態變化，外交部同仁面對民眾與外單位，**一定要恪遵「謙虛」**，**並以「利民、便民」為待人接物原則**，在不違反法令規章下，儘量從寬解釋，不應有官僚主義。

部長任內，偶有其他內閣成員向我抱怨部內同仁，也有海外台商、僑界領袖反應某些館長辦事不力，這些批評並非全然公允，我自己也曾派駐多國，深諳駐外人員辛苦，但還是希望同仁一定要花時間跟僑界人士「搏感情」，面對長官、外單位要求，即便有些不合理，還是要依程序平順處理，讓對方感受到外交部的誠意與努力。

不少立委反映，部內同仁準備的立法院書面答詢資料常是「實問虛答」。我也告誡同仁，在民主政治制度下，立法監督行政有問責權，且立委具有掌握刪減預算的關鍵權力，因而與國會的聯繫工作更形重要，同仁若就業務細節向立委說明時，也務必不能忘掉「謙虛」態度，誠懇溝通。

同仁執行公務，我希望除了重視「法」以外，也要兼顧「情」和「理」，甚至請外交學院安排顧客服務（customer service）專家，為部內常和民眾接觸的單位同仁開一門「如何與顧客打交道」的課，藉以導入客服概念，以摒除外界的刻板印象。

2. 多閱讀，培養思辨能力

外交官的工作忙碌，我仍期許同仁能多進修、閱讀，保持終身學習態度，如此一來不只對內能增進自我，對外交涉時也能言之有物，並贏得對方尊敬。此外，書看得多，心情會隨之沉靜，且廣泛閱讀能夠養成思辨式思考，養成挑戰看似習以為常論點的能力。

外交部是個大家庭，大家的想法常趨於一致，也容易相濡以沫，在想法上容易有死角、盲點，容易造成群體盲思現象（groupthink），這情況並非我國獨有，世界各國都有類似問題，但相較他國，我國外交官工作上能夠容忍犯錯的空間很小，特別是駐外館長，倘若過度自滿，沒有發現自己的疏漏之處，很有可能讓邦交、邦誼出現警訊。

3. 有知識，更要有常識

能通過外交特考，語文及知識都有相當程度，當然也需與時俱進、精煉語文，利用各種機會學習。除了解讀人與事，還要懂得人情世故，達到通達事理，更要有隨時隨地「見賢思齊，見不賢而內自省」的功夫，有知識沒常識結果更可怕。

4. 敏銳的觀察力、要有同理心

此點需時間經驗、磨練、學習，日本人用「閱讀空氣」，也就是要**懂得察言觀色，注意對方身體語言**。有些眉角需要運用想像力，要相信直覺以掌握既抽象又難以捉摸的情境。外交講究細緻（subtlety），需要有一定的敏感度。處事做人也要從對方角度考量文化因素，思考要有同理心，不應走極端。

5. 平衡、和諧、高EQ的溝通能力

外交官講求的素質和態度是**平衡（balance）、和諧，且情緒商數（EQ）也應更高**。我希望所有同仁切忌以言詞羞辱他人，必須做好情緒管理，使外交部成為和諧大家庭，要留意職場霸凌問題。

溝通能力很重要。外交官辦理外交時，要事先準備、協調、溝通，才能在有限資源、不利地位的情況下發揮最大效果，做最有效率的運用。若在外參加會議，則應善用技巧，言行舉止講求婉轉、優雅、細緻，而且說話要圓融，儘量多使用委婉、細緻語言（nuanced language），切忌過度直白，容易冒犯對方。有時，也要隱忍，把想說的話吞下去，小不忍則亂大謀。

雖說以和為貴，但遭遇無理待遇時，仍要據理力爭。例如，我方與巴拿馬斷交後不久，政務次長吳志中召見某國駐台代表，對方在商業利益驅使下，不僅沒有質疑北京無理打壓我方的行為，反而一味責怪同為自由民主陣線的台灣。面對該國離譜行徑，吳次長當場即嚴正指出：「貴國所為，是否是自由民主政府所應有做法？」、「是否能符合貴國民意依歸？」

遭遇其他國家著眼自身利益、屈從北京壓力而傷害我國尊嚴，我方外交官不能畏縮，要立場堅定、態度和緩，為我國積極爭取國家利益，如此不僅是正道，且有相當的效果，國際間對「戰

狼」的反感即是顯例。

6. 有警覺性

外交部同仁需要**有高度警覺性（alert）、耳聰目明**，尤其是在邦交國，必須隨時注意駐在國風吹草動，如果意識到有危機產生，更要立即採取行動，預做防範。每個人都是在經驗中學習，而外交工作如履薄冰，背後牽涉的是整個國家的利益，倘若不幸犯錯，那就必須有所覺悟，立即改正，不能再重蹈覆轍。特別是外館館長，除了要具備經驗和智慧，更重要的是要有與時俱進的頭腦、能領導同仁、熱情工作，把外交工作當成「志業」，即志向加上事業，不能心態消極。

7. 擁有權衡、判斷分寸的能力

外交官一定要有權衡事務輕重、掌握分寸的能力（sense of proportion），很多問題不僅是規定、法令問題，還得考量社會和同僚觀感及駐在國政策底線。曾遇過館長為自以為是的虛幻想像，指揮同仁進行滿足自我「歷史定位」的活動，觸動駐在國紅線，這種偶一為之、卻無以為繼的行為是不恰當的，應該要避免，畢竟我國處境與一般國家不同。

有一次，國內某機關首長想趁立法院休會期出訪，外館人員竟表示希望其參訪行程能配合歐洲暑休長假風俗改期。我當時便向同仁強調，以不能比照駐在國風俗習慣為由拒絕。英文有「太在地化」（go native）的說法，如果平時耕耘扎實，還是可以勉力安排，以免造成負面觀感。

8. 為最壞的狀況做好準備

外交部同仁應該要隨時為最壞的狀況做好準備（prepare for the worst）。原因是外交工作的本質就充滿各種不可預料性，而且通常負面多於正面，必須要妥善做好萬全準備，不管發生什麼事，都要事先準備好備選方案。這點是向美軍學的，他們沙盤推演總是會討論該如何因應最壞狀況。

一般同仁大致可分類為三種型態：替組織加分者、無功無過者、製造困難與麻煩者。在所有體系中，有功者可獲賞識，快速擢升，否則依年資輩分晉升者也不少，最忌諱是製造困擾和麻煩，需要長官善後。

9. 承擔責任，解決問題

曾任參謀總長的李喜明上將曾告訴我，依照海軍傳統，船艦如果在海上遇到問題，艦長應負全責，不只要有判斷力，更要有解決問題的能力。外交部駐外館長就像海軍艦長，要為所有判斷負起全責，任何小差錯、疏忽都可能引起巨大風波。擔任政務次長時，有次陪同外賓晉見李登輝總統，結束會晤後，李總統留我下來，表示有某外館將其著作放在車庫儲藏室門口。深入了解後，發現確有其事，原來該處總務組因無足夠空間，暫時將書籍置於車庫，才短短兩天，消息就已經傳到元首耳裡。

又有一次，也是陪同外賓晉見。該位外賓非但帶著英文譯作，還當面問及內文某段意義。李總統既高興又好奇地問，該書從何處獲得？該名外賓表示，是某外館館長所贈，對此李總統不僅頻頻稱善，更對該館館長、同仁留下好印象。德國有句俚語：「魔鬼藏在細節裡。」一見微知著、敏銳覺察、判斷的重要性自古至今皆然。

外長任內，曾有外館辦理酒會發生請柬內容誤植的疏漏。倘若館長能審慎判斷，仔細檢視同仁文稿，特別是具政治敏感的部分，更要字斟句酌，才不致造成後續事態擴大，如此一來同仁的努力也不會遭到曲解。

身為首長，事件發生時，絕不應推諉責任給下屬，不只要挺得住，而且一定要負起最後的責任，若同仁有任何解決不了的問題，一定要找辦法，作強力後盾，使團隊能夠放心打拚。

10. Work Hard、Work Smart

我也希望同仁要 Work Hard，但能 Work Smart，有更多時間休息、和家人相處，才能保持頭腦清晰、家和萬事興。為此，開會務必精簡，主持部務會議以不超過一小時為度，也儘量縮短宴會時間，午、晚宴分別為一小時、一個半小時，雖然不時會碰到餐廳無法配合的情況，不過，我認為**掌握事情的優先程度、先後次序，也就是時間管理，至關重要。居領導者置更需注意謀定而後動，常見「將帥無能，累死三軍」，慎選擇慎思明辨的主管至為重要。**

11. 培養社交運動、鍛鍊體能及優雅氣質

同仁為國家做事，體能是最基本且重要的要求，能夠進入外交體系，知識基本素質都不差。每位同仁仕途未必都順遂，但若長官給予升遷機會，體能卻不堪負荷，就會錯失良機。因此，身心健康與平衡特別需要留意。另外，多接觸藝術、音樂、美景涵養氣質，也有助予人良好印象。

倘每位同仁都**身心平衡、頭腦清楚、判斷正確，EQ管理佳**，整個單位會受益，更能提升綜合戰力和創造力。以外館而言，如果每個人都能徹底發揮能力，那麼僅十人的館處便能有十五人的綜合戰力，館長和館員會更受肯定，國家利益也能夠最大化。

通常高爾夫與網球是比較容易交朋友的社交型運動，可以慢慢培養、精進，對外交工作很有幫助。

12. 有使命感、榮譽感、熱情、敢於報告實情

最後一點，也是最為重要的一項：身為中華民國外交官，要有使命、榮譽感。比其他國家外交官更辛苦，本來就是我們的宿命，但盡力達成賦予我們的任務、為國家爭取最大利益，是外交官神聖的使命。「從事外交工作，是一種榮譽，也是我們對國家的責任和承諾。」外交工作不僅是職業，不只是一份可「拿美金」的工作，更是一項「志業」，務必要有熱情、志向、使命和責任感。**敢於「對掌權者說實話」（speak truth to power），據實以報，予決策者正確資訊，更是外交人員重要的品格。**

適才適所，用人唯才

鞏固邦交或拓展實質關係（非邦交國）是極度耗費心神之事，在位之人能否承擔相應的責任，並發揮相當的才能，至關重要，一定要有足夠歷練。

個人長期在外服務並在外長任內出訪過二十個邦交國，無邦交國四十餘，面謁元首、國會議長或與外長會晤，發覺各國情況互異甚鉅。許多民主國家法律制度完善，但也有不少國家是人治居多或典章制度不夠完備，因此因應作為也必須有所不同。二〇一七年七月，在多明尼加主持拉美區域會報時，明顯感受各館長對駐在國掌握程度有差異。身為資深外交官，必須全面、密切掌握雙邊關係，真正深入的充分了解該國政情，能否正確著眼未來並具體盤算與規劃，不只關乎個人工作的順暢，還會直接影響國家的決策與判斷。

任公職期間，一直很重視選拔人才和如何妥適訓練。同仁進外交部後遇到的第一位科長，以及外派時遇到的第一位館長相當重要，好的主管會循循善誘，使同仁受益終生，當然，也會有反其道而行者，此須極力避免。

個人經驗中，用人適才適所、能接地氣相當重要。在擔任外交部政務次長期間，出訪某南太友邦，得悉該國總理喜歡台灣幼齒檳榔，就帶了一些當伴手禮。果不其然，會面時，對方對禮品中其他工藝品興趣不高，獨鍾檳榔，馬上打開品嘗，還順手遞給我一顆。情義相陪，立即與他一起享受，隨行的禮賓司長馮寄台也跟著嚼了一顆。其實，我們都是初次體驗，但不管如何，只要氣氛能夠打開，往後的事就會更好辦。

我國外交處境艱困，如何選擇邦交國駐使特別重要。理想的人才，除了外交官應有的知識外，能夠機敏看對方臉色、眼神，需要敏銳的第六感、直覺和周延的情報布建，這些都不是能從學校、書本習得的知識，而需要經過不斷歷練、見習、揣摩，甚至從挫折中汲取教訓才能累積成力量。外交官新血固然重要，但也不宜為了「年輕化」而揠苗助長，某些人在華府、倫敦能夠揮灑，但在不同政治文化、歷史、經濟的開發中國家未必適用，「適才適所」才是用人的首要原則。

街頭智慧——多用常識

逾四十年的外交生涯，經常感觸，身為我國的外交官，不能只有「書本智慧」（Book Smart），熟讀國際關係理論、駐在國政治、經濟、歷史、地理、人文都是基本功，而要達到全方位的能力，還需具備「街頭智慧」（Street Smart）。有學者譯為「小聰明」，個人不以為然，因為若是只飽讀詩書、食古不化、不通人情世故，如何在人間世上發展？

書本知識很重要，塑造端正人格、基本知識素養、分析及思辨能力，也有助於形成正確的「直覺」判斷。但倘死守典籍，不能因應時勢、科技發展、環境與人文的快速變化，那麼會沒有能力做出調整、反制作為。**過於迷信理論、數字、模型是不夠的，還是要加上常識（common sense）的判斷。駐使的責任，就是要邦交永固。**

蔡總統任內某次出訪南太平洋某國時，原本規劃去國會演說，媒體均知相關行程。然而，就當總統即將抵達該國之際，一封電報讓情勢大改，蔡總統突然不能在國會演說了，翌日另接一封電報，指出蔡總統可以演說，但地點安排於國會大廳，所有隨行官員不得隨行，必須在二樓觀禮，但這並不符合我方維安準則。我問隨行侍衛長，倘有狀況該如何處置？他毅然覆以：「我就跳下去保護元首！」看著他肩上的兩顆星，我知道該如何應對。

我提前請駐地大使把所有反對黨的國會議員領袖都請到大使官舍，一下飛機便直奔赴約，花了一個多小時，終於成功協調眾人意見，使蔡總統翌晨得以順利在國會發表演說，團員也都坐在樓下貴賓席。

還有一次，某邦交國大使可能因畢業於名校，自視甚高，被駐在國總統認為不接地氣，雙方關係不睦。得知後，致電請教前任我國大使，他說因為從小在鄉下長大，與該國總統的出身背景相似而惺惺相惜，每見到總統光著腳種田，便馬上捲起褲管陪同，雙方關係相當融洽，因而邦交穩固，也為國家節省不少資源。聽了他的話，我腦海中立即浮現一位接棒人選——他過去在另一個邦交國服務時，曾經穿著草裙、赤裸上身，和當地住民一同高歌熱舞，照片還刊在媒體上，但他當時已經調派到另一個環境舒適的大國，後來在不斷動之以情、說之以理的勸說下，總算同意赴任，而他一上任，我國與該國搖搖欲墜的邦交確實穩住了，這顯示了「接地氣」有多麼重要。

維護邦交國的外交人才當中，要論接地氣，警大出身者可謂特別出眾，出任大使沒有斷交紀錄。擔任部長時期，部內有多位警大畢業生，像是時任亞西及非洲司司長陳俊賢、駐印尼代表陳忠、駐越南代表石瑞琦、領務局副局長王海龍等，表現都可圈可點。

在我看來，警大畢業、曾任警察的同仁，不但具有街頭智慧，行事也相當機警靈活，**擅長處理傳統型外交官感到棘手的問題，在邦交國尤其能發揮**。可惜警大生參與外交特考已停止多年，為此便和時任內政部長葉俊榮、警政署長陳國恩研商，希望能再開警大畢業生投考外交部的限制大門，畢竟，無論是警官還是外交官，都是為國家服務。經過協調、討論後，二〇一七年決定修法方向，並在隔年修法實行新制，警大四年制學生畢業後服務年限將縮短為四年，可以參加國家考試，也讓外交部多一些具備「街頭智慧」的人才。

警大出身的外交官中，讓我印象極為深刻的是曾任駐索羅門群島大使的陳俊賢。他畢業後，在基隆港港務警察局歷練過，再考入外交部。派駐索羅門群島大使時，正值該國內亂，澳洲派軍警協助平亂，局面至為險峻、複雜，令人佩服的是，他膽大心細又觀察入微，手段靈活，不但能夠在紛亂的局勢之中快速站穩腳步，還能迅速想到最切實際、管用的方式應對，達成外交目的，而當時的總理也是後來拍板與我國斷交的蘇嘉瓦瑞（Manasseh Sogavare）。

當然，即便時空不同，駐使人的因素永遠重要。外交工作從來不只有在廟堂上，有許多事都成就於廳堂之中，甚至是廳堂以外的地方。能夠上得了廟堂，下得了廳堂，甚至能順利融入廳堂以外的街頭，懂得付出真心誠意也懂得適時演戲，懂得正直做事也懂得略施技巧，懂得遵守法則也懂得創造規則，能夠靈活遊走其間，權衡後折衝的人，才能面對複雜的外交處境，其實，在社會、商場打拚，不也一樣嗎？

川普總統第二任期如「鏡中之像」，用了不少與他相似，具有街頭智慧的閣員，對此建制派者多不以為然，但任用這些人確實有威嚇效果。相對於手段「文明」的拜登政府，川普政府使以色列、哈瑪斯戰鬥達成停火，還有墨西哥邊境非法移民人數銳減，都是不爭的事實。川普總統倡導的「常識革命」在應付非常規時期及非常規對手有一定程度作用，只是究竟政治任命人數有限，是否有能夠徹底執行仍需要官僚體系配合。而國際體系處於無政府狀態，沒有監督、缺乏相互信任，二戰後實施已八十年的聯盟體系翻轉，美國新政府又缺乏整體戰略視野，做法朝令夕改，有相當風險，對我國政府、企業界都是個新挑戰。

維護邦交

進入外交部大門，最令人印象深刻的，就是那一排的邦交國國旗展示，繽紛的旗子代表我國維持正式外交關係的友邦，然而，數目漸減也是所有外交老兵心中的傷痛。

近年，民調顯示國人對斷交的感覺不再深刻，甚至還有可省下預算的說法，但實際上，外交部二〇二五年機密預算大幅成長。對我國而言，邦交國數字不應該是「迷思」，每一個都重要，除了是主權象徵，每年國際參與，包括世界衛生組織、世界民航組織，甚至聯合國，都需要友邦仗義直言，我們受到的不公平待遇才得以略彰顯。另外，歷任總統出訪中南美洲，總會過境美國，若一一失去中南美洲邦交國，最後連過境外交的空間也都沒了，那麼何來「元首外交」？

提醒北京

在國際法中，外交關係是主權的象徵，也是不可分割的一部分。與他國相較，台灣的外交處境本就複雜、艱困，要維護邦交不得不面對的是歷史種下的因。一九七一年四月，美國曾派墨菲（Robert Murphy）特使來台，想說服我方接受北京在聯合國擁有安全理事會常任席位，台灣繼續保有大會會籍，但台北方面態度曖昧，而時任中國國務院總理周恩來則斬釘截鐵表示，已經等了二十五年，可以再等下去。如此一來，美國方案當然走不下去，同年十月二十五日，我方被迫退出聯合國也非意外。

在此背景下，北京一向要求我們的邦交國承認「一個中國原則」為建交先決條件，不同於歐美國家保留若干解釋彈性的「一中政策」。自中共一九四九年建政以來，從來沒有「雙重承認」、「一中一台」案例，以法國為例，也只是撐了短期，後來依舊採取「一中政策」，更遑論其他國家。

其實，仔細思量雙方諸多摩擦與其後的發展，就會知道兩岸為了邦交國進行零和爭奪，結果肯定是兩敗俱傷。擔任外長期間，在兩度主持的斷交記者會上，我都刻意提醒北京當局，倘若一再搶奪我方邦交國，民主化的台灣在被逼急的情況下，國內自然會有敵視北京當局的激烈聲音出現，不利兩岸關係的和平穩定。當然，對方慣性的置若罔聞。但即便如此，我們始終在為維繫邦交國努力。

尼加拉瓜的無奈轉向

與友邦的情誼彌足珍貴，無論過往歷史前因如何，當下能否與執政黨重要人物在擁護的價值觀、性格上相契合，使會面與談判順利，是鞏固邦交的關鍵，尼加拉瓜就是一例。

部長任內首度出訪尼加拉瓜，面見總統奧蒂嘉（Daniel Ortega）夫婦，他們是游擊隊「桑定民族解放陣線」（The Sandinista National Liberation Front）革命領袖起家。我在學生時期讀過反主流文化、世界左派流行文化標誌革命家切・格瓦拉（Che Guevara）的故事與書籍，對這背景相對熟悉，再加上第一夫人、副總統穆麗優（Rosario Murillo）曾留學英國，我便以蔡總統是倫敦政經學院畢業、執政黨的進步價值開啟談話，彼此十分投緣，談了兩個多小時，遠超原訂時間。爾後和尼加拉瓜參謀總長、警察總長會面時，他們得知與總統夫婦會晤氣氛佳，同樣談到欲罷不能，於是原訂與使館、技術團同仁的晚餐延到晚上十點才開始。二〇一七年，蔡總統出席奧蒂嘉總統就職大典，也受到盛大歡迎，與穆麗優副總統更以姐妹相稱與過往雙邊關係形成對比。

二〇二一年十一月，奧蒂嘉總統以七十五%得票率再次連任，但美國認為這是一場既不自由也不公平，不是民主的選舉。我們是民主國家，對尼國逮捕、打壓反對黨，當然也不能認同，我在外長任內也曾公開極力呼籲尼國，應循民主機制處理不同政黨爭端。根據尼加拉瓜媒體報導，我方在美國壓力下遲遲未發祝賀函，奧蒂嘉擔心遭孤立，便在該年十二月九日轉而尋求中國的政治支持。華府官員認為尼國轉向，是為了回應美方制裁以及鞏固其獨裁政權所做的努力。

回顧歷史，美國和尼加拉瓜的關係，如同美國與拉丁美洲，面相多且複雜，有時是區域合作，有時是經濟和政治的緊張競爭。

一八二三年門羅主義後，拉丁美洲被視為美國勢力範圍，美國海軍陸戰隊在一八五二年首次登陸尼國，其中一次還是為了保護美國礦業公司。一九一二年到一九三三年之間，美國也曾占領尼國，此外除了俗稱「香蕉戰爭」的占領、未宣戰軍事行動與內政操控，美國也嚴防自身以外的任何國家建造尼加拉瓜運河。最近一次是一九八〇年代，美國透過資助反對派組織康特拉（Contra，是西班牙語 la contrarrevolución 縮寫，意為反革命）對奧蒂嘉領導的左翼桑定民族解放陣線發動武裝攻擊，直到一九九〇年代才停止。

了解這段歷史後，不難想像為何奧蒂嘉總統會做此轉向，也可發現，美國過去在尼國採用的手段也與民主原則大相逕庭。**為鞏固自身外交利益，我方實未必要凡事都以美國中高階外交官意見是瞻，可以運用國會管道提醒政務官員注意**。當然，我方駐使遴選時未考慮歷練，無法應付曾經與命運對賭的革命型領導人，也是重要因素。近來，中方又再度與尼國商討開鑿運河的計畫，難道此發展符合美國國家戰略利益嗎？

對多明尼加發怒

另一個鞏固邦交的故事發生在多明尼加。二〇一七年七月，我到多國訪問，總統梅迪納託辭人不在首都，外長瓦爾加斯（Miguel Vargas）也聲稱出訪。

在駐多大使湯繼仁陪同下，參觀我們捐贈的啟聰學校時，看到嶄新校舍、齊備的輔助教學器材，內心不由得感慨萬千，心想，這比國內特殊教育學校設備更新穎、完備，但力主我捐贈該校的第一夫人卻託辭不出席。當天下午，我到鄉下慰問我國農技團成員，探訪一位已定居該地的前團長，又得知，由於他的育種改良，多國從稻米進口國轉成出口國。

隔天，我們拜訪外交部，竟是由次長代為接見，面對這顯然無禮的行徑，我不由得氣憤，便交代傳譯徐繼忠科長照實翻譯，數落了該國一頓。這是我四十年外交職涯中，難得一見的發火。

當時中共派駐當地的貿易發展辦事處，主管傅新蓉是位外型亮眼、個性海派的女性，很對拉丁美洲人胃口，她曾擔任國台辦副處長，統戰能力甚強。她事後告訴《環球時報》，早在二〇一二年梅迪納總統就任時，多國就有意和北京當局建交，只是從二〇一六年她到任後才開始履行，直至二〇一八年五月一日「任務終於完成」。該年多國也在北京協助下，當選聯合國安理會非常任理事國。此節也不得不承認國際政治的現實與殘酷！

戮力從公

駐多大使湯繼仁是位敦厚君子。我雖然僅在多國首都聖多明哥（Santo Domingo）停留三日，便已覺察他身負的擔子之沉，幾乎要壓得喘不過氣，但他仍堅忍地多撐了約一年。與多國的邦交生變後，湯大使返國不久即動心臟大手術，復原後繼續在禮賓處接待外賓，直到雙十節才在總統府國慶典禮舉行前一刻倒下，雖立即送醫保住生命，但三年後仍不治，令我十分悲痛，特別囑咐外交部上簽，由總統簽署褒揚令，表彰他的辛勤貢獻、鞠躬盡瘁，為家屬療癒些許傷痛。

外交官鞠躬盡瘁為國、戮力從公，湯繼仁是一例，前駐史瓦帝尼大使陳經銓也是。

二〇一八年四月十七日至二十一日，蔡總統出訪史瓦帝尼，慶祝該國獨立五十週年、國王五十歲生日，及雙方建交五十週年。同年六月，史王來台參加二王子在實踐大學的畢業典禮，陳經銓皆陪同在側。七月時，他在我國駐史瓦帝尼大使館腦中風倒下，因意識不清無法後送回台，當地醫療設施又不夠完備，拖延兩週後才得以返台動手術，直至現在身體仍受影響，需以輪椅輔行。

我國邦交國大使承受之重，當真重如泰山。

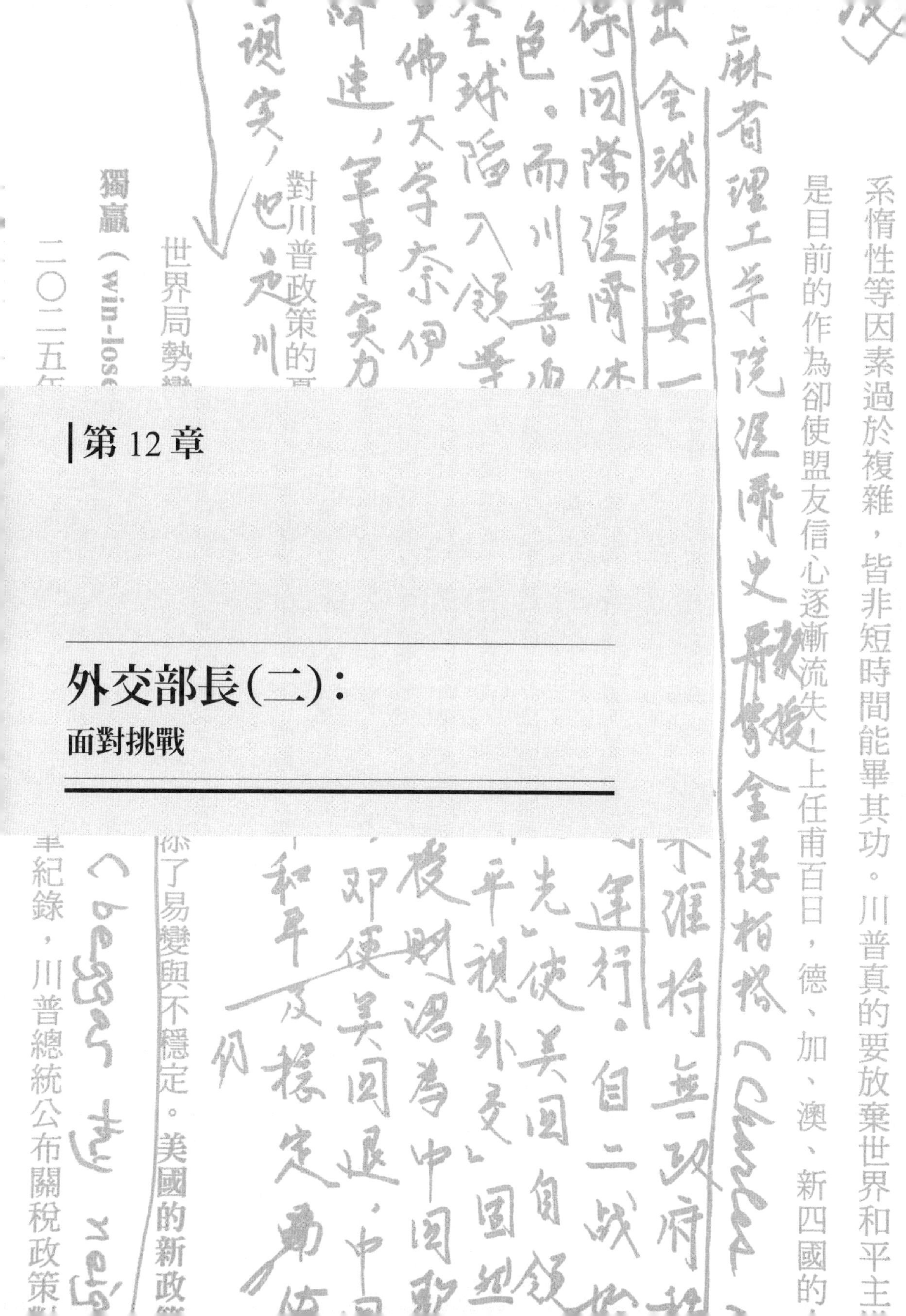

第 12 章

外交部長(二)：

面對挑戰

國會風雲

立法院可說是台灣民主政治的鏡子，內部組成多元，執政黨立委未必是友人，反對黨立委也未必是對手。

翻開歷史，不少內閣首長就算滿腹經綸，上了質詢台也屢被打斷，常無法清楚為政策辯護，還有過分「老實」被圈套住而難以迴旋，這些政務官自然難以長久存活。所幸在一年九個月外長任內，和朝野立委間的溝通大致平順。原因在於，有親身觀察美國行政官員、與國會議員交往的經驗，任內經常到國防外交委員會與幾個主要委員交流、做背景簡報，如實把外交部面對的困境、挑戰逐一向立委說明，並報告何以某些問題無法在委員會公開，藉由誠懇的溝通面商，而委員也深感受尊重，在公開場合幾乎沒有為難過我。

事實上，擔任機關首長，為了能讓預算在立法院順利通過、委員得以行使監督權，不時向朝野立委誠懇溝通說明是必要的。

曾有立委為南海仲裁案痛批我出賣台灣主權，雖在質詢台上幾經說明，該立委基於黨派及個人利益仍不接受。最後，我只好打電話給該立委的前輩，在大老出面斡旋下，對方後來不但減少對外交部的批評，更鮮少出現在國防外交委員會。

也有些立委向外交部爭取預算出國考察，對此也會儘量從寬認定，讓立委們可發展國會外交。偶有立委來進行人事「推薦」，但這些人通常資歷、能力都不符規定，只能暫擱一邊。有時委員也是給選民一個「交代」而已。

除了立委本身爭取預算、關說人事，非政府組織（NGO）出國補助，也常是關切的議題。因應國家外交困境，外交部內設有非政府組織國際事務會，單位主管為執行長。我認為，擔任此位置的人一定要機警、靈活，且和國會聯絡人一樣，要在有限預算下仍能回應諸多非政府組織及立委的訴求，才能使其與外交部間關係更加和睦。後來的王雪虹執行長，表現就可圈可點。

每年，外交部編列給非政府組織的預算約有一億元。有時候，非政府組織不滿意補助金額，立委也會為此來電話，希望能提高補助金額。有一次，一位曾任立委的前官員想到海外宣達台灣加入國際組織，認為外交部核定的補助金額太少，後來雖如願加碼，但該宣達團為期六天的出訪行程當中，卻只有兩日在工作，其餘四日均在觀光，被媒體披露並大肆撻伐。第二年，該非政府組織又來申請補助，這次我們只核定了基本金額，他們也無異議。

還有一次，正值審查預算期，數位立委私下向我抱怨，剛從美食之都訪問回來，然駐使依會計規定，只招待正餐一次，其他都以便當果腹。我只好請國會聯絡人告訴這位代表，如果分別請國會議員、僑領及參訪地方市長等作陪，不是又多三次宴請，免得部長還要賠不是。

北京吹來的風

早在就任外長前我便心知肚明，北京政府一定會對民進黨主政的政府出招，未來的挑戰必定多不勝數，只是沒料到最早從北京吹來的風，卻是先從台灣而起。

當年總統蔡英文在就職演說中，特別提到「一九九二年兩岸兩會秉持相互諒解、求同存異的政治思維，進行溝通協商，達成若干共同認知和諒解，尊重這個歷史事實」，並強調兩岸要「維持現狀」，顯示我方希望與北京有對話空間，這也是她在黨內爭取後的底線。

多年後，一位美國情報界退休友人訪台時告訴我，蔡總統發表就職演說後，第一時間中方智庫專家的反應尚屬正面，但我方數位前政治人物基於私利，竟電告北京當局不應該接受。中國國務院台灣事務辦公室隨後便稱，蔡總統的就職演說在兩岸同胞最關切的兩岸關係性質採取模糊態度，沒有明確承認「九二共識」和認同其核心意涵，也沒有提出確保兩岸關係和平穩定發展的具體辦法，「是一份沒有完成的答卷」。以事後之明角度來看，雙方內部仍有不同意見，時機尚未成熟，讓原本尚有些許空間的機會之窗，後來演變為惡意螺旋。

因為北京當局並未給予蔡總統就職演說正面評價，加上世局、政治、軍事、經濟結構性變化，兩岸關係也不如過去八年熱絡，使得媒體多以「冷和平」稱之，雙方雖暫無溝通，但也沒有發生衝突。此期間我在內部會議中，特別要外交部同仁留意此情況，因為「冷和平」氛圍能持續多久，無人能料。

研判北京當局對蔡政府充滿焦慮，遲早會出招，問題只在何時（When）和如何（How），以及出手力道有多重。果然，上任之初，就碰到外館網頁受到駐在國要求移除的警告，對此，我在外交部部務會議中表示，這還算是輕微的做法，未來恐怕會有更重的手段，希望所有同仁高度警覺、不可鬆懈，倘若覺察可能產生危機，務必即刻預防處理，否則從上到下都是失職。

失去聖多美普林西比

非洲友邦聖多美普林西比於二〇一六年十二月二十一日與我國斷交，這正是北京的另一次出手。

聖多美普林西比過去是葡萄牙殖民地，如今雖已獨立，但葡語仍是官方語言。要前往此國的首都聖多美（São Tomé），得先到葡萄牙的里斯本轉機。猶記首次前往，是在一九九九年外交部政務次長任內，當時飛機尚未全面禁菸，且商務艙的最後一排也開放抽菸，於是在前往聖多美的班機上，坐在吸菸區前排的我一直聞到後方菸味陣陣，不禁側頭一瞥，發現吞雲吐霧的是位非洲人。心想，能搭商務艙的非洲人肯定不是平凡人物，因而隱忍，抵達目的地後才發現此君竟是聖多美的經濟部長，也是將拜訪的對象。

斷交從來不會突然發生，時任外交部亞西及非洲司長陳俊賢在當年三月立法院備詢時，就表示聖多美普林西比邦交已亮「黃燈」，有斷交警訊。而在九月，雙方斷交的三個月前，我擔任總統特使偕同池琳一同到該國參加總統卡瓦略（Evaristo Carvalho）就職大典時，也嗅到了山雨欲來的前兆。

時隔多年再訪聖多美，眼中所見的一切竟幾乎與十七年前的記憶相似。顯然該國在政府治理上仍沒有進步，而這也反映在我們參加的典禮細節與該國政治人物身上。總統就職大典當天，突然下起滂沱大雨，現場賓客所在地雖有搭設雨棚，卻寬度不足，雨水不停噴濺而入，包括我在內，所有坐在第一排的貴賓西裝褲膝蓋以下幾乎濕透。後來，與卡瓦略總統會晤，我一眼便察覺他身上的西裝剪裁十分得宜、用料上乘，應是出自英國倫敦薩佛街（Savile Row）名店之手，且搭配鱷魚皮鞋，手腕上戴著純金勞力士錶，與該國人均年所得僅一千七百美元，排名世界一百四十一的現實極不對稱。

返台前，有半天空檔，請大使帶我到首都以外的鄉村地區看看。因為聖多美普林西比瘧疾肆虐，我國自二〇〇〇年後，多次派遣有「台灣抗瘧之父」稱號的連日清博士前往協助，費了極大心力才把瘧疾發生率從二〇〇三年的五十％降至二〇一五年的一．〇一％，成效卓著。但讓我十分震撼的是，明明已如此投入資源和心力降低瘧疾的發生率，該國政府卻看似連最基礎的生活環境防治都不注意，沿途所見的路面上盡是坑坑洞洞，而這些容易雨後積水、孳生蚊蟲之處，正是瘧疾產生的主要原因。

聖多美普林西比的衛生部長甚至告訴我，二〇一三年世界衛生組織（ＷＨＯ）宣布，他們已進入「瘧疾根除前期」，他擔心往後的瘧疾染疫率會低於世界衛生組織規定的下限，如此一來會領不到每年六百萬美元的補助。

和改善人民的生活相比，這個國家提出的要求與合作邀約，不時會出現並非以公眾利益為出發點的案例。國際機場即是：聖多美普林西比政府希望我方能援助該國擴建機場，原因是過去飛機從非洲南部國家飛往美國東岸時，都得在另一個大西洋上的島國維德角中停加油，該國政府希望也能複製，但我方評估後，認為現今跨大西洋航班由波音七七七等續航力超過十五個小時的機種執飛，已經不若過往波音七四七時代需要中停加油，因此婉轉告訴聖方最好先請專家、顧問公司評估，費用部分我方可以補助，後來果然沒有下文。

聖多美普林西比正式宣布與我國斷交事前未有確切情資，我方總統府隨即發布聲明，強調中華民國有能力在各方面協助友邦，也願意盡最大努力協助友邦，但不會以金錢從事外交競逐。而中國大陸外交部稱，歡迎該國回到「一個中國」的正確道路，並在五天後隨即與該國復交。

此次的斷交模式與二〇一六年三月甘比亞斷交幾乎如出一轍。因此，我也在部務會議強調，不能有下一個案例發生，我國二十一個邦交國館長、同仁、部內各司均須共同惕勵努力，絕對不可以事前渾然不知，毫無警覺心。

聖多美普林西比道路坑坑窪窪的積水畫面一直盤旋在我心上，果然，與我方斷交轉投北京懷抱後，少了像連日清博士這樣的專業人士助陣，該國瘧疾染疫率又節節上升。當地平民百姓的疾苦，不知在上位的統治者，如何看待？

巴拿馬斷交風暴

聖多美普林西比斷交餘波甫平，不到半年，第二個斷交挑戰接踵而來。此次是有戰略意義的巴拿馬，對我國外交而言，著實是一大打擊。

得知斷交消息時，是台北時間二〇一七年六月十三日凌晨零時三十分，我和劉德立常務次長急赴部內坐鎮，調度指揮處理後續餘波，在確認後，於凌晨三點先以電話報告蔡總統，並在早上八點在她主持的臨時國安會議面報。見忙碌了一晚上，總統要我回家休息，但我還是在十點半舉行記者會，對巴方為了經濟利益屈服北京當局，執意外交轉向，並以極不友善的方式欺矇到最後一刻，表示強烈不滿與憤慨，並重申不會與北京從事金錢外交競逐。結束記者會不久後，十一點，又有一場重要會議要參加，蔡總統看到我雙眼滿布血絲，說：「我不是要你先回家休息嗎？」她的溫暖及同理心十分令人感動。

回顧巴拿馬斷交一事，和聖多美普林西比時類似，雖錯愕，但也有跡可循。

蔡總統就職後的第二個月，就以「英翔專案」為名，赴巴拿馬參加運河拓寬工程竣工典禮，並赴巴拉圭與總統卡提斯（Horacio Cartes）會晤，去程與返程分別過境美國邁阿密、舊金山。但此行在參觀巴拿馬運河時，蔡總統親睹的第一艘通行貨櫃船竟是「中國海外」，第二艘才是長榮海運，顯然有刻意安排的痕跡。她也有意地在留言簿寫下「見證百年基業，攜手共創榮景」，署名President of Taiwan（ROC），引起台灣朝野討論。出訪巴拿馬期間，總統瓦雷拉（Juan Varela）親設國宴，副總統兼外長聖馬洛（Isabel Saint Malo）接待時也相當熱忱，該有的禮數都做到了，因而巴國與我方斷交，雖說不意外，但的確猝不及防。

美國媒體曾分析，美國和巴拿馬曾共同管理過巴拿馬運河一段時間，直到一九九九年才完全移交給巴國政府，美方也不在當地駐軍，但即便如此，美國政府還是有實質掌控力，相信中央情報局更派駐不少人員在當地，但也被蒙在鼓裡，在巴拿馬與台灣斷交前一小時，才知道該國準備與北京建交。

在巴拿馬宣布與北京建交的一個月前，二〇一七年五月，原任巴拿馬大使的劉德立返台接任外交部常務次長，原職則由同樣熟悉中南美洲，曾任拉美司長的曹立傑接任，但呈遞到任國書的過程一直不順，顯然巴方早有預謀。劉德立向我分析，巴拿馬是重商民族，而且因為中國在巴拿馬運河是第二大用戶（僅次於美國），十分在意兩岸關係中北京看法，多次向我方表示不願意在兩岸問題選邊站，加上民族性格較為刁鑽、難纏，與其他中南美洲國家不同。聽完他的分析，似乎一切都有跡可循。

美國時任駐巴拿馬大使費利（John Feeley）事後也在《華盛頓郵報》（*Washington Post*）撰文解密，二〇一六年底，獲悉中國、巴拿馬在馬德里談判建交事宜，因此二〇一七年初兩度向瓦雷拉總統探詢，得到的回覆是「與中方並無接觸」。

費利大使表示，美國與中國間有邦交，因此不能質疑巴拿馬與中方接觸的決定。讓他吃驚的是，直到巴拿馬正式宣布與北京建交的前一小時，美方才獲悉此事，而且這個影響美國利益甚鉅的決定，對方還並非主動告知，而是費利大使打電話給瓦雷拉總統時，他才順口提起。

費利後來主動辭去美國駐巴拿馬大使一職，且明顯不滿川普總統。他透露，二〇一七年六月返國述職時就曾向川普總統報告，表示關切巴拿馬與中方接觸，總統卻只是淡淡問道：「我們那棟川普酒店，還是巴拿馬最高的建築嗎？」

不滿川普總統的不只費利大使，巴拿馬總統也曾在美國貿易保護主義聲浪興起時，向我方駐使抱怨與川普通話時不受尊重。其時值巴拿馬宣布與我方斷交前一週，上海振華重工承包的大西洋瑪格麗特港口動工典禮，瓦雷拉總統親自主持，這是中國在巴拿馬最大投資項目，總額高達十億美元，是「一帶一路」的延伸，也被視為是和我國斷交的催化劑。

其實根據維基解密文件，巴拿馬早在多年前就有意與中國建立邦交。前美國駐巴拿馬大使史蒂芬森（Barbara Stephenson）在二〇一〇年二月二十三日發的電報當中表示，時任巴國總統馬蒂內利在二〇〇九年五月贏得大選後，曾告訴她將會轉向承認中華人民共和國，因為巴拿馬商界將因此受益。二〇一〇年一月，巴國外長在出訪亞洲時與中國外長楊潔篪會晤，但卻獲告，北京為了避免損害逐漸回暖的兩岸關係，不會接受巴國提議。

《路透社》引述上海國際問題研究院台灣政策研究員張哲馨的話，表示「**如果不是為了支持馬英九，中國已經讓他們（指中美洲國家）跳營了**」，而且根據張君的估算，**中國至少已經為此婉拒五個中美洲國家轉向與北京建交的要求**。如此看來，多明尼加在二〇一二年梅迪納（Danilo Medina）當選總統後，嘗試和北京建交卻遭拒，應該就是被拒的五國之一。

我國前駐巴拿馬大使劉德立回憶，他離任時，原本已經交涉好新任大使遞交國書副本日期，但曹立傑大使抵任後，巴拿馬即藉故展延。時任外交部常務次長的劉德立，立即請曹大使透過管道查有無巴國外長出國紀錄，回報是沒有。但就在瓦雷拉總統宣布與北京建交後一小時，巴國外長就和中方外長王毅在北京正式簽訂建交公報，可見巴國是處心積慮欺瞞我國和美國。

曹大使夫婦遭逢非戰之罪，在六月十五日使館降旗後返國，我和池琳於清晨到機場迎接，表達支持，曹大使將降下的國旗交給我，兩人都流下男兒淚。兩個月後，另安排曹立傑出任駐秘魯代表。後來他又兩度重披戰袍，出任駐阿根廷、瓜地馬拉大使，在第一線奮鬥直至退休，精神可佩。

第二任期的川普總統為了巴拿馬運河主導控制權，放重話威脅、壓迫，終於由華爾街貝萊德（BlackRock）資產管理集團展開收購談判。**倘八年前多以戰略角度思考，助我穩定邦交，後來也不必如此大費周章，以強勢作為回收主導權，瓦雷拉前總統也不會因與中建交過程涉嫌不法賄賂而深陷司法官司。**

蔡總統八年任內，除了擔任外長期間本是責無旁貸，後來歷任國安會祕書長、總統府祕書長，我也多次在她指示下，深入檢視邦交國狀況。學者亞歷山大（Colin Alexander）也在《中國與台灣在中美洲》（*China and Taiwan in Central America*）一書中寫到：「**如果你是小型中美洲民主國家，身分是台灣的盟友，台灣會對待你像公主一樣，你會得到很多好處。反之，如果你轉向中國，你只會是認同中國的國家之一。**」事實上，北京給予挹注、轉向中國的的國家當中，除了巴拿馬、索羅門群島等具有戰略價值者，其餘多半悔不當初。

在北京當局步步進逼的「切香腸策略」（Salami tactics）之下，我要求駐外館處、部內同仁共同檢視當前外交資源，並重新整合運用，以做最大發揮，也請三位次長、主任祕書分別約集相關司處主管集思廣益，以提出對我國外交工作的具體可行方案，蔡總統也同意增加外交部資源。我呼籲同仁，必須善加運用並做最好分配，而且不管是在有邦交或無邦交地區服務，都不可鬆懈心防。

有鑑於北京當局對我方打壓已擴及國際非政府組織（INGO），不少國內民間團體也遭遇困境，常不知如何應變，但部內有單位卻要求先書面來函，讓我正色告知同仁，必須用同理心面對這些主動參與國際事務的民眾和團體，並建立SOP，迅速回應、協助。

對美關係

擔任外長期間，處理對美關係當然是重中之重，當時正值歐巴馬總統執政末期及川普總統初期，亞太助卿遲未任命，後來又等參院外交委員會同意，因此當時此職位有許多時間都是職業外交官擔任或代理。所幸當時的駐美代表高碩泰從外交部北美司基層做起，業務純熟，駐美代表處同仁又多為部內一時之選，戰力堅強，得以全盤接招。幾次蔡總統出訪，過境美國時，都獲美方高層電話致意並交換意見，完全零意外，也沒有徒生不必要的波折。

猶記二〇一六年六月，蔡總統任內首度出訪，第一站過境邁阿密，接見的第一位外賓就是時任聯邦參議員、現任國務卿魯比歐（Marco Rubio）。他展現出的熱情、支持，以及對兩岸議題的高度興趣，令人印象深刻。面對美麗的大西洋、曾陪伴海明威（Ernest Hemingway）走過寫作巔峰期的海灘，蔡總統卻是忙碌接見從華府趕來的各路訪賓，三天兩夜過境行程中，未曾碰觸一粒海沙。

自一九七九年台美斷交後，美國國務院自我設限，定下我方正副總統、行政院長、外交部長與國防部長等五位不得進入華府，我們每年都在西岸會晤美方官員，出席者多是職業外交官，除雙邊事務、兩岸關係、國際參與外，**我總是在會上特別強調，美方應協助鞏固我方在拉丁美洲、南太平洋國家邦交。然而，當時美國政策仍模糊，直到二〇一七年底制定「印太戰略」，我方大量失去邦交國後，他們才體認我方的預警所為何事，但北京勢力早已深入美國後院、澳洲前院，木已成舟，夫復何言。**

回頭看這一連串發展，會發現美國外交的弱點也和加、澳兩國類似，政務官忙於外訪、處理緊急事務，而職業外交官則處於兩難，法理上美國承認中華人民共和國，但事實上，台灣的重要性高，而且根據《台灣關係法》，美國也需要顧及台灣安全，戰略價值也不同於以往。如何拿捏，除了政務官、國會是否認真監督，職業外交官本人偏好及詮釋都是影響因素。在此情況下，雙邊關係的維護甚為複雜，需要特別花心力經營。

面對北京步步進逼，美方雖是我方長期堅實盟友，但要直到川普總統上任，並在二〇一七年提出「印太戰略」，美國對中戰略才算大幅度翻轉。

二〇一六年十一月八日美國總統大選，眾家民調普遍認為曾任歐巴馬政府國務卿、紐約州參議員的前第一夫人希拉蕊（Hillary Clinton）應會順利出線。開票當天，正在九州熊本訪問，在日本時間十一月九日下午一點多得知選情逆轉，立刻交代福岡辦事處處長協助訂機票，想以最快速度返回台北，但當日已無返台航班，因而行政院長林全在傍晚六點召開的緊急會議，只能請部內主管次長出席。可能同仁因沒料到川普會勝選，對林院長提出的問題回答得不夠完善，因此隔天一早返台後，我立刻見了林院長，逐一解答他的疑問。

對我方而言，川普勝選雖然意外，但也並非毫無準備。

美國大選前，駐美代表處的人力配置依照當時各界預測來安排，由兩位同仁經營民主黨，然而選舉結果底定後，唯一負責共和黨的一等祕書張謙彥突然翻紅，因為他經營的人脈中，不少都和川普總統一起進了白宮，像是曾著《致命中國》（*Death by China*），並大力主張關注美中不公平貿易、中國威脅的加州大學爾灣分校經濟學教授納瓦羅（Peter Navarro），便是其一，他在川普總統第二任續受重用，擔任白宮經濟高級顧問，也是對等關稅的主要策畫人之一。

納瓦羅二〇一六年七月曾經訪台，還在《國家利益》（*National Interest*）雜誌發表〈美國不能遺棄台灣〉（America Can't Dump Taiwan）一文，主張美方應增加內閣成員訪台次數，也協助台灣儘量多參加國際組織，並派遣更多退役民間軍事人員幫忙訓練台灣軍隊。外交部當時雖設宴款待，只可惜因出訪，由次長代為接待。

與川普通話

選後，我方積極運用過去累積的人脈強化和川普政府的關係，像是共和黨智庫二〇四九計畫研究所（Project 2049 Institute）主席薛瑞福，就是長期支持台灣的友人，也在此時發揮關鍵影響力，安排川普總統當選人與蔡英文總統在二〇一六年十二月二日台北時間晚上十一點通話。

針對這次通話，《華盛頓郵報》外交政策與國家安全專欄作家羅金（Josh Rogin）在他的著作《天下大亂》（*Chaos Under Heaven*）中提到，當時的情況是薛瑞福找到國務院交接小組的朋友幫忙，把蔡總統的電話塞進川普的聯絡電話清單，接著這份清單就被送進紐約川普大廈。當日川普不停與國外政要通話，一直到清單上的最後一個——台灣。

短短十一分鐘的談話，川普總統當選人還邀請蔡總統到華府訪問，而蔡總統則相當冷靜沉著，沒有正面回應，僅表達謝意。通話完，蔡總統依舊穩健，並無任何歡愉表情，就談話內容和大家交換意見，並指示發言人黃重諺隔日早上簡單發稿即可，由此可見她的智慧與謹慎。接著又與國安會祕書長吳釗燮和我聊了十多分鐘，約十一點四十分離開總統府，並交代無需刻意炒作。

不料，隔天早上六點還是接到了媒體來電，原來是川普陣營主動把和蔡總統通話的訊息放上推特（社群媒體X的前身），並發文稱：「台灣總統今天打電話給我，恭賀我贏得總統大選。謝謝！」

一直到當日八點半，我方總統府才正式證實通話消息，並公布雙方十一分鐘的談話內容。雙方不只就台美關係、亞洲區域情勢交換意見，蔡總統也向川普提及台灣未來的施政重點和理念是促進經濟發展、強化國防，期盼在未來能強化雙邊互動聯繫，也希望美國能支持台灣參與、貢獻國際議題的機會。

回想與川普通話當日，正是台北時間星期五，早上得知當晚將與川普總統當選人通電話，即交代外交部北美司準備談話參考資料，然而送來的內容多屬雙邊議題，欠缺元首高度，事實上在通話過程中也沒派上用場，不過國安會幕僚趙怡翔準備的英文說帖相當妥切、適用。

川普上任後，研判其新政府的走向和運作將難以預料，從選前、選後，到川普總統當選人與蔡總統通話等諸多發展，充滿變化。曾有一位川普決策圈人士告訴我，川普以紐約房地產事業起家，每天都得面對地主、地方政府、銀行家、住戶及各路牛鬼蛇神，十足精明商人性格，不只競爭者，就連盟友也常摸不著頭緒。因此，我閱讀了川普親自參與撰寫的著作《交易的藝術》（*The Art of the Deal*），希望能夠更深入了解他的思維和風格，還多買了兩本送給蔡總統、吳釗燮祕書長，也請外交學院指派同仁閱讀、整理成摘要後，傳閱部內同仁。

我也在部務會議要同仁特別注意，北京方面雖小心翼翼處理川普總統在二〇一七年一月上任後的諸多反應，但對我方使出的動作絕不會手軟，特別是對我方邦交國、國際組織進展，將是極大的衝擊，必須謹慎面對、處理。

友台法案

二〇一七年三月，川普總統上任後不久，到美國喬治亞州外海小島參加美國企業研究院（American Enterprise Institute）年度論壇，該智庫雖然立場偏共和黨，但在政治光譜又比傳統基金會更偏向中間，國內企業家台積電創辦人張忠謀、遠東集團董事長徐旭東多會參與，而當年因為川普意外勝選，整場活動氣氛特別高昂。

參與該論壇必須繳入會費一萬美元，但我們是貴賓，過去駐美代表任內曾兩度參加，所以免費。會中除了見到前總統小布希，也和川普決策圈人士交換意見，如白宮貿易與製造業政策辦公室主任納瓦羅、台灣出身的運輸部長趙小蘭（Elaine Chao）等川普內閣成員，為接下來的變化預先做準備。

川普總統在上任第一年內和中國國家主席習近平互訪，中方更批准美國第一千金伊凡卡（Ivanka Trump）旗下時尚品牌的十六項新商標申請。中方以為透過和川普家族的關係就能贏得友誼，卻沒料到川普政府在接近年底推出了一連串友台法案。例如，二〇一七年十二月十二日簽署的《國防授權法案》（NDAA），內容包括美國強化和台灣的夥伴與合作關係，美國定期移轉台灣所需的防禦裝備和服務，使台灣維持足夠自我防衛能力，並邀請台灣軍隊參與「紅旗」等軍演，執行美台資深軍官、官員相互交流計畫，以增進雙方軍事關係。

美國在憲政體制分權與制衡原則下，行政與立法部門對外交政策一向存在競爭關係，但絕大部分都是行政權占上風。《國防授權法案》獲得美國國會跨黨派支持通過，並經川普總統簽署立法，實屬不易，我也在部務會議定調，外交部感謝美國國會支持，也尊重美國政府決策，但不必大肆張揚。

至於原本被中方認為是鞏固與川普政府關係，讓利予第一千金公司的事業，伊凡卡恐因避嫌，早在二〇一七年上半年就停止對中國代工廠下訂單，並在翌年七月宣布關閉同名品牌，把重心放在協助父親的公共政策。

印太戰略

二〇一七年十二月二十八日，川普總統正式公布《美國國家安全戰略報告》。該報告指出，中國、俄羅斯挑戰美國實力、影響力和利益，也試圖侵蝕美國的安全和繁榮，挑戰國際經濟秩序，影響經濟的自由和公平，更控制資訊、數據的自由流動，壓迫他們的社會，同時擴張其影響力。

另外，該報告也首度明確提及「印太戰略」。這個詞彙，最早是在川普總統二〇一七年十一月赴越南參加亞太經濟合作會議（APEC）時，提出「自由開放的印度太平洋願景」（Free and Open Indo-Pacific Vision），隨後就在《美國國家安全戰略報告》中提出，並成為川普政府亞洲政策的主軸，除了把中國視為首要挑戰與因應的對象，還透過經濟上促進共榮、治理上捍衛良善治理與公民社會、安全上確保和平安全的區域秩序共三大支柱，強化印太國家關係。

而由美國、日本、印度、澳洲組成的四方會談（U.S.-Australia-India-Japan Consultations, the “Quad”）則是川普政府任內最重要的對話機制。起源自二〇〇四年南亞大海嘯後組成的四方安全機制，二〇〇七年首度召開非正式對話並舉行海軍演習，卻因中國大陸抗議及時任澳洲總理陸克文不願支持而喊停，直到二〇一七年十一月，川普政府提出「印太戰略」後，才再度召開，並在二〇一九年九月首次升級為外長會議。

「印太戰略」對我方最大的影響，是美方對中戰略轉向後，更願意協助我方鞏固邦交。對於種種變化，我早在「印太戰略」提出當下，就要求部內同仁必須密切觀察美國如何執行與落實該戰略，包括全球問題和區域情勢發展、主要國家間競爭與合作、國家安全議題等，均必須及早了解、深度部署，所幸後來政策方向與事先設想的範圍並未距離太遠，不致措手不及。

特別值得注意的是，美國是刻意在川普總統二〇二一年卸任前的一月五日解密公布。二〇一八年二月，川普總統就已批示在行政部門實施「美國印太戰略框架」（United States Strategic Framework for the Indo-Pacific）。據了解，**在制定過程中，川普總統逐字逐句參與討論，至為重視**；時任總統國安顧問歐布萊恩（Robert C. O’Brien）也表示，該文件「旨在告訴美國人民及其盟友和夥伴，美國將長期致力於印太地區的自由、開放」。文件中更明白指出：**「由於兩國政治和經濟制度的不同性質和目標，中美之間的戰略競爭將持續下去，中國將規避國際規則和秩序以獲取優勢；中國旨在瓦解美國在該地區的聯盟和夥伴關係，中國將利用這些被削弱的紐帶所帶來的機會與機遇。」**

在台灣部分，美國也將戰略目標訂為：**「旨在台灣能夠發展有效的非對稱防禦戰略與能力，以確保其自身安全，避免遭受脅迫，保有戰略韌性，以及更有能力用自主的方式與中國大陸接觸。」在行動方面，文件明示美國要增加在第一島鏈的有效軍事遏阻力量，拒止中國在海、空軍力掌控，防衛第一島鏈國家，包括台灣（defending the first-island-chain nations, including Taiwan）**。

現在我們面對的是川普二．〇，美國國內及國際形勢較二〇一八年又有很大的變化，選舉中承諾的提升關稅、減稅、削減政府預算、阻止非法移民等國內政策勢必優先推動。然而，國際均勢中，美中競爭架構不論是制度、經濟、戰略、價值競爭的基本態勢仍未改變。而科技如人工智慧、量子運算、生物科技等的突破性進展，美國仍處相對優勢。川普總統想要建立與習近平總書記兩人間的直接對話管道，並亟欲儘速見面溝通，這是典型交易者的行為。**中方也深悉此伎倆，保持鎮定，一副「奉陪到底」的架勢。**川普總統是否繼續追擊，而印太戰略二．〇版，會否更向「美國優先」前進？現均賴川普一人決定。當然，**「勇於鬥爭，善於鬥爭」的中國領導人必不會輕易放棄。宣揚百年屈辱、強化民族自尊、鞏固戰略定力乃屬必然策略。個人不認為美中經濟能夠「脫鉤」，但夾在兩大中間的台灣，亦不可能置身事外。此節關乎台灣人民和平、安全及民主是否持續，當然是我國執政者需深謀遠慮、精密計算、規劃、執行的要務。**

新南向政策

不只川普總統主政的美國希望加強與中國以外的印太國家關係，台灣也希望能強化與東南亞、南亞、澳洲、紐西蘭關係。

蔡總統在二〇一六年競選時，「新南向政策」就是重要政見之一，與過去「南向政策」最不同的地方在於，是「雙向」且「以人為本」，和過去側重我方對外投資，較缺乏政府和企業界如何培訓人才思維不同。

就職後，她在一個月內成立了總統府新南向政策辦公室，並明確定義「新南向國家」共十八個，包括東協十國、南亞六國和紐西蘭、澳洲，其中六大重點國家則是菲律賓、越南、印尼、馬來西亞、泰國、印度。我也在二〇一六年八月到東南亞視察，走訪泰國、馬來西亞這兩大新南向政策涵蓋館處。訪視後感觸良多，認為東南亞、南亞確實是外交部長期未予重視的區域，此行對個人而言，也是學習之旅。

外交部投注更多精力、時間、人力、資源，全面強化新南向國家工作，我也要求外館要有積極主動且明確的作為。每個國家的政經情況、人脈資源、文化背景、與兩岸的雙邊關係均不同，應全面檢視已掌握的資源、面對的狀況、駐在國能給予的限度。

東南亞各館處和駐在國發展關係的上限當然不及美國，無法要求兩者上限一致，但期許的差距不能太大，而若我方外交工作能符合對方利益，對方給予的上限就會提高。尤其在人治多於法制的國家，倘若駐使能力、交際手腕強，時常會有意外收穫，有時甚至可超越制度化國家。當然，這種情況容易因駐在國人事更迭而有變化，不易制度化。

在走訪東南亞各館處時，發現有些外館同仁積極學習當地語言，有些外館則否。見此情況，我除了把新南向國家各館同仁學習當地語言列入評鑑各館績效的指標之一，也請外交學院增開東南亞政策講習，請各單位主管鼓勵同仁多參加報名訓練。有時，對一門語言的掌握未必需要精通到可以辦交涉，但足夠交際溝通、展現誠意，對方也會喜出望外，十分受用。

訪問曼谷時有一段插曲，由於出差須依行政院核定的日支費，駐館便訂了國人經營航空公司的酒店，我們下樓用早餐時，聽見鄰桌兩位華人小聲交談，討論的竟是與我共餐者不知是夫人還是祕書？想來是被尾隨了。即便是外長公出也須依日支費核銷，想來真是會計治國。

二〇一七年十月，到立法院國防外交委員會報告業務概況，就各項數字的表現來看，外交部和各駐外館處的同仁努力成效逐一浮現。首先，新南向國家來台旅客大幅成長，二〇一七年一到七月，比二〇一六年同期的人數大幅成長了三十六．七％。其次，雙邊貿易額也持續成長；二〇一七年一到七月，比二〇一六年同期成長近兩成，比台灣和其他地區貿易額成長率十二．二八％高。最後則是教育方面，新南向國家來台學生人數亦有顯著成長，一〇五學年度（二〇一六年）總數為三萬一千五百三十一人，比前一學年度增加兩千七百多人。

近年，越南、印尼生來台就讀的名額大幅上升，許多學生學成後便被台灣公司聘用，原因是計畫送他們回母國管理當地分公司，但多數畢業生對此意願不高，寧願留在台灣生活，可見寶島的吸引力。

至於投資面，國營和公股事業前往新南向目標國家投資布局變得更積極，包括中油等企業，在東協國家累計投資達到三十一案。民營企業赴南向國家更是踴躍，不少也是因應美國的「中國＋1」政策。川普總統第二任期推行的關稅政策對東協國家衝擊甚大，也影響台商在當地的投資及營運，這些變化應屬於「黑天鵝」吧！

第 13 章

國安會、總統府祕書長

國安會祕書長和總統府祕書長這兩個職位，不但領域超越原來自我界定的專業外交官，對個人更是非預期的公務生涯。

兩機關都是政府組織法中的中央一級機關，祕書長也是機關首長，與五院院長同階。兩工作加起來近五年，也因職務緣故，得以近身追隨蔡總統。

國安會祕書長

留下來幫我

二〇一八年二月，池琳生日，請女兒訂了一家人氣餐廳。傍晚七點，她到辦公室會合，準備一起前往，車子才剛駛出外交部，電話響了，得知總統有事要找，便請女兒、內子分別在餐館、部長辦公室等候，即赴官邸。

一見面，蔡總統立即開門見山表示將做人事調整，由總統府祕書長吳釗燮接任外長。我一聽，頓感如釋重負，便向總統表示吳祕書長嫻熟外交事務，可以無縫接軌，而後起身致謝，感謝她給我這一年九個月領導外交部為國家貢獻專長的機會，並準備告辭。

「等一下，」蔡總統連忙叫住我，「你還要留下來幫我。」

一心想儘速前往餐廳和太太會合的我沒想太多，連忙答應，未多詢問。赴餐廳路上，與池琳提及卸任外交部長一事，她也相當高興，因為身為外長夫人，原本任職金融業的她選擇申請停職，陪我出席國內外大小活動，卸任外長後，她就能回到原本的工作崗位了。

三天後，我才知道蔡總統所言的「留下來幫我」，指的是要轉任國安會祕書長。作為國家安全大政方針的諮詢機關，國安會負責的事務不只是我一生關注、歷練的外交領域，更包括國防、兩岸關係、國家重大變故相關事項，是一條既熟悉又陌生的新學習曲線。

新挑戰固然令人忐忑，但老實說，任外長時我每日每刻都繃緊心弦，晚上睡覺時聽見電話鈴聲往往是驚坐起，第一時間想到的，便是：「是不是哪個邦交國局勢又不穩了？」時刻誠惶誠恐，拚盡全力固守既有的邦交國和國際生存空間，這是外長的職責，也是我必須要做到的事。國安會雖仍不脫政府公務崗位，但心上沉重的壓力已然消散許多。

依照組織法，國安會祕書長承總統之命處理會務，是元首決定國防、外交、兩岸關係及國家重大變故大政方針的諮詢機關，附屬機關只有國家安全局。國安會編制約百人，年度預算僅二億元，資源自是有限，相對之下國安局雖是附屬單位，但員額、預算遠遠超過。

國安會依法是諮詢機關，權責沒有清楚明列，個人任期內是恪循法規，除總統明示交代事項，多以主持國安相關部會跨領域相關會議的協調與溝通。遇到有不一致的狀況，必請示總統後才裁示。

在職期間，得以參加總統主持的軍事會議，也陪同訪視部隊、基地及演習。每年固定領隊參加與美方政軍會議，也應邀參觀各種軍事設施、裝備，對美軍高昂士氣留有很深印象。

過去除服兵役兩年外，所有戰略、軍事知識都來自閱讀，兩年三個月國安會工作期間，確實累積了不少第一手觀察、與高階將領的互動，與美國及其他友軍、智庫、學者的討論、交流。時值國防部討論發展不對稱戰略及戰術調整，國安會也請國內外專家、學者提具體建言，蔡總統都認真閱讀，時有批示及指令。此外，任內多次元首出訪，也都陪同。因為長期任職外交部，可說是人、事、地相宜，對個人而言是最熟悉的領域。

本於專業訓練，一向以嚴守分際為原則，與時任國防部長嚴德發、參謀總長李喜明、沈一鳴都有很好的合作關係。國安會其他成員、外交部長、陸委會主委、國安局長及會內特聘諮詢委員、副祕書長等，都以同儕相處，其他經常與會的調查局長、警政署長等也都共事愉快，是個和諧共事的團隊。我想，這也是蔡總統的期待。

二〇一九年初，執政黨內總統初選產生競爭，隨後大選展開序幕，面對眾多紛擾與沸揚的輿論，蔡總統視導三軍及出訪行程從未間斷，公文批示依舊詳盡。身為三軍統帥、國家安全會議主席，她的勤政與領導，非常值得欽佩。偶見疲憊神情，見她都以超強意志及毅力克服。

台美特殊管道對話

任國安會祕書長期間，曾參與台美特殊管道對話。該機制已存在多年，是台美間特殊外交對話的一環，也是雙方高層官員進行詳細討論的難得機會。

第一次台美特殊管道對話是在一九九六年三月十一日，由美國副國家安全顧問伯格（Sandy Berger）和主管政治事務的國務次卿塔諾夫（Peter Tarnoff），以及我方國安會祕書長丁懋時對談，在離華府不遠的維吉尼亞州小城見面，主要聚焦在第一次台海飛彈危機。

為了避免遭到北京當局阻撓，過往對話皆保密進行，直至二〇一六年才被媒體曝光。

任外交部政次時，共參加三次台美特殊管道對話，其中兩次在紐約，一次在波士頓。有次赴非洲訪問，途中為了要參加會談，專程從約翰尼斯堡飛往紐約，談完後再返非洲繼續出訪行程。

當時會談的領隊是丁懋時祕書長，他處事風格嚴謹，事前準備功夫扎實，所有談話不僅事前擬妥，還翻譯成中文呈李總統，會談過程中也會參考手上的資料。美方明顯是由國安會主導，副國安顧問史坦柏格（James Steinberg）是主談者，相對國務院發言機會較少。

到了陳水扁時期，我方參與台美特殊管道對話規模仍小。駐美代表任內的最後一次，原訂由國安會祕書長邱義仁、國防部副部長柯承亨、我參加，因即將轉任駐加拿大代表，原本有意婉謝，惟因名單已由總統定案，且邱祕書長希望我能出席，最終仍與會。

後來，台美雙方參與特殊管道的規模愈來愈大，我方除國安會祕書長、外交部（次）長、國防部副部長、駐美代表，尚包括國防部司長、傳譯。美方過去皆由副國安顧問領銜，但二〇一九年五月，我在華府與川普的國安顧問波頓（John Bolton）會晤，這是雙方國安顧問首度面對面會談。波頓是我們長期友人，早在任職美國企業研究院（AEI）智庫時即熟識，事後他也慨然同意公開發布消息，我方則低調、淡化處理。會面地點位於白宮正對面，布萊爾賓館（Blair House）旁的白色建築，談話內容都是雙邊大議題。

台美特殊管道對話原是談大原則、大方向，或解決當下重大議題的會晤，不像蒙特瑞會談（Monterey Talks）、國防檢討會談（Defense Review Talks）般深入技術性細節，但在美方高層無法實地訪台下，台美特殊管道對話的確已是台美間重要溝通平台。

兩國領袖及政策高層彼此共聚一堂，面對面兩眼互視、坦誠交換意見，是外交上必然應有的交流模式，但以目前國家處境，在中方強力施壓下無法實現，這不只是我方損失，更是化解歧見、意見交流、溝通的最佳方式被抹煞，尤其是兩岸衝突恐將造成人民浩劫、全球經濟斷鏈，代價是無可計量的。

懷念沈總長

國安會祕書長任內有一大遺憾，不能不書。

二〇二〇年一月二日上午七時五十分，沈總長與多名將領、軍士官自空軍松山基地指揮部搭乘黑鷹直升機，前往宜蘭縣東澳山區進行春節慰勉。孰料十七分鐘後，光點自雷達幕上消失，後證實直升機在烏來桶後溪谷撞山，機上十三人，五位獲救，八位罹難，其中之一便是互動頻繁、交情甚篤的工作夥伴——參謀總長沈一鳴將軍。

乍聞此訊，心情悸動，因為不到二十四小時前才和沈總長通過電話。立即陪同蔡總統驅車前往現場指揮中心。沈夫人見到蔡總統，神色鎮定地告訴她，沈總長做了一輩子的飛行員，一直都在第一線，原本規劃隔年屆齡退休，從未想過在此刻會發生最擔心的憾事。

安慰完沈夫人，蔡總統離開時轉頭要國防部長嚴德發和我多留心關照，因為：「沈夫人太鎮定了，這樣不行。」傍晚時，沈總長遺體移至指揮中心，沈夫人見了，放聲大哭，壓抑許久的情緒終於能夠宣洩。

從宜蘭回台北的路上，蔡總統臉上是前所未見的悲戚與嚴肅，她當下決定停止大選競選活動，且直到公祭前，多次抽空前去探望沈夫人。

沈總長的母親是瘖啞人士，因病長期在三軍總醫院休養。蔡總統知道後，便輕車簡從到醫院探望沈母，全程無官員陪同。嚴德發部長告訴我，三軍統帥如此細心、體恤部屬，看在他一個職業軍人眼裡，盡是感動。

選舉過後，蔡總統又親赴東澳雷達站。當天天色晦暗，與大家沉重的心情相呼應。她告訴官兵，此行是替沈總長還願，完成他未竟任務，全場包括自己在內，不少在場者眼眶泛淚、感動不已。

沈總長是各方面能力最均衡的將領，飛行技術好、待人客氣，且領導能力佳，曾遠赴葉門、沙烏地阿拉伯參與「大漠計畫」，也是幻象兩千戰鬥機交機的第一批種子教官、IDF戰機試飛官。他曾告訴我，試飛時曾失速，幾秒內腦中閃過許多段美好的回憶，還好最後穩住返航。

擔任上校時，他曾赴美國空軍戰爭學院攻讀碩士，英語流利，兩度和我一同赴美開會。沈總長深獲美方信賴，英文名字是 Michael 的他，還被取了 Michael Cruise 的稱號，指他的瀟灑英俊一點不輸主演《捍衛戰士》（*Top Gun*）的影星湯姆．克魯斯（Tom Cruise）。

不僅專業素養有目共睹，沈總長酒量極佳，在與美方高層宴席間，酒過三巡依然面不改色，不少美方軍事、情報單位高層與他有相當深厚的情誼。他殉職的消息確定後，一位美方高層寫了封感人肺腑的親筆信，囑託我轉交給沈夫人，足見對沈總長的尊敬與哀悼。

沈總長於公受信賴、重用，於私受家人倚仗、依賴，是關愛子女至極的好父親。猶記有次共赴美出差，最後一天有午宴，他難得向我請假，原來是那天傍晚他要出奇不意地去參加女兒在洛杉磯的畢業典禮，給她一個驚喜，且兒子也會從東岸出發會合。

返國後，沈總長讓我看女兒見到父親意外現身，驚喜中雀躍一跳的照片。至今想起這段往事，腦海中便會浮現沈總長慈父的神情。

國家損失一位傑出將領、國防掌門人，這世上也少了一個慈愛的父親、俊挺的丈夫，怎能令人不嘆息。

總統府祕書長

安全牌

二〇二〇年八月二日星期日，球敘後赴晚餐途中，車上廣播傳來時任總統府祕書長蘇嘉全請辭獲准消息，事屬突然，不料用餐時，第一道菜才入口沒多久就接到總統府電話，通知總統隔天上午十一點約晤，請我報車號。當時才轉任海基會董事長未及兩個月，車號還要查手機才知。

「你回來做祕書長。」

蔡總統又是一次開門見山，並告以當日下午三點召開記者會，顯然總統早在前一晚就已決定，想來這該是張「安全牌」吧。*

依組織法，總統府祕書長也是「承總統之命，綜理總統府事務，並指揮、監督所屬職員」。到職後才知道，該機關員額約四百人，預算僅十億元，遠低於隸屬機關中央研究院，僅高過國史館。

* 有次，私下詢蔡總統何以找我任此職，她的答覆是：「互補。」

任總統府祕書長，除了陪同首長出席各重要典禮，陪同接見外賓及國內訪團仍是重要職責，也是自覺可以有所「獻替」之處。此外，元首出訪祕書長也是成員，也長期掌握各國狀況、人脈、政情，隨時可備詢。

總統府是憲政機關，祕書長是機關首長，但元首春秋鼎盛、耳聰目明，有廣大民意基礎支持，所幸自己常年有廣泛閱讀外文報紙、雜誌習慣，經常準備大趨勢、戰略觀分析或摘要，有時也請國內外專家就特定議題撰寫精要分析，由於內容較一般公文長、論點豐富，通常週五下午上呈，隔週一便能看到她的批示，有時還指示送交部會參閱，也經常給予口頭鼓勵。

國外老友到訪，常提供他們訪陸及在本國的第一手觀察、建議，也都彙整上呈，總統常覺得不同於官僚體系觀點，一新耳目。對個人而言，可以維持頭腦跟上時勢，也給元首不同視野、觀點，博得讚許，也算是多盡些責任吧！外交部借調的李俊徹祕書協助良多。

另項總統府祕書長偶得，是可以多了解地方及民情。依規定，總統褒揚令頒發，除元首外，副總統及祕書長經授權可代勞，依儀節，國防部會派禮兵列隊致哀，場面至為莊嚴、隆重。曾有一個月中兩度前往雲林，目睹高齡化的農村、現品本土栽植的咖啡豆，這些經驗是過去不曾有的。

兩年半任期內，最大不同是參與部分國內事務首長會議。為了藏拙，很少發言，只有在被點名時才略表達意見。任此職可管窺中央政府總預算編列，及行政、立法、執政黨運作的互動關係，經常會後再詢辦公室主任洪浦釗。他是菜市場長大的青年，東吳大學政治系博士生，兩代黨員，經他詮釋才略了解高手過招的意涵，畢竟自己還是國內事務的門外漢，此般功夫深奧，不可能短期內學會。

裴洛西眾議長訪台

蔡總統任內八年，在國家安全方面，最重要且具有深遠影響力的大事，應屬美國眾議長裴洛西（Nancy Pelosi）二〇二二年訪台一事。拜登政府白宮國安顧問蘇利文（Jack Sullivan）在卸任前幾天回顧，任內讓他夜不成眠的危機時刻，裴洛西議長訪台前後台海局勢升溫就是其一。

裴洛西議長

裴洛西議長依據美國憲法繼承順位，僅次於副總統，列為第三位。她在眾議院不僅只是議長，因為政治資歷豐富、斡旋手段高明、個性強勢鮮明，影響力大且具權威性。

她的舊金山選區亦為民主黨鐵票區，長期經營並嘉惠選民，無需常往返華府與選區間，可專注眾院議事並協助同黨眾議員募款、競選，政治根基更為穩固。在政治立場上，她長期批評中共對人權與自由的侵害，也表示「世界正面臨獨裁與民主的抉擇」。

一九八九年天安門事件時，裴洛西議長當時是資淺議員，大力協助受害學生逃離中國。一九九一年，她隨眾議員團訪北京時還親赴天安門廣場，手執白花、橫幅標語悼念六四犧牲者，遭公安驅逐，引發外交風波。她也在任內接見達賴喇嘛，支持香港反送中運動等，因此被中國官媒稱為「港獨同路人」。個人出使華府時，也蒙裴議長在眾議院議長辦公室隆重接見，為求謹慎，並未發新聞稿刊出合照。

裴洛西議長政治作風強勢。二〇二〇年二月四日，時任川普總統在國會發表年度國情咨文演說，裴洛西禮儀性主動伸手，川普卻故意視而不見，演說後，她當全國電視現場轉播撕毀講稿還以顏色，事後並稱咨文內容全是謊話。二〇二二年，她也親往烏克蘭與澤倫斯基（Volodymyr Zelenskyi）總統會面，是烏俄戰爭後首位到訪且層級最高的美國政治人物，膽識可見一斑。

《華爾街日報》在二〇二四年六月六日，報導了一場有關烏克蘭資金的重要會議中，拜登總統說話輕聲細語，就像在養老院一樣，他的舉止和參與程度時好時壞。該報導援引來自兩黨四十五名人士消息，認為拜登總統精神似乎出現不穩定狀態。眾議院議長麥卡錫（Kevin McCarthy）受訪時說：「他已經不是以前的他了。」有如亙古的政治軼事，白宮幕僚仍堅稱拜登思考敏銳，第一夫人吉兒也護衛這個「公開祕密」。到了六月二十七日的美國總統候選人首次辯論，拜登總統在這第一戰中不斷出現修正口誤、答非所問、閃避議題的狀況，引爆民主黨內要求換帥，證明了該報導正確。

七月十九日，《紐約時報》報導拜登總統認為裴洛西是精心策劃逼他退選的「一大煽動者」，兩天後旋即正式宣布退選，在接受媒體訪問時補充說：「有些人希望看到我下台，這就是人性。」

民主黨大選失利後，裴洛西接受《紐約時報》專訪，表示如果拜登早些退出，那麼會有一場開放式初選，意指可能有較強候選人，這次選舉便不致大敗。二〇二五年一月二十日，川普總統發表就職演說時，還當拜登面細數他任內的缺失，上任後仍不時數落，絲毫不留情面。

對照川普、習近平兩位強勢的領導人，拜登總統執著的憲法分權、制衡原則，不願正面面對堅定、剛毅的政治同僚，如果總統本人不願意直球對決，怎麼可能期待國安顧問、參謀首長聯席會議主席能說服眾議長？事後之明顯示，當時拜登總統身體、精神狀況已下滑，不願也無力與強勢的裴洛西議長抗衡。

來與去

裴洛西議長訪台時，正值中國共產黨積極籌備第二十屆全國代表大會，也是八一建軍節、北戴河會議期間，習近平總書記要打破慣例三連任，中方高層自然也面臨內部強大壓力，恐直接衝擊領導人習近平對統一台灣的政治承諾及領導威信，勢必要強勢反擊，展現維護中國領土和主權的決心，於是發動大規模全方位「反獨」協調行動，反對美國「以台制華」，公開明示中國人民解放軍不會坐視不管，以顯示中共中央權力依然穩固，習總書記仍大權在握。

大陸許多網民紛紛疾呼要對台採取軍事行動，激起許多「反美」、「反台獨」的民族主義情緒。不同於過去中共對內部「武統」輿論謹慎管制，此次態度是以民意做大規模軍演的宣傳基調，強調「反獨」、「反美」是「民意不可違」。《人民日報》等官媒也用「竄訪」字眼，並稱美國將付出代價。這些發展當然引發美國政府官員相當戒惕，並備感壓力。

裴洛西議長訪台前的七月二十九日，拜登總統與習近平國家主席長達二小時十七分鐘的通話主要談的是台灣。而如此長時間的電話討論遠超過一般，顯見中方重視的嚴重程度，此節美方當必了解。拜登總統表示基於行政、立法分立原則無法勸阻眾議長外訪行動，只盼中方能認真了解，而議長專機從馬來西亞起飛後，也避開爭議的南海區域，改由菲律賓空域飛抵台北。

為防範失控，美國軍方派出航空母艦和戰機護航，資深的華盛頓郵報專欄作家羅金（Josh Rogin）評論，中國不敢置信美國總統竟無法阻止眾議長訪台，美國國安團隊，包括參謀首長聯席會議主席密利（Mark Milley）上將，已試圖說服她打消訪台的計畫好幾星期。羅金更寫道，如果裴洛西在中國：「可能會被消失。」

據外媒報導，拜登總統並未表達支持裴洛西議長訪台，只稱「不是好主意」，甚至透露美軍方持保留態度。待訪問後數日，應媒體詢問，拜登總統則回應「這是她的決定」，聽起來有些推拒及無奈。對解放軍大動作軍演，拜登則以「不必擔心」的語調稱：「我關切中國的行動，但我不認為他們會有進一步作為。」此評論應解讀為：美中已就此案密切溝通，美軍也已預做因應準備。

裴洛西議長離台後，中國政府即宣布一連四天在台灣周邊海域共六處海空實彈演習，根據日本公布的訊息，有四枚解放軍飛彈飛越台灣上空。此次演習規模堪稱史上最大，在國際間引發廣泛重視、討論與緊張。台灣民眾因習慣長期文攻武嚇，反應相對淡定，嗅覺敏銳、絕頂精明的國際投資界的反應則頗為劇烈，股神巴菲特（Warren Buffett）與旗下投資公司波克夏．海瑟威

（Berkshire Hathaway）在當年第四季出脫手中八十六％台積電持股，在受訪時表示與「地緣政治」有關，類此外資的移出或躊躇例子應不只此一個。

蔡總統卸任前三天接受ＢＢＣ專訪，回顧裴洛西議長訪台後接連的解放軍軍演。她說：「台灣已被孤立太久，需要朋友，需要有人來台灣表達關心。對任何一位總統來說，你都無法對裴洛西議長這樣的來訪說不。」她又表示了解「必當伴隨風險」，也做了很多溝通、斡旋管控風險，降低對兩岸關係的衝擊。這番談話很符合她的風格，預做防範及部署，不願意透露細節。*

當時任總統府祕書長，八月三日裴洛西議長展開行程當日，奉示代表總統赴南投縣信義鄉頒褒揚令給演訓中犧牲士官家屬，總統辦公室雖告以務必趕回參加台北賓館的總統午宴，陸軍司令部行政安排也可配合，但我認為太趕，還是婉謝了。

此前並未能參與所有決策會議及閱讀電報，但猶記國安團隊中至少有三位從專業角度對裴洛西議長來訪持保留意見，而自然，我們無法如元首般全方位思考。就個人理解，因為台灣長期在外交上被孤立，國人普遍都有被國際重視的期盼，但顧及後果及後續影響考量應是最重要的。當然也可以做此方向解釋：解放軍的應對方案早已備妥，只是提前出爐，該發生的還是會來。當

＊當時，在華府的第一線也接到裴洛西議長本人的關切電話，美方行政部門因元首不願親自出馬也束手無策，我方抉擇空間自然限縮。

然，對關心地緣政治且具長期投資眼光的精明投資家來說，感受大不同。

硬的更硬，軟的更軟

習近平總書記在二〇一九年一月二日提出五條原則，簡稱「習五條」，強調七十年來，中國共產黨確立「和平統一」、「一國兩制」的基本方針，內容包括實現和平統一目標，探索「兩制」台灣方案，不承諾放棄使用武力，深化兩岸融合發展，台灣問題是中國內政，事關核心利益，不容外來干涉。這應該是歷經黨內長期研究、討論得到的共識，也是北京未來處理兩岸關係的準則。

過去六年，誠如習近平總書記在二〇二二年十一月十四日告訴拜登總統的：「戰略意圖光明磊落，保持高度連續性和穩定性。」以現行制度化集權，兩岸關係主動權自然由習本人及透過中央辦公室執行。這個巨大變化將決策權集中，也是鄧小平後僅見。更顯示解決台灣問題的決心。

在策略上，中方清楚當前美中戰略競爭是主要絆腳石，所以任用王毅及宋濤兩位具外事及統戰背景者為國務委員及國台辦主任，從國際視野來負責執行。在戰略上，面對「中華民族偉大復興」理想及國內日增民族主義，會更堅守底線及極限思維。戰術上，則用兩手策略，硬的更硬，軟的更軟。

硬的一手，自從二〇二二年裴洛西議長訪台後，加強軍事演習，將「聯合戰備警巡」常態化，每逢重大事件又舉辦「聯合利劍」演習，已徹底將台海中線模糊化，戰機、戰艦迫近二十四海里「鄰接區」逐漸成為「新常態」。

解放軍聯合作戰的模式，也清楚展示戰術意圖與未來作戰模式，主要目的就是對美軍可能作為實施反介入、區域拒止（A2／AD）及模擬實戰探演。因為烏俄戰爭的啟示，中方對人工智慧、無人機、低軌衛星等新科技不對稱戰術，已有相當技術及價格優勢。解放軍海軍在南海攔截美國偵察機、超越美驅逐艦等危險作為，皆顯示冒進主義的升高，而對內整肅火箭軍、高階將領貪腐，都應有助加強戰力。至於灰色領域作戰，也就是混合戰，不論是網路、認知、心理、外交、法律、經濟制裁反制及諜報等作為，都在強化中。最近的「海峽雷霆二〇二五A」演練，更在檢驗部隊區域管控、聯合封控、精準打擊能力。

軟的一手，就是統一戰線。這是中共最拿手，也被毛澤東稱為「法寶」，大家習以為常的做法，且在過去一百零五年的中共建黨歷史中，幾乎是攻無不克、戰無不勝，無論台灣主要政黨、西方政經領袖，都曾有過親身體驗。

舉凡促進兩岸經濟文化交流合作，邀請在野黨領袖及工商團體進行高層訪問，都是假兩岸交流為名，而深化兩岸文化、宗教、學術各領域融合發展，也都是融台的做法。至於惠台，也可見農漁業產品銷陸、出台完善以增進台灣同胞福祉的制度及政策。緊鄰台灣的福建省也設立了兩岸融合發展示範區，允許大陸遊客訪問台灣，更可能嘉惠許多相關產業。俗諺有云：「賠錢生意沒人做，殺頭的生意有人做。」—利字當頭，能倖免者幾稀！

兩岸間的交流、溝通是不可避免的，從歷史、文化、經濟等角度，雙方多了解、認識，以發展同理心，對化解誤會、降低敵意螺旋自有其需要與必然。但**如何區別有統戰目的與純正交流溝**

通，確實不易。在認同不一的台灣，這更是難解議題。如何避免有對價關係及讓利行為，可以有衡平的標準。但人性中的私欲、貪婪與巧妙包裝、欺瞞，也是容易混淆。為政者在判斷與拿捏間需要智慧，民眾也應是如此。

再回海基會

二〇二三年一月底，農曆大年初四，正和池琳在台中度假時，接到電話得知隔日下午五點總統約見，心中料想應是總統府祕書長職務要交棒。

大年初五回到台北，正整裝赴約，又接到總統幕僚電話：「祕書長在家嗎？總統五分鐘後到。」

總統隨即帶著侍衛長從官邸走來。

「內人今年二月將自金融界退休，我們要做更多自己想做的事。」我告訴她。

蔡總統顯然對此已了然於心，對池琳說：「讓妳先生陪我做到明年五二〇吧。」

面對蔡總統的親顧茅廬，我在二〇二三年二月再度轉任海基會董事長，並在二〇二四年六月卸任，結束了漫漫公職生涯，往後睡眠時，手機終可關機，不再需要隨時待命。

蔡總統近身觀察

視野開闊的非典型政治人物

我對蔡總統的知遇充滿感佩之情。

任命我擔任外交部長之初，民進黨內有不少雜音，後來任內又發生聖多美普林西比、巴拿馬斷交，以及二代晶片護照圖片誤植案，可說隨時都做好了離開崗位的準備，但蔡總統始終相當信任，且交往持續至個人離開公職為止。

雖然蔡總統日理萬機，工作很忙，沒有太多時間聊天，但我們之間卻有很穩固的互信基礎，她明白我的行事風格和工作態度，充分授權、相當看重我的意見，自己也設法做足功課，精準拿捏分際，自我要求不得逾越。即便與其他人士意見不同，總統依然是最後裁奪者。

坦白說，在擔任外交部長前和蔡總統並未有太多交集，只在她擔任談判顧問期間陪同拜會過美方國會議員。外長後的職位，很多相關議題她詢問過各方看法，常會徵詢我的見解，綜合比較利弊後，最後再做裁決。因為我並不戀棧權位，往往敢說真話，也會客觀向她分析各種議題美國人、歐洲人會怎麼看，因此成為蔡總統的「第二意見」或「第三意見」，並常受她囑託，盯住各邦交國關係。有一次，她向我表示甚為同情某國受政府壓迫人權的少數族裔，希望能幫上忙。我向她分析，該國領導人出手鐵腕，我駐處也備受壓力，恐怕很難如其他西方國家公開表態援助，最後乃決定從部內援外預算中捐了六十萬美元給國際紅十字會，指定用途給該國難民營。

倘若是人事案，她詢問意見後，我也會提兩到三個人選，並附上簡歷及分析優缺點資料，再交由她定奪，從未越俎代庖。

就個人觀察，蔡總統是非典型民進黨人。她的學習力很強，二〇〇四年才入黨，四年後就意外成為黨主席。從政對她來說一路是陡峭的學習曲線，但從學者出身到政務官，一直到成為能在群眾場合帶動氣氛的政治領袖，她總能很快上手，二〇一〇年競選新北市長，雖敗猶榮，也因此二〇一二年就有能力挑戰總統選舉，雖然遺憾只差最後一哩路未成，但她在政治路上的快速成長有目共睹，四年後，她再嘗試，終於成功當選。

她的國際視野開闊，從國內完整的教育到留學美國、英國，歷經各種貿易談判，加上長期有閱讀習慣，喜歡看國家地理頻道等知識性節目，過去國際旅行經驗也相當豐富，因此與她討論外交、國安議題，溝通十分順暢。印象中，若部屬準備充分、言之有物，就能贏得信任，否則她會提出連串問題，甚至於責備。但對前後任國防部長馮世寬、嚴德發、邱國正及我，從基層做起、歷練動輒超過三十年者，則多了一份禮遇，從未當面責備，也沒有因為執政黨內部意識形態壓力，讓我們覺得窒礙難行。她的寬容及包容力，令我深感佩服。

我認為蔡總統有敏銳的觀察力，或說是第六感、精確直覺。她總能讀出周遭人心中的想法，也因此有能力帶領如此龐大的政府團隊，安然度過執政八年。我認為，能夠如此洞悉人性，和她出身企業家庭，知道協商、妥協的重要性，且又成長於一個兄弟姊妹眾多的大家庭，自幼必須學會察言觀色、善體人意。

有一回，參加國家祈禱早餐會時，有幾位駐台使節出席，但主辦單位卻不諳外交儀節，介紹時未依到任前後次序（外交禮儀慣例）宣讀，也有出席使節未獲唱名。我正想請外交部承辦同仁協助處理時，該位同仁卻目光直視講台，無暇注意我。蔡總統見此，隨即指示總統府侍從武官代為傳喚同仁，這才化解了一場尷尬。

在我看來，她的領導風格嚴謹而不嚴肅，輕鬆但有節，共事期間相當愉快。初期，讓我比較不習慣的是蔡總統雖為國家元首，但其貼身幕僚對她講話卻十分直接。她很快察覺我的拘謹，告訴我民進黨幕僚就是這個風格，表面上看來有些冒犯，但換個角度看，這是他們率真的一面，畢竟共同努力打拚、贏得選戰，彼此有革命情感，成為患難袍澤。這種敢於犯顏直諫其實相當有益，總比表面唯諾，背後陽奉陰違假傳「聖旨」要好。回想，**這群幕僚聰穎、低調、敏銳、忠心且富有執行力，確實做好管制、考核工作，是貫徹執政目標的重要元素。**

自信沉穩

在國安會及總統府近五年任內，幾乎可說每個工作日都能近身觀察蔡總統。要形容在會議、陪見、餐會、出訪或單獨接見時面對的這位國家領導人，想來是「自信沉穩」四字。

在理應興奮、慶祝的場合或令人憤慨的時刻，她都能按捺情緒沉穩帶過，還不忘提醒首長、幕僚要穩住，獨對時刻，偶能聽到幾句重話，但裁示依然穩重不偏，少帶個人情緒。至於在會議中，她能容忍、聆聽冗長的報告，有時也會有天馬行空的議論，她常選擇不當場裁示，或許是需再想想，應該是考量給首長留面子。

每次參加週三國安晨報的前一天晚上，我必定輾轉難眠，原因是白天公務繁忙，無暇細讀幕僚提供的資料，等到晚上有時間細看，卻又發現資料過於瑣碎、缺乏系統及首長高度。雖說如此，這些資料都已經是經過層層審核，最後才到手中。

我心想，實際撰寫的科員、科長不過三、四十歲，要求他們能具有部長和總統視野，確實不太容易。但副司長、司長卻只修改些枝微末節的標點符號、用字，沒辦法針對大方向給予指導及建議，實在需要多加磨練、提升視野，而這也是我在公職任內一直希望能強化同仁相關素養之處。

通常，會在回家後略讀一陣資料後再就寢，隨凌晨四點的鬧鐘起床，沖個澡恢復精神後，重整資料脈絡並加上自己的看法。池琳每次見我伏案工作，總笑說：「又在寫博士論文嗎？」梳理、消化完資料，當天早上我做的口頭報告內容與書面資料未必相符，因此，有時我講到一半會發現總統似乎是找不到對應的資料，來回翻找著文件。雖說這樣的方式會有口頭報告與文件內容不相合的情況，但某些成員拿著幕僚準備的稿子一字一句照念，總統也會有些不耐煩地提醒，後續還有其他行程，希望大家注意時間。

蔡總統在國安領域真正做到不挑釁、不冒進，在壓力下也不屈服。法律的訓練對她分析、邏輯推理、行為規範有幫助；貿易談判對交易、妥協藝術掌握自如；企業家庭背景也讓她喜歡多交朋友、保持彈性、精密計算；政治歷練更助她練就溝通、領導、包容的涵養。

她的審慎風格與一致立場，常被稱為「蔡英文路線」，也名副其實。對文稿的講究就是好例子。重要場合必用讀稿機，而講稿常改到發表前一刻，所幸幕僚可用個人電腦及時修正。重要講話改到第五十版本是常見的，而且必經多位首長、幕僚審閱，廣納不同意見，鼓勵爭辯論點，總統則做最後裁示。

在對外關係上，她願投入寶貴時間與精力會見來訪貴賓，解答各種提問，全力深化與全球民主國家密切合作。固然有時機的因素，這八年間，在全球理念一致國家中，對台灣支持力量來到空前團結與堅實，蔡總統的領導格局、氣度及流利英語都是最重要元素。

另外，她也相當擅長「飲宴外交」。食物看似尋常，但安排適宜即足以擔當要角。就拿疫情前晨會中供應的外購燒餅夾蛋來說吧，就實在令人難以忘懷，相信參加過的人記憶中肯定留有這麼一個閃著光的錨點。

總統官邸經常有宴會，包括重要外國訪賓、國內重要政治、經濟、媒體人物都曾是座上嘉賓。蔡總統喜歡也懂得美食，任內自費聘請開平餐飲學校畢業，在亞都麗緻飯店服務過，來自藥膳世家的廚師，做出的料理營養、清淡、健康。她用的紅酒價格皆千元左右、性價比高，兼顧華洋飲食特色。

在寓所，貴賓不只能享受家宴，更有兩隻蔡總統的愛貓及退休小救難犬樂樂不時穿梭，飯後也能到院子裡散步，與三隻退役的導盲犬玩耍、合照。考量寓所服務人員有限，總統總會婉拒他人協助，親自為客人斟酒，十分親切，相信賓客也都會驚喜於獲元首服務，感到賓至如歸，真正能透過美食及貼心服務達成交換意見、化解分歧、獲致共識的效果。不只如此，平日中午招待國內賓客或政治領袖，也會上家中自製的餐盒，可口的食物有效地緩和了不少氣氛。

風調雨順

蔡政府八年任期，國安政策有相對包容性、穩定且一致。國安團隊成員有文官、職業軍人、外交官、政治幕僚、學者專家等，大致橫跨台灣的政治光譜，背景各不相同。

有時，會看到某些首長在社群平台上令人突兀的推文與國家元首的風格、政策有別，相信有不少人會臆測這是在「唱雙簧」，但我親自聽到的是，蔡總統對此在會議中以她一貫的沉靜語氣說：「管好你的推文。」這句指示的效果通常只有數週，而這種運作模式也不斷重複。類此「自走砲」型的閣員，通常非官僚體系出身，或許是基於自己的政治理念與信仰。這樣的作為在不少領域或可視為引領風潮、開風氣之先，但並非適用所有情況，例如在必須考量各方解讀及其後續影響，講究字斟句酌的國安領域就不然，需誡之慎之。

對蔡總統的兩岸政策，個人詮釋是：「審時度勢，靜待機會」。執政初期，她雖未說「九二共識」，但也提到「尊重這個歷史事實」，然未獲得對岸善意回應，而是接連打壓。這段期間中國內部政治、經濟、社會、軍事與對外作為也有巨大變化，美國與領導理念相近國家的反制作為，相信超過北京領導人的預期。整個八年任期內，兩岸領導人從未相互指名責難，其實是項不容易的成績。

歷史常是連串偶然事件觸發，在決策當下，周遭許多狀況未見明朗，有時連自身情況都未必全盤掌握。歷史家從事後之明來解釋，多有其必然性，但事實上也未必。蔡總統八年任期兩岸關係與前任相當不同，當然也是基本政策方向相異的結果。但**從上帝視角來看，她任內風調雨順，除了新冠疫情，可說是有驚無險，用句中方常用的話，連「百年未有之大變局」都能平安度過，她的勤政、務實、精準判斷及卓越的領導是個中關鍵**。

時時刻刻在意公事，幾乎沒有一刻放下的蔡總統，其辛勤與努力相當令人佩服。記得卸任前四天，最後一次主持國安晨會，本以為會講些感性的畢業感言，但可能是議題太沉重，她沒特別說什麼。

會議結束前，蔡總統轉頭，望向即將接任的副總統賴清德。

「你接著做吧！」她輕聲說道，起身，趕往下一個行程。

政治、經濟、社會、黨派、種族等因素，面臨內部撕裂的同時，台灣也因日益增溫的大中國民族主義、強勢作為的中國共產黨治理變化繃緊神經。更別提川普總統第二任期的對外政策，更是充滿了變數及未知。

雖說如此，變數與未知從來就是歷史尋常的一部分。

第 14 章

迎接川普二・〇新時代

期待中國的

〇〇一年，

自由、更開

）的一員。

念，試圖讓

的確迎來了

明顯又巨大的改變，但卻非美國樂見。

二〇〇八年，中國主辦北京奧運成功，民族自尊心大增，愈發積極運作，對外動作頻仍。二〇一四年，中國政府在南海填海造陸、擴張領土。歐巴馬（Barack Obama）政府並未正視、適時阻止。到了二〇一八年，美國一改過去態度，開始制裁中國貿易，隔年更升級為戰

（Dwight Eisenhower）卸任總統前開始使用的名詞，時至今日，美國龐大的軍事體制與其武器工業在民生（就業機會）、商業、政治等利益上已是牢固的利益結合體，沒有任何美國總統能夠打破，而現任的川統總統更是直接鼓勵、助長外國政府增加採購美國軍品。台灣與美國間的軍售體系（FMS）雖發生過雷神公司（Raytheon Company）舞弊事件，可貴的是美國國防部願意

重思台美議題

中美關係牽涉結構、意識形態、動機、利益不同，衍生許多待雙方領袖解決的問題，遠遠超過台美，而雙方元首會面時間通常有限，從國際到雙邊都有許多猶待尋求解方，或至少可取得諒解的議題，由雙邊經貿、國際外交、商業、科技、軍事、文化交流、氣候變遷、芬太尼毒品、非法移民等，可謂族繁不及備載。台灣在其中，對中方而言是核心議題，但對美國則優先次序不高，且是不願浪費太多時間的項目。

在兩岸及國際關係上，美國在過去九十年來是我國最重要盟友。從中日戰爭、冷戰至今，最主要的支持皆來自美國。一九四九年《白皮書》發布、一九七一年季辛吉密訪北京、一九七八年底與我斷交、《八一七公報》、川普的全球對等關稅等，當然都是重擊，但也都是美國基於當時自我定位的「國家利益」所為。對部分國人來說，美國這些舉動是背棄，可是我們引以為傲的自由民主制度、高科技製造帶來的財富，全世界性價比最高的全民健保以及自由自在的生活方式是大家都自豪的，**而來自對岸的威脅確實是存亡議題，當然不能全然仰賴外力支持，政府正確的領導，國民的努力、團結、自信、堅持才是真正能長久持續的能量，這是一九四九年開始從未改變的法則**。

台灣議題爭論已存在七十多年，絕非容易解決，台、美、中三方若可達成共識自然是理想，但現況來看並無可能。在國際上，面對強勢的美國，避免「攖其鋒」，妥善閃避大刀，懂得投其所好，其中所需的應變策略和技巧，需要真正的「知己知彼」，而隨著時空千變萬化，審慎與中道可能還是較穩妥的做法。我方在政策上始終須審慎，以避免成為談判桌上的籌碼，誠如布林肯國務卿所言，不要成為菜單上的品項。

二〇二五年，因應川普總統第二任期，國際政治、經濟局勢動盪莫測，美國的另一個大轉型拉開序幕，作為一位研究美國的觀察者、台美關係的長期實務工作者，這期間的發展著實予人應接不暇、瞠目結舌之感。

許多人認為川普的領導方向不可預測，交易作風大膽到危險，而有不少悲觀的看法，但無論如何，**從實務角度考量，在他任期四年我們還是必須謀求應對之策，設法深化交往，保障自身國家利益和人民福祉**。

商人川普

川普總統初、高中畢業於紐約軍事學院（New York Military Academy），也是畢業班總隊長。該校是以軍事訓練聞名的寄宿學校，收的大多是難管教的有錢人家孩子，不同於東岸一些培養現代貴族、精英的寄宿中學，校訓是「總是準備好」（Always Ready），學生的行為、紀律及體格皆受相當磨練，總教官是位嚴厲的少校。

學生時期，川普就已領悟出如何「操弄」教官以贏得嘉獎，也學會「攻擊」是最好的防禦，要贏得勝利則必須「持續戰鬥」、「極限施壓」。這些都是他在軍校同儕間獲取尊敬、避免被霸凌的手段。在校期間他也鍛鍊出強健體魄，如今近八旬仍精力旺盛。

出身房地產商家庭，川普長兄個性內向、敏感，無法承擔接棒壓力，最後酗酒以終。川普繼承父志，不甘只是經營皇后區中產階級市場，轉而進軍曼哈頓（Manhattan）蛋黃區，展示雄心壯志，能談「大交易」，亦可應對黑道。他入市於一九八〇年代，可謂黃金時機，因為時值曼哈頓經濟蕭條，有不少市府減稅優惠。川普重視發展私人、相互的情誼，認為有助於完成交易，這也是常聽到他說與某國領袖關係良好的原因。

相信直覺的川普，不信傳統研究機構和官僚體系長時間累積、整理的「智慧」，他懂得如何操弄、應付對手，常故意以「霸凌」姿態恐嚇對方，「出招」不按牌理，擾亂對手思緒，但他深知底線及理性為何。多要的，就是多賺到的，這也是與商人進行交易時的基本思維。他也有表演天分，遺傳自母親，在主持收視率頗高的實境秀《誰是接班人》（*The Apprentice*）中展示無遺，他相當懂得「取悅」觀眾、保持領袖形象，也懂得虛張聲勢、製造新聞，認為這是「免費廣告」，而人們喜歡被雄心壯志的人帶動。第二任期上任以來，川普總統幾乎每天都有直播，而且還當場回應媒體詢問，甚至內閣會議也如此，這是前所未見，與選民直接溝通最有效的方式。

基本上，他的思維是二元式（binary），畢竟生意只有賺錢和賠錢之分。

川普曾坦白表示：從來不稱自己是高尚的人。他的交易風格非常簡單、直接，把目標設定得非常高，不斷向上推進，大多也能獲得超過預期的理想價格，面對對手，他會「施壓、施壓、再施壓」，不惜冒犯對方以獲得自己想要的一切。從會見前加拿大總理小杜魯道，與烏克蘭總統澤倫斯基當全世界觀眾的面前翻臉，都是一貫作風的延續，只是他現在是第一強權的領導人。俗諺有言：「做老大要像老大，不可斤斤計較，有容乃大。」**顯然他的風格、行事風格並未改變，還是一位活在二十一世紀的強盜男爵（robber baron）**。

川普二・〇政策變革

川普總統在第一任期時尚不熟悉國家機器、華府權力運作，任用了不少屬建制派的高階將領、智庫專家、企業高管等，第二任期則大不相同，採取「大破」手段，初始便重用忠誠於個人的親信，開始大變革，簽署無數行政命令與公告（Proclamation），徹底顛覆許多施行有年的政策與做法，從內政、財政（關稅、匯率）、外交、國防、教育、衛生福利、移民等，都以「常識革命」為基礎，展開了大刀闊斧的改革。這種「先聲奪人」的做法確實產生嚇阻，獲得了一定效果，不過，其中有不少屬觸法或在灰色領域，對此，州政府檢察官紛提訴訟，然其過程冗長，且最高法院仍是保守派占多數，這是他一向的風格，勇於挑戰司法。

歷經四年在野，飽受「背叛」、司法「追殺」及主流媒體強烈批判，川普靠著戰鬥意志、堅毅個性與旺盛體力，及逃過遇刺的運氣（天選？），終能團結支持者，再次成功贏得大選，且關鍵搖擺七州全勝，參、眾議院亦由共和黨掌握，可謂「完全執政」，內閣閣員多是忠實信徒與執行者，與首任的「老臣」規勸、建言有所節制，狀況十分不同。

就職演說時，川普已明示將進行「常識革命」。他任用的副總統、國防部長等，雖都來自東岸常春藤精英學府，但也曾在阿富汗、伊拉克歷練過，參與實際戰鬥，較之純學院派，他們的思維作風更接地氣，符合人民需求。川普在《交易的藝術》一書中即寫到，自己對華頓商學院教育並無太多感覺，事實證明，他的確不耐煩於學院式辯證、思考。

第二任期的川普，為全球領袖帶來的衝擊與不確定性確實空前。閱讀精英媒體如《紐約時報》及諸「巨擘」分析家評論，美國真是有如進行「文化大革命」。對此暴風般席捲而來的連串改變，川普總統的個性、觀點及領導風格，受到建制派的學者、專家，包括心理分析師極為嚴厲的批判。

政治心理學家也是人，有一定的價值觀與世界觀，也都存在些個人偏見，很難持真正的「科學」或「客觀」論斷。西北大學心理學教授麥克亞當斯（Dan McAdams）稱川普擁有相當自戀的人格，極不友善、不好相處。哈佛大學政治系教授奈伊（Joseph Nye）批評他「缺乏自制力、紀律與同情心」。中央情報局人格與政治行為分析中心創辦人珀斯特（Jerrold Post）*，晚年則著書稱川普總統有「危險的領袖魅力」（dangerous charisma）。就連川普的姪女，臨床心理學博士瑪麗（Mary Trump），也直言川普是「自戀型人格障礙」、「要求太多，永遠不足」。

川普上任後施行的一些政策很快有明顯可見的成績。例如遣返「非法移民」、反毒品芬太尼政見，墨西哥政府即同意派一萬人的軍隊至邊界防堵非法移民，加拿大、中國認真派專人處理毒品問題，巴拿馬在壓力下也願意退出「一帶一路」，運河經營權也將讓售給貝萊德集團。至於廣受矚目的關稅政策，從經濟學角度來看很難成功，已造成全球政經劇烈震盪。但若以談判策略及籌碼來看，確實有相當的威脅、逼迫效果，當然長期效果如何，只能祈禱。

依建制派觀點，在無政府的世界秩序中美國需扮演世界警察角色，並需與理念相同的國家、聯盟互助，在傳統國際規範下維持世界和平。而威脅和平秩序者，多是民主、法治不健全的國家或武力團體，使用法律及規範效果確實都很有限。對此，川普總統認為，自二戰後美國已承擔海外維和責任太久，財務負擔超支，未來應避免海外用兵以免損國力、人力與財力，各國也應增加國防支出，負起責任。對付這些威脅和平、制度不健全的國家、團體，僅是「武鬥」不划算，組織聯盟「文鬥」又缺乏功效且耗時，運用「街頭智慧」、威嚇、脅迫等不對稱手段，及適時使用

---

* 以分析政治領袖人格心理特質著稱的珀斯特，曾分析埃及總統沙達特（Anwar Sadat）有「諾貝爾和平獎情結」及冀望成為歷史上被懷念的偉大領袖的情懷，此外，他也分析指出以色列總理比金（Menachem Begin）信仰虔誠、注重宗教與細節，為卡特總統充分運用，《大衛營和平協定》能夠簽訂，他的分析貢獻良多。

美國擅長的短、中程精準打擊飛彈摧毀敵手，不勞動用地面部隊，更無美軍傷亡，反而能獲速效。＊

川普的許多決策、作為都與學校、教科書所學的相違背，建制派很難贊同，但只能批評是過於簡化的民粹主義作為及違紀亂法的政策。雖威懾成果讓人民相當有感，**可是良好的政策仍需要建立在可持續、可預測的基礎上**。

川普的有些作為可能是在總統權力範圍內，但打破了慣例，例如：將參謀首長聯席會主席，聯邦調查局長等有任期制的首長提前解職，是否有觸法問題仍待解，但是打破任期保障，衍生缺乏一致性、獨立執行專業等後果；美國開發總署（USAID）遭凍結，雖其中存有貪腐、浪費問題，但是在世界貧窮落後、疾病肆虐國家的人道救援的貢獻仍不可抹煞，也有持續的必要性。美國對外宣傳機構如《美國之音》、自由亞洲電台等經費皆遭凍結，而目前大家聽到的卻是中國民族主義者的歡呼。所幸聯邦地區法官行使獨立司法權，下令阻止這項行動，希望「廉價超值」，展現美國軟實力的民主宣傳工具未來也可持續運作。

馬斯克（Elon Musk）的政府效率部（DOGE）對於消除官僚惰性與積弊當然有一定效果，但究竟對降低國債能有多少影響？還有其後遺症如何？這些川普二．〇之後推行的政策長期成效如何、能否持續，尚難預料，也視川普團隊能否真正革除陳年弊端、繼續贏得多數民眾支持，也就是「大破」之後是否有「大立」？或至少有「小立」。

新創當家

川普第二任期，除了華府環城公路圈內人、華爾街巨擘、能源幫外，更引人注目的是增加了來自加州矽谷幫的影響力。這些高科技、創新創業家已是美國經濟及影響力的新主力，而現行選舉捐獻法規疏漏，使他們得用政治獻金方式影響選舉結果及政策方向。他們未來可望持續扮演更重要的角色。

畢業於耶魯法學院的副總統范斯，未循傳統進入華爾街或華府律師事務所，而是到矽谷加入創投（VC）、從事風險投資，之後才從政，擔任俄亥俄州參議員。馬斯克及他的政府效率部成員亦多有矽谷背景。

矽谷的「車庫精神」反映美國開拓西部敢於冒險、不怕失敗，相信夢想的精神，隨時待命，信任團隊、崇尚實力，勝者為王。不同於華爾街「用錢生錢」的財務操作創造價值，矽谷嚴苛、無情、筋疲力盡的工作文化，讓這些軟體工程師得以建立、營運並創造出巨額商業價值的成品。這些成功的創業家許多思維右傾，且普遍具「自我中心」傾向，相信自己無所不知，對政府零信心，不願受政府管制，對審查網際網路至為反感，他們號稱網路自由意志主義（Cyber

＊ 個人擔任外長期間感受尤深，因此，經常提醒及拔擢能應付難纏對手的同仁。美國政治、經濟、軍事能力第一，能手持巨棒，不用是可惜了。相較之下，我國處境確是不同。

Libertarianism）信徒。

顛覆中國經濟的ＡＩ新創企業深度求索（Deepseek）創辦人梁文鋒也說過：「創新需要盡可能少的干預和管理。」他的突破帶給停滯的中國經濟新生命，雖然有此「大膽」的言論，仍能與馬雲等人受邀參加習近平主持的民營企業座談會。足見**創新科技家在未來已開發國家的政治發言權及影響力，必將隨他們創造的經濟價值與日俱增，成功絕對主義是檢驗真理的唯一標準**。

美國式的管理制度，講求每季、全年財務報告績效，決定執行長的去留及薪酬。華爾街股價是公司發展策略的重要考慮，保持技術領先至關重要，一般公司採併購手法，通常會先大裁員，之後再依所需回聘員工，類此管理制度有如見樹不見林，美國過去優勢的波音飛機公司、英特爾半導體等公司衰落，部分也肇因於此。這種經營方式也逐漸外溢到歐洲與亞洲，所幸這兩洲有不少家族主導的企業隱形冠軍，能夠迅速調適，不被短期利益及市場價格主導。

不過，如前文所提，川普政府的大刀闊斧作為效果如何，只有時間能夠回答。

審慎迎向未來

不少人認為川普不可預測，個人看法雖不盡完全同意，因從他的書中思維及競選時期的言行來看，其實有一貫性，尤其是他的第一任期與蔡總統任期大半重疊，我方與其政府交手互動可稱頻繁，累積不少觀察與了解。他的著作《交易的藝術》也透露不少性格特質與行事作風。

這位領導者不會容忍中國超越美國，對中戰略強硬、抑制不會歇停，但現實上仍需中國合作，因為不管是平衡貿易赤字、毒品、非法移民管制、侵害智慧財產權、烏俄戰爭和平解決等國際或雙邊議題，中國都是重要的角色，而北京政權基於自身利益，特別是為了穩固政權，展現戰略定力，**但中美貿易長期脫鉤，是不可能的選項，彼此都需要對方的市場技術及原物料，終究必談，尋求協議**。

台灣該如何迎接新川普時代呢？首先，**我們需避免自己成為附帶損失（collateral damage），不能成為川習會中方堅持的首要議題**，第一項需要進行的策略是與川普總統、親戚、親信建立直接管道，能上達天聽。蔡總統任內也曾朝此方向運作，也確實讓川普總統閱讀了她的親筆信，並委由負責貿易的閣員考慮，但賴海哲（Robert Lighthizer）貿易談判代表意志強烈，從事後之明思考，我方提出的建議並不符合美方政府當時思維。

第二項需補強的是與商務部、貿易談判總署、財政部的溝通管道。因所涉專業，過去多由經濟部駐美同仁及委託的公關公司進行，可是如此行事層次不夠，意見難達可決策的高層。

解決貿易逆差、增加關稅、投資美國等，都是川普第二任期要優先解決，卻也難解的議題。美方高層皆是總統親信，貫徹意志仍屬必然，而這些人多出身國會、華爾街、矽谷公司高管、律師，嫻熟談判與交易，而我方貿易談判代表則多是官僚學者背景，有相當差異，十分不易應對。

可能最好的辦法，還是要請較具優勢的我國廠商，如台積電、聯發科、台塑、台達電、鴻海等已經布局美國的公司，在業務繁重之餘予政府臂助。另外，國內大型金融機構，包括與華爾街有聯繫的外資大型投資銀行，也可妥為協力，究竟他們思維邏輯是一致的。另**妥善運用美國退休官員組成的公關公司、律師事務所，提供消息與建議也為必要**。

第三是我們的強項，那就是繼續與現有體制維持更深入、實質的交往、溝通。行政部門中，我方在國安會、國務院、國防部等部門深耕已久，建立不少人脈，如何在新政府政策指引綱領下與這些揮之不去的「深層政府」打交道，仍然考驗第一線外交人員。我們的底氣十足，也是數十年來代代傳承的成果。

立法部門可能是我們對美工作最值得國人引以為傲且重要的層面。台灣的民主、多元價值與超過半世紀國會聯絡的優良傳承，建立起恐怕僅次於以色列對美的國會關係，從四十六年前的《台灣關係法》到近年來有法律拘束力的友台法案，莫不是以國人共同努力建立的堅實政治、經濟、文化、科技為基礎得來的。**民主國家領袖能忽略「深層政府」的建議，但不能置國會意見於不顧，此點更是在處理台、中、美關係上我們擁有的相對優勢，就是理念、價值一致，此節非中方所能及**。

面對川普二·〇的四年總統任期，只能因勢利導，掌握避險原則。**我們將持續看到主張美國經濟民族主義與支持全球經濟主義，兩種不同政策間的政治拔河**。

川普曾言，對付流氓的唯一方法是必須將敵人打趴，反擊到底，也曾說過中國領導人知道他有多瘋狂。他像電影《教父三部曲》中的教父克里昂，所有在道上的人都需要尋求他的庇護。由此觀之，川普二·〇可以是契機，台海可以有四年的和平，但也有可能產生危機。當然，身處其中的操盤手也要有智慧。成為贏家，必須懂得趨吉避凶。

我方政府與民間必須面對多場硬仗，諸如關稅、貿易逆差、匯率、赴美投資設廠、農產品檢驗等。如何談判、交易、妥協，牽涉層面廣，影響包括國內產業、農漁民，需思量者眾，也**必然影響下次選舉**，極為不容易，也不可避免，需正面迎戰，相信必已有準備。此外，對文人領軍的政府來說，增加對美軍事採購方面則會是極大考驗，應思考如何以增強實質嚇阻能力，以因應當前威脅為核心目標，**主戰硬體裝備固然重要**，也要考量現代科技如人工智慧、無人機、機器人等及戰場運用。例如美國帕蘭提爾科技公司（Palantir）等**數據整合及分析軟體系統**，已經證明其在協助國防及情報追蹤，預測及優化能力上相當關鍵，對提升國軍大數據軍情決策、捍衛和平有助益。**傳統上，軍方及政府都傾向投資在肉眼可見的武器系統，光鮮、強大的作戰平台（如機、艦、砲、坦克、飛彈等）忽視在現代戰爭中必須，且價格亦昂貴的軟體設備**。

再來是台積電議題方興未艾，這家公司創造的經濟效益占總半導體產業五成，相當於台灣GDP的七·九四%（二〇二二年），其經濟、政治重要性可見一斑，「懷璧其罪」，也成為第二任川普政府脅迫、施加壓力的重點，我們已經看到在亞利桑那州一千六百五十億美元的投資，而川普聲稱還要加碼，使產業鏈上的衛星協力廠商赴美已成不可避免的選擇。**如何避免因「掏**

空」台灣造成經濟、社會、政治的動盪，是政府與民間必須共同協力對應的殘酷現實。

每次的中美峰會，台灣都難免成為議題之一。美方通常不願主動觸及，但中方不可能不提。如何不讓該議題被視為最主要核心議程，占據寶貴會議時間，考驗我方智慧。我方可完全掌握的**是避免中方領袖認為有必要與川普總統攤牌，逼白宮就台灣議題與中方進行大交易談判。**

川普總統是位跳脫傳統框架的領袖，不能以傳統方式來衡量。**若有人擔心「台灣」被交易掉，可能太低估他的「先天稟賦」（川普用詞），太小看自己的實力本錢，其中有人民的努力，也有地緣的屏障，此外更高估了可能買方的底氣，然而也不可小覷大中國民族主義的後座力。**

迎接川普二．〇新時代，個人相信「審慎」仍是最適切的態度，這也是務實主義大師摩根索對政治領袖的忠告：**對不同政治行為的後果予以權衡、考量政治後果，就是「審慎」（張忠謀先生翻譯成：智慮），也是政治中最高的道德。**

結語

世界第一大金融機構摩根大通（JPMorgan Chase）董事長戴蒙（Jamie Dimon）二〇二三年六月的亞洲行，在上海、香港各停留一晚，卻選擇在台北住了三晚，原因是前一年女兒大學畢業禮物是赴亞洲旅行，對此地印象深刻，因此也想一探究竟。

週末清晨，他摒除隨扈，僅由幕僚長陪同，從東方文華酒店步行至信義區象山步道。途中見市民悠閒無慮、生活自然，社會井然有序，口渴了，從袋中摸出五美元到便利商店買水，順便與店員聊天。回到飯店後，戴蒙抱怨行前閱讀的專家顧問報告收費不菲，內容卻強調台灣地緣政治風險，與他親身體驗有別。這個故事凸顯了華府、紐約的國際問題巨擘，到台北通常只見政府、AIT官員、立委、學者，大相逕庭於華爾街巨擘實地走訪、與庶民交流而體會到人民的無感。而何以有如此大的差異呢？實在是大哉問。

當代歷史巨擘、《時代雜誌》百大人物的弗格森（Niall Ferguson）爵士曾於二〇二〇年私人來台觀察總統大選。這位現任職史丹佛大學，著作等身的學者在元月十三日上午來國安會相談一小時，他首先表示是第一次來台，行前應哈佛大學歷史系，前文理學院院長柯偉林推薦，而個人也是此行會晤的唯一官員。弗格森喜歡走進人群，用靈敏的聽、觀、思、問方式了解歷史脈絡，他問了許多有關中共介選的問題，我也請教他如何解讀川普總統的外交政策。答案是：重新再看教父（Godfather）電影，因為這是川普最喜歡，也想仿效的角色。回美後，弗氏撰文表示：若美國失去台灣，整個亞洲會看到美國已經不能再主導印太地區，第一島鏈將出現破口，美元、美債將重挫，有如英國在一九五六年失去蘇伊士運河掌控權，而這也是大英帝國沒落的開始。二〇二五年三月十八日，又在史丹佛大學胡佛研究所播客節目上，看到他憂心川普政府現實主義政策不把盟友放在眼裡，不知是否足以嚇阻中國併台的警語。

台灣是個距離中國大陸不遠的島嶼，面臨的挑戰卻相當艱鉅。我們的經濟實力遠大於小型國家，次於加拿大、澳洲等中等權力國家，但卻受制於外部因素，在國際政治舞台上能發揮的相當有限。

各類民調顯示，我們萌芽於日本統治時期的原生民族主義，隨著台灣民主化幅度呈級數成長。曾任小布希總統國安顧問及國務卿的萊斯，在二〇二四年十月評論世局時，談到五角大廈每每談起中國對台威脅時，總僵化想像諾曼第（Normandy）式的兩棲登陸，然而目前中國實際採取許多不同的方式，包括演習、封鎖、威懾等脅迫手段。**萊斯擔心的是，北京不需要真正占領台灣，而是透過改變台灣政治、施壓，成立親中政府就能達到目的**，如同香港的「一國一制」。不過，她也認識到台灣和香港不同，七成以上人民有「台灣認同」，要像中國政府那樣拘禁黎智英等異議分子，軟禁李柱銘等民主人士後，就能與香港商人集團妥協，達成「一國兩制、港人治港」的政策目標，不太可能。

雖說如此，台灣因為兩岸意識形態、歷史史觀、政治、經濟制度、社會等差距，仍有著難以規避的認同問題，儘管族群造成的隔閡隨著時間遞嬗而有所減緩，但仍難避免因政治、社會、文化等議題產生的分裂。不只如此，近年還**面臨另一個民主國家的共同難題，那就是社會人群間相互信任感降低，不信任感大增。新科技帶來的社交媒體、自媒體普及，造成同溫層效應（echo chamber effect），假訊息與極端觀點氾濫，使社會和政治的兩極化劇增，促進極端主義，台灣自難倖免。**

國與國關係中，純粹的利他作為不能說沒有，但恐怕不多，審慎衡量自身國家利益還是常態。*而今，我們長期的盟友、最重要的安全庇護者美國，因政治、經濟、社會、黨派、宗教、種族等因素，面臨內部撕裂的同時，台灣也因日益增溫的大中國民族主義、強勢作為的中國共產黨治理變化繃緊神經。更別提川普總統第二任期難以置信的關稅政策、對北約組織及烏克蘭態

---

* 美國的「軍工複合體」（Military-Industrial Complex）是絕佳例子，這是五星上將艾森豪（Dwight Eisenhower）卸任總統前開始使用的名詞，時至今日，美國龐大的軍事體制與其武器工業在民生（就業機會）、商業、政治等利益上已是牢固的利益結合體，沒有任何美國總統能夠打破，而現任的川普總統更是直接鼓勵、助長外國政府增加採購美國軍品。台灣與美國間的軍售體系（FMS）雖發生過雷神公司（Raytheon Company）舞弊事件，可貴的是美國國防部願意承認是作業疏失，並編列預算修復未來援台軍品。**比起其他採取「商售」模式採購的國家，此模式已相對透明。**

度，以及幾乎憑一人好惡的決策方式，侵蝕了八十年來美國建立的與世界盟友的連結，更是令世界政治與經濟充滿了巨大變數及未知。

雖說如此，變數與未知都是歷史尋常的一部分。

一九七九年，美國的政治、外交、經濟決策精英正面期待中國的改革開放政策和潛在龐大商機，雖然中國尚屬積弱，卡特政府仍積極推動邦交正常化。二〇〇一年，美國更進一步希望納中國入世界經貿體系，樂觀期待中國市場更自由、開放，能接軌世界法規，中國因而成為世界貿易組織的一員，而全球市場開放造就了中國經濟突飛猛進。到了二〇〇五年，美國又提出「負責任的利害關係者」概念，試圖讓中國肩負更多的國際責任。不久後，中國在國際上的角色的確迎來了明顯又巨大的改變，但卻非美國一廂情願的方向。

二〇〇八年，中國主辦北京奧運成功，民族自尊心大增，同年金融海嘯席捲，中國揚棄鄧小平的韜光養晦政策，強勢作為推出「中華民族偉大復興」、**「中國夢」**、**「二〇二五中國製造」**、**「一帶一路」**等。**美國歐巴馬政府在二〇一一年也提出「軸心轉向亞洲」（pivot）觀念**，但未能積極作為阻止中國政府在南海填海造陸、擴張影響力，到了二〇一八年，川普第一任時一改過去態度，發揮商人精打細算的精神，認為被「占便宜」，開始制裁中國貿易，隔年更升級為戰略競爭。二〇一九年香港《國安法》，撕毀一九八四年「中英聯合聲明」給予五十年不變的法律體系，二〇二〇年初中共掩蓋冠狀病毒的危險性，又宣傳源於美國的陰謀論，Covid-19新冠大流行使美中新冷戰更升溫。現在，**「反中」**、**「抗中」已是美國國內兩黨共識，迄今依然看**

不到迴轉跡象，這是我在二〇〇四至二〇〇七年駐美時全然無法想像的發展。此發展對台灣安全有利嗎？這又是一個大哉問。

在變動與未知之間，人人著急於掌握瞬息異動的方向，焦慮於未來的不確定性，個人以為不免退一步，回到歷史的長遠脈絡探索。

回到歷史的長遠脈絡

個人喜愛閱讀戰史和戰略典籍，有機會便會到古戰場巡禮。之所以對此感興趣絕非喜歡戰爭，而是恰好相反，希望透過目睹史實發生地以了解難以避免的必要之惡——戰爭，期勉能勿重蹈覆轍。

看到舊日戰場上綿延不絕的墓碑，腦中出現的影像是一張張年輕的面孔。他們在痛苦、絕望中失去生命，更沒有任何未來可言，遺留下的是痛苦的雙親、伴侶、兒女和親友，對國家而言，更是葬送了一個青年世代，形成斷裂。不只如此，負傷及倖存者所受的身體與心理創傷（PTSD）更將伴隨終生，深刻影響社會。美國越戰、伊拉克、阿富汗戰爭過後，退伍軍人淪為街友，罹患精神官能症，甚至自戕者比比皆是。英國首相邱吉爾對此深有所感，因為他家中就充滿因戰爭而逝去的家人和朋友的陰影，在一九一八年七月第一次世界大戰將結束時的演講，他說道：「英國很少家中沒有空蕩的椅子和傷痛的心。」

法蘭德斯與凡爾登

個人在歐洲服務期間曾造訪眾多古戰場，時間橫跨十九世紀初的拿破崙戰爭到二十世紀的兩次大戰。其中，位在布魯塞爾以南十八公里的療癒森林（Forêt de Soignes）盡頭的滑鐵盧戰場遺址，距離當時的官舍只有十分鐘車程，每次台北貴賓來訪都會帶去參觀。

一個戰場，往往不只發生過一場戰事，滑鐵盧戰場即是典型的例子。一八一五年六月十八日傍晚，威靈頓公爵（Duke of Wellington）指揮的英荷聯軍和普魯士軍隊在此圍困法軍，最終擊敗拿破崙（Napoléon Bonaparte），改變了歐洲歷史。

遺址山頂有一頭長四．五公尺、高四．四五公尺、重達二十八公噸的鐵質巨獅，面向法國，這是一八二六年人們放置的紀念碑，還以遺留在戰場上的武器堆成一座小丘，具有強烈象徵意義。

從山丘下沿著二百二十六級陡峭石階一路步行到山頂，當年滑鐵盧戰役遺址盡收眼底。每年六月中旬會有兩千多人前來此地，分別穿著英荷聯軍、普魯士軍隊、法軍制服，重新演繹當年戰爭的壯烈場面，提醒世人和平的重要性。

然而，紀念碑矗立不到一百年，戰火再次蹂躪比利時。第一次世界大戰時，協約國、德國均把離比利時、法國邊界不遠的戰略城市伊珀爾（Ypres）視為兵家必爭之地。

被稱為「大戰爭」（The Great War）的一次大戰，強烈衝擊了歐洲與人類文明，而伊珀爾即是知名的「西方戰線」（Western Front）一環。一九一四年一次大戰爆發後，德國入侵比利時、盧森堡，並迅速占領法國大片重要工業地帶。協約國、德國沿著法國邊境挖了一連串壕溝進行陣地戰。除了英軍，隸屬大英帝國的加拿大、澳洲、印度軍隊也參與為期四年的戰役，傷亡達千萬人。如今站在戰場遺址前，當年的血腥、傷亡、破壞彷彿再現眼前。每天下午六時，此地的號兵便會吹奏「熄燈號」（Taps），彰顯「絕不再發生」（Never Again）的精神。個人也曾應邀到現場親睹這項沉重肅穆的儀式。

正是在一九一五年五月二日的伊珀爾戰役中，擔任加拿大軍醫的麥克雷（John McCrae）目睹了他年僅二十二歲的戰友赫默（Alexis Helmer）中尉殞命，大受衝擊，於隔日創作了著名的〈在法蘭德斯戰場〉（In Flanders Fields）一詩，至今仍傳誦：

在法蘭德斯戰場，罌粟花盛開（In Flanders fields the poppies blow）
在十字架間，一排接著一排（Between the crosses, row on row,）
那標示了我們的所在，而在天空中（That mark our place; and in the sky）
勇敢的雲雀仍歌唱、飛翔（The larks, still bravely singing, fly）
然而卻難被聽聞，因為槍砲聲隆隆（Scarce heard amid the guns below.）

我們已逝。然而不過短短幾天前（We are the Dead. Short days ago）
我們活著，感受黎明，望眼夕陽（We lived, felt dawn, saw sunset glow,）
我們愛過，也為人所愛，如今卻已倒在，（Loved and were loved, and now we lie,）
法蘭德斯戰場。（In Flanders fields.）

舉起武器同敵人戰鬥（Take up our quarrel with the foe:）
從我們低垂的手中接過火炬（To you from failing hands we throw）
那火炬熊熊；讓你們高高舉起（The torch; be yours to hold it high.）
倘若你們背棄已逝之人我們的信念（If ye break faith with us who die）
我們將永不瞑目，縱使罌粟花盛開（We shall not sleep, though poppies grow）
在法蘭德斯戰場（In Flanders fields.）

盛開於比利時法蘭德斯平原上的罌粟花，猶如一切的目擊者。這首詩感動了無數後人，罌粟花也因此成為全球「國殤紀念日」象徵，每逢十一月十一日，一戰休戰日前兩週起，歐洲、加、澳、紐人都會在西裝翻領上配戴紅色罌粟花，以紀念當年犧牲的將士們。

當然，戰爭從來不只在一座城市留下痕跡，距離伊珀爾不遠的佐內貝克（Zonnebeke）安息著約一萬兩千名不幸殞命於一次大戰戰場上的英靈，其中有八千四百位士兵沒有姓名，墓碑上只刻著：「大戰中的一名士兵，上帝知道他的一切。」

其中竟有為數不少的墓碑上，刻的是中文名字及他們的籍貫。原來是當時有約二十萬華工參與修建西線戰壕及搬運砲彈，不幸命喪砲擊，此外也有許多人是在一九一八年西班牙流感中喪命。我曾去獻花，緬懷這些無法歸鄉的英靈。

戰爭肆虐後的伊珀爾受創甚深，是首次使用殺傷性毒氣之所在，英軍損失慘重，震撼社會、影響極大。一部分的斷垣殘壁被保留了下來，整建成第一次世界大戰紀念館。英國的中、小學生經常來此校外教學，在老師的帶領下緬懷當年犧牲的先祖，更重要的是了解戰爭的殘酷。

另一個曾親自走訪的一戰戰場，是位在法國的凡爾登戰役（Bataille de Verdun）遺址。從一九一六年二月一路延續到年底的凡爾登戰役，傷亡在人類歷史上是數一數二的慘重，被稱為「凡爾登絞肉機」，也是一次大戰的轉折點。自此戰以後，德意志帝國走向最終戰敗的命運。

一九八四年，時任德國總理柯爾（Helmut Kohl）、法國總統密特朗（François Mitterrand）在凡爾登手牽著手，在覆蓋兩國國旗的棺木前祭悼七十萬名在此喪命的德、法士兵亡魂，並齊聲宣告：「歐洲是我們共同的祖國。」此番和解景象在歐洲政治和歷史層面意義深重。德、法兩個強權、世仇的和解，也為正進行中的歐洲統合鋪陳。

時隔九十年，被砲彈摧毀的山頭、林木青翠重生，地面上彈痕造成的坑洞雖歷經歲月，被土石覆蓋，卻仍依稀可見凹痕。時間之流雖能沖淡俗世紛擾，也能抹平傷痛，但重大的傷害卻仍難平，令觀者不由得心弦震盪。

第一次世界大戰的爆發影響人類世界深遠，美國甘迺迪總統看完塔克曼（Barbara W. Tuchman）寫一戰起源的暢銷書《八月砲火》（*The Guns of August*）後，評論：「君王、將領、外交官機關算盡，卻陷入一場誰也不願發生的戰爭；上位者信誓旦旦，軍事將領枕戈待旦，世界再度一腳踏進災難；沒有不可避免的戰爭，只有不斷犯錯的人類。」他也推薦閣員、將領閱讀，提醒大家「不要重蹈覆轍」。一九六二年蘇俄在古巴部署中程飛彈，威脅美國大陸，險些引發核戰危機，正是甘迺迪兄弟摒除主戰軍方，以謹慎的態度與外交斡旋，化解了一場可能的核子浩劫。

諾曼第與突出部戰役

一戰結束後不過短短二十多年，人類文明又迎來另一場浩劫——第二次世界大戰。走訪二戰的遺址，又是另一番滋味。我曾造訪史上最大規模的登陸戰使世人深記的諾曼第海灘，還有二戰的最後一場主要戰役——突出部之役（Battle of the Bulge）遺址。

踏上奧瑪哈（Omaha）和猶他（Utah）海灘，向海望去，不遠處仍有不少反登陸樁，鏽蝕的金屬在浪花中閃著暗沉、陰冷的光，沿岸有些禮品店，販售紀念品、明信片，岸邊則保留了幾個德軍堡壘，布滿彈痕，海浪似乎是其中最純粹不知過往的，依舊維持相同的頻率拍拂著沙灘。

山崖上的美軍公墓令人震撼，整齊排列的十字架與大衛之星綿延，草坪整齊乾淨，美軍儀隊每日在此升降國旗，莊嚴肅穆。每隔五年的六月六日，美國總統及盟軍元首、總理及逐漸凋零的登陸老兵都會來此參加紀念典禮，表達對逝者最高的敬意。我永遠記得，一九八四年在電視上看到雷根總統在典禮上蕩氣迴腸的演說，盟軍國旗飛揚，戰機凌空而過。

諾曼第登陸成功後，德軍遭受極大壓力。希特勒因此要求納粹德軍在比利時以及盧森堡間的亞爾丹（Ardenne）森林地區策劃大規模突襲，企圖力挽狂瀾，希望能一舉將盟軍推回英吉利海峽，全心應付東線的蘇俄。

十二月十六日清晨，二十五萬德軍精銳部隊洪水般從森林裡衝出，美軍損失慘重。二十五日聖誕節晚上，第三軍團的巴頓將軍（George Patton）第四裝甲師成功到達比利時巴斯通（Bastogne），打開救援被包圍美軍的補給線。歷經一日激戰，更鞏固入城通道，陸續搬運出城內傷兵，使後續部隊得以順利抵達。德軍聞訊後召集大軍反攻，短短數日內發動十七次攻擊卻徒勞無功，此役也是希特勒的最後一搏，納粹政權瓦解的開始。現在亞爾丹地區矗立眾多軍事博物館、軍品陳列館，以比利時南部的巴斯通歷史中心（Bastonge Historical Center）規模最大，位於突出部之役戰區內。

貝里琉戰役

擔任外長時出訪索羅門，曾有機會親睹瓜達康納爾島的現場，飛機降落點，仍是當年美、日軍血戰爭奪的亨德森機場。此外出訪帛琉時，也造訪過貝里琉戰役（Battle of Peleliu）遺址。

一九四四年夏天，盟軍在西南、中太平洋陸續取得勝利，使戰場更迫近日本本土，美軍轟炸機有能力長驅直入，攻擊日本南端島嶼，史稱跳島（island hopping）戰略。

該年九月，美國海軍陸戰隊進攻帛琉群島中的貝里琉島，原本預計在四日內完成，卻因為日軍密集的防禦工事、頑強抵抗，整整交戰了兩個月。人數居於劣勢的日本守軍以裕仁天皇名義抵抗，採取「玉碎」戰略，戰至最後一兵一卒，貝里琉因此有「天皇之島」稱號，而今島上的洞穴中仍能見到昔日日本士兵的骸骨。

堀榮三撰寫的《大本營參謀的情報戰記：無情報國家的悲劇》一書，以日本情報官角度，提到日軍能在貝里琉戰役負嵎頑抗至最後一刻，原因是做了相當完善的前置準備。例如：珊瑚礁岩形成的貝里琉島地質十分堅硬，日軍早早便挖好藏身隧道，並在制高點架上機關槍、砲，只要美軍一靠近就掃射，此戰術十分成功，也使美軍在戰役初期遭遇極大逆風。

強攻頑抗的結果，當然是死傷慘重。若以參戰兵力約兩萬八千多人計算，貝里琉戰役的傷亡率在太平洋戰爭中居首，被美國海軍陸戰隊國家博物館稱之為「海軍陸戰隊在二次大戰中最激烈的戰鬥」。

鎮守硫磺島（Iwo Jima）的日軍指揮官也仿效此戰術，構築複雜且深入的防線，美軍因此再次蒙受重大傷亡，最後杜魯門總統決定使用原子彈結束戰爭。

兵者，國之大事，存亡之道

清末民初的文學家梁啟超認為，傳統歷史都是講帝王將相的故事。一直以來，我們習慣看到的是「拿破崙」、「巴頓將軍」、「英烈千秋」等頌揚英勇、智慧名將的史詩級影片，不過近幾十年來，歷史學家開始用不同視角寫小人物在大時代的故事，如耶魯大學中國史巨擘史景遷（Jonathan Spence）、黃仁宇皆是。

好萊塢也開始注重小人物的歷史。史蒂芬．史匹柏（Steven Spielberg）等製片家推出《搶救雷恩大兵》（*Saving Private Ryan*），二戰戰史影集《諾曼第大空降》（*Band of Brothers*）及《太平洋戰爭》（*The Pacific*），也有以一戰為主題、重拍三次的德國電影《西線無戰事》（*All Quiet on the Western Front*），淋漓展現基層軍官及士兵在戰場上，在子彈、砲火齊飛下面對的殘酷、暴力、疾病、恐懼、憤怒、衝動。**有別於過去「一將功成萬骨枯」的歷史大劇，這些以基層視角出發的影視作品渲染力更強，也更貼近戰爭的真實，更能讓人看清楚史實的本質。**

《西線無戰事》裡有一幕令人印象深刻，相當觸動。那是一九一四年耶誕夜，敵對的英法聯軍、德軍陣營唱起耶誕歌，雖使用不同語言，卻是同一首曲子。因為信仰的是相同宗教，耶穌也是共同救世主，兩軍士兵竟爬出壕溝，在中間無人區交換禮物，此舉雖激怒了雙邊長官，但仍無法阻止耶誕歌曲締造的短暫和平。翌晨，無情的廝殺又再展開，昨日溫馨交換禮物的友人，今日又成了敵人，令人唏噓。

相較西方國家反覆重拍、強調和平的主題，中國大陸風格迥異，近年來重拍的《上甘嶺》、《長津湖》等抗美援朝影片，大力歌頌英勇犧牲，充滿民族主義、愛國情操，並未反省戰爭殘酷暴力的意涵，對比之下，二〇〇七年的《集結號》仍頗有人文底蘊與對戰爭的反思。這情況不免令人猜想：難道這些影視作品，只是在加強人民仇美、頌揚愛國思想以穩固政權嗎？

回到生命的最基本層面來看，如此的宣揚與強調，於人民而言，真的必須嗎？

避免必要之惡

回顧歷史，很多戰役事後看來並非必要發生，而是各方連串的誤判累積而就。每一場戰爭，除了軍隊本身的傷亡，**更可怕的是「附帶損害」（collateral damage），也就是軍事行動時，非出於軍方本意但誤傷、誤殺的無辜平民及其財產**。

東西方戰略學者、軍人沒有不曾研讀、重視《孫子兵法》的。孫武教導的：「上兵伐謀，其次伐交，其次伐兵，其下攻城……故善用兵者，屈人之兵而非戰也。」也就是應避免輕啟戰事，多用謀略、外交、經濟等手段達成目的，面對面的殺伐是最劣等的選擇。然而，西方人對《孫子兵法》的體會、解讀，我們有相當差異。

最近的烏俄戰爭即是顯例。在平坦的草原、城市進行殺戮，雙方軍人、平民傷亡慘重，房屋、建築淪為廢墟，再次當選的川普總統聲稱，倘若當時他在任，根本就不會容許戰爭爆發。回想倘若當時美國總統明確告訴烏克蘭沒有進入北大西洋公約組織（NATO）的機會，也不必妄想，同時也讓俄國總統普丁知道不要輕啟戰端，否則西方勢必援烏並聯合制裁侵略者。烏俄雙方領袖能展現自制，以「審慎」、「中道」將現狀再展延時間，待後世或時間來解決，避免這場無謂的戰爭，並非沒有可能。當然，歷史永遠無法重演，史學家將來必就此爭辯不休。

現今美國**社會普遍仍瀰漫的「勇敢」及「榮譽」性格，也反映在決策者及追隨民眾選擇以武力解決爭端，主張要有捍衛榮譽的勇氣。美國軍人多有捍衛國家、願意犧牲的雄心壯志，而妥協與避戰常被視為軟弱膽怯的象徵**。這種精神應與拓荒西部的牛仔經驗，及憲法修正案中允許人民擁有槍枝自衛權有關，至今仍具勇悍特性。自二戰後，美國連年征戰、國債高漲，其「世界警長」的角色固然是原因，**但「尚武」文化還是重要因素**。

反觀今日的歐洲，日本、澳洲、加拿大、台灣的軍隊，個人並未感覺到能匹敵美軍的尚武精神與堅強意志。長期承平的好日子已經馴化了曾歷經二戰、國共內戰及冷戰時期戰火的戰鬥意志。

科技日新月異，我們也需留心人工智慧時代戰爭變得更加危險的事實。和傳統戰爭不同，人工智慧戰爭一旦啟動，對人類恐有毀滅性傷害。譬如由人工智慧控制武器系統精準獵殺的新趨勢，任何平台，如航空母艦、空、海基地都有可能被成群無人機摧毀，連較弱勢的烏克蘭都可將此戰術用於轟炸莫斯科，徹底顛覆傳統戰爭，可見其影響力有多麼深遠難測。機器人、太空武器等的運用，在下一次戰爭必然以更先進形態出現。

外交官的職責是化解衝突，以談判或合縱、連橫方式來避免非必要之惡。我始終堅信以有耐心、鍥而不捨的外交手段解決各種爭端的必要性，但於此同時，我們還是需要建立足夠的軍事嚇阻能力，才有可恃實力確保和平。

如今，在兩岸關係上我們面臨的是既強勢又有使命感的對手，在文革時飽受十四年各種辛苦煎熬與試煉，也令其個性格外堅毅、敢於鬥爭、善於鬥爭，紅色血脈的使命感不同於一般出身技術的官僚。對我們而言，如何建立「戰略性嚇阻」（strategic deterrence）、社會基礎建設、民心士氣韌性，延緩中共武力犯台的意願和進程，實在是重中之重，而且無法逃避。

再思中美

目前中國面臨重重挑戰，如美國的對等關稅、房地產債務危機、地方財政困難、失業率攀升、青年躺平、外資大舉撤離、消費者信心萎縮等現象，迫切面臨經濟轉型的關鍵時期。而內部肅貪整風、雷厲風行，連軍委會副主席也難倖免，造成中共內部強大衝擊乃是必然，想必這也是在政權穩定前提下的決定。而日益高漲的民族主義產生的後座力，是否會造成反撲，也必然是北京領導人必須慮及的。

二〇一三年，兩位研究制度經濟學的教授出版《國家為什麼會失敗》（*Why Nations Fail*）一書，並在二〇二四年獲得諾貝爾經濟獎肯定。他們分析導致國家成功或失敗的因素，**主張包容性制度允許人民廣泛參與、提供人才並創造動力，為民營企業提供法律及智慧財產權保障，說明民主多元化對經濟發展的重要**。對於中國改革開放政策後的經濟繁榮，作者將之歸因於日益包容的經濟政策，並警告若中國不改革政治，仍維持中國共產黨全面統治、掌控一切發展的模式，有可能會崩潰，就如一九九〇年代前蘇聯的解體。二〇一六年勝選後，友人施俊吉教授即大力推薦此書，蔡總統當選人也認真讀完。施俊吉形容：「蔡英文讀書的過程，就像是和作者直接互動。」

《國家為何會失敗》的作者之一羅賓遜（James Robinson）二〇一八年訪台時，指出台灣民主確實很成功，但中國有很多破壞手段，例如以中國的財富，足以在台灣內部製造一批特權精英，打破既有廣納型政經制度，「**如果台灣人想維護現有的民主、自由，必須建立明確意識，不能被輕易分化**。」他特別引述美國開國先賢富蘭克林（Benjamin Franklin）的話：「我們必須團結，否則勢必分別被吊死。」（We must, indeed, all hang together or, most assuredly, we shall all hang separately.）用以提醒台灣，我們面對中國威脅時毫無分裂本錢，必須在不同理念和力量間找到共識與妥協。

史丹佛大學中國經濟與制度研究中心資深研究員許成鋼與諾獎得主羅賓遜兩位學者有一個共同觀點：一旦中國與民主陣營全面脫鉤，中國科技發展會受到嚴重衝擊，屆時將只剩十年發展時間。許成鋼表示，中國目前的現象背後是基本制度問題，國有土地、國有銀行皆由共產黨全面控制，沒有法治，也不保護私有財產，必然產生此現象。他又指出，中國的科學與技術能快速發展，是因為與民主陣營國家的合作與交流，取得大量技術與人才。

中美關係惡化是結構性的必然。自改革開放後，中國迅速發展，成為世界工廠，對外貿易順差增長，美商指控中國政府強迫技術移轉、共享，又指控遭中國駭客侵犯智慧財產權，造成美國極大不安，與前蘇聯不同，中國是全方位挑戰，所以才會有「守成大國」和「崛起大國」矛盾，兩者必將一戰的論點。另外，美國的信心不足與巨額國債、製造能力下降也是原因，這種恐懼造就了打壓中國的想法。美國中產階級持續萎縮亦催化雙方關係往不樂見的方向走，加以中國中產階級崛起，這些趨勢短期恐難改變。畢竟一個由國家主導的發展模式，對應市場主導的經濟模式怎麼會沒有矛盾、不衝突？

當川普第二任期，一個更具自信、非贏不可的領袖主導美國對外政策，他的強勢作為與高升的中國民族主義，究竟會造成何種衝擊，關乎台灣人民與世界經濟的前景。現在**兩頭大象相爭，我們夾在中間更要注意如何避險，不要成為附帶傷害，需要非常的智慧與技巧，如何避免內耗，團結以因應全球巨變，是最基本要務**。

國際社會處於無政府狀態時，永遠需要平衡者（balancer），大英帝國曾扮演此角色，二戰後則是美國主導世界和平（Pax Americana）替補了此地位。如今，川普總統的「讓美國再次偉大」（MAGA），要求各國增加國防支出，不應有搭便車想法，美國也將避免海外用兵，不願被「占便宜」，要以增加關稅平衡貿易赤字、增加談判籌碼，積極投資美國，吸引製造業回流，降低失業率，富裕國家人民。這些「撥亂反正」的想法固有選票支撐，但要實踐到位別說他第二任期做不到，就算在任更長時間也難完全實現，因為所涉政治、經濟、社會、文化、歷史及官僚體系惰性等因素過於複雜，皆非短時間能畢其功。川普真的要放棄世界和平主導權嗎？他不想，可是目前的作為卻使盟友信心逐漸流失！上任甫百日，德、加、澳、新四國的大選結果，再再顯示對川普政策的憂慮。

麻省理工學院經濟史教授金德伯格（Charles Kindleberger）曾提出，全球需要一個善意霸權來維持無政府秩序的世界穩定，確保國際經濟體系及規則順利運行。自二戰始，美國即扮演此角色。而川普總統的「美國優先」使美國自領導地位退卻，導致全球陷入領導真空。中國的「平視外交」固然激起國內民族主義支持，但哈佛大學奈伊（Joseph Nye）教授仍認為中國軟實力低落，經濟成長降速，軍事實力未超越美國，即使美國退，中國也未必能跟進。為世界和平及穩定，此現實川普政府也須正視。

世界局勢變化之快，川普第二任期更增添了易變與不穩定。**美國的新政策不再是雙贏，而是獨贏（win-lose），是以鄰為壑（Beggar thy neighbor）**。

二〇二五年四月二日，歷史上又添了一筆紀錄，川普總統公布關稅政策對各國增稅，並稱之為「解放日」（Liberation Day），世界各國股市遭逢自新冠疫情後最大崩盤，建制派學者、媒體均認為是經濟大衰退的開始。我國最自豪的高科技產業鏈紛紛應「客戶需要」東移，響應「美國製造」號召。課徵關稅是川普的一貫主張，能夠成為政策風潮，反轉「全球化」、「自由化」自然有內部、政治、經濟、社會的支撐，而美國股、匯、債市的劇烈反應，恐遠遠超過川普的預期。

賴海哲是川普第一任期的貿易談判代表，強悍、堅持是他的特徵，他出生在俄州鐵鏽帶小城，這個曾經因鋼鐵、汽車昌盛的小鎮，過去幾乎人人都過著典型中產階級的日子，而如今有三十五%的居民陷入貧困，且工資停滯、壽命減短、毒品氾濫、社區崩解。賴氏認為美國長年信奉自由貿易、堅持公平競爭，結果是其他國家補貼產業、摧毀匯率，使美國製造業外移，財富也轉移至海外，美國失去了製造業，拖累了創新力與經濟成長的動能。

賴氏認為有三大錯誤政策使美國陷入困境，第一是簽訂《北美自由貿易協定》（NAFTA），第二是加入世貿組織，第三則是給予中國最惠國待遇（MFN）。這三項政策將產業拱手讓出，全球化成了多國企業與精英的勝利，卻造成藍領工人的夢魘，川普能夠在搖擺州獲勝，其社會基礎即基於此。而川普對策就是用關稅重建經濟秩序，再塑全球貿易規則。當然，短期物價會上揚，但製造業回流，實質薪資提高，聰明的商人知道如何從中想方法賺錢，重新點燃小鎮的榮光。**這就是川普追隨者的信念，即：重建取代WTO的新貿易體系。**

川普關稅政策中負責吸引外資回美國的主要操盤手是商務部長魯特尼克（Howard Lutnick），他與川普交情始自一九八〇年代，兩人皆喜追求財富與權力，所以長期互助。魯氏領導風格強硬，不擇手段且爭議不斷，批評者認為他利用公司資源自我圖利，損害了投資者利益，又透過各種手段壓榨員工及投資者的資金，被稱為「華爾街最遭恨之人」，他的前同事曾表示：「人們非常怕他。我親眼目睹這一切——看到了霸凌，還有他咄咄逼人的行為。」魯特尼克公開表示川普的戰略是提高國內工業產能，包括把半導體製造業從台灣奪回來。令人驚悚的情境是，我們的高科技業掌門人多是工程師背景，特質是腳踏實地、坦誠、具責任感、勤勞、嚴謹，而對應者則是華爾街巨鱷，格言是：「急功近利，貪婪就是好。」其結果不言自明。

被課徵十％關稅的新加坡，在這波衝擊中被分類為美國關稅政策當中關注層級最低的國家，然而總理黃循財向國人報告卻相當值得借鏡：「短期內，這對我們的直接影響可能還不大，但若其他國家也仿效美國，拋棄WTO，轉向只根據自身利益與個別國家進行貿易，後果會非常嚴重，對所有國家來說都會是災難，尤其是像新加坡這樣的小國，影響更是甚鉅。」他又說：「國際貿易與投資將受打擊，全球經濟放緩。新加坡受到的衝擊會比他國大，因為我們相當依賴對外貿易。」

新國政府撰稿人的歷史觀令人佩服，演說中提醒上次類似的情況發生在一九三〇年代，當時的貿易戰最後演變成第二次世界大戰，「沒有人能預測幾個月或幾年的情勢會如何發展，但我們必須清醒地面對，而這世界的風險正不斷累積。」黃總理又警告國人，世界的共同規範正在崩解，各國依自身的利益行事，甚至使用武力達成目的，「這就是當今世界的嚴酷現實」。讀到此，不得不佩服新國「精英政府」的洞見。新國選民也在二〇二五年五月選舉中，明確給予黃總理及第四代領導團隊更高的得票率，顯示人民還是希望執政團隊能強而有力的引導國家應對貿易戰及美中關係緊張。也想到「對等關稅」對我國的挑戰，比起新加坡更為廣大深遠。

與之對照的是第一強權美國僅具粗糙理念、缺乏縝密規劃及有效配套措施，沒有盟友支持，逕自發動「對等關稅」政策，造成世界政治、經濟、社會躁動，不得不令人扼腕。我們還能繼續期待美國主導的世界秩序嗎？

自由並非沒有代價

重要決策都須符合現實需要，思考架構須有邏輯，民主國家更需要考量國內政、經、社會等因素。專業人士的參與仍有必要，而專業知識的養成過程相當艱難，需要時間與歷練。以國防政策為例：三軍的傳統與文化各不同，即使同兵種，也有不同官科、專業的分工，將級軍官號稱通才，但時代、科技、歷史、文化、制度的演進迅速。高階將領在人事、情報、作戰、後勤、計畫、資通訊等專業上須與時俱進也是艱難挑戰，尤其在「官大學問大」的文化下，必須正確領導與決策，確保政策方向具遠見、可行且能具體落實，十分不易。

個人雖不在做最後決策的位置上，但深知抉擇的艱難，也體會培養做決定能力的不易。各行各業都有許多「眉角」、「潛規則」，有時可用「優良傳統」、「祖先體制」等文飾，其中奧妙多是只可言傳，未必能載於書冊。過去個人經常請教「先進」，但所得常不免「片面」、「武斷」、「官僚」、「個人」，甚至可能有「誤導」、「欺瞞」，當然未必是故意，有時受本職學能所囿。置身其中，如何分辨，且能以足夠高遠的眼光綜觀一切，做全面、系統性、長期地思考，確實不易。

應採取何種作為應對當前形勢，常是政治領導人與將領須共同面對的決定。「認知」、「文化」、「經驗」、「傳統」的差異，甚至政治考量，往往影響最後的決策及結果。以美軍為例，二戰後所有主要戰爭的特質，就是「消耗戰」，此亦為民主國家難以忍受者。細數近半世紀的關鍵戰爭，除了第一次波灣戰爭是現代版的大部隊傳統戰役，實際作戰只有四天，是個例外。其他則多延長戰線成為曠日費時的消耗戰。越戰是美軍正規軍對抗北越，越共的游擊戰；阿富汗、伊拉克戰爭，則是反恐戰爭，多是小部隊以特種作戰型式的不對稱戰爭。俄烏戰爭曠日持久，由於武器精準、殺傷力極大，烏俄兩國士兵犧牲慘重，已成美、歐政治、經濟、人道包袱。以色列、哈瑪斯戰爭，也漸漸如俄烏戰爭，美國漸漸失去掌控權。雖然川普總統的強勢作風使兩場戰爭或可暫時停歇，不得不嘆服這位「新警長」的威力，但是這些歷史、文化、戰略的長期矛盾、衝突，恐怕很難有迅速解方，終究還是會繼續產生爭執。

解放軍自一九七九年難稱勝利的懲越戰爭迄今，沒有任何實戰經驗，各式新裝備、武器確實驚人，但是實戰能力究竟如何，恐怕連軍委會主席也沒把握，僅能以抓軍中貪腐大老虎方式增強戰力。然而，**未來戰爭不可能還像第一、第二次世界大戰那般以持久戰形式進行，產生的大規模破壞完全無益於「中華民族偉大復興」**，不可不慎思。同時，我們也應避免「攖其鋒」，落其口實，淪為解決內部矛盾的工具。

歷史已告訴我們太多戰爭的殘酷與不值。二戰時，當納粹德國開展比利時、荷蘭攻擊後第三天，英國首相邱吉爾在國會壯烈、勇敢、堅定且莊嚴地宣示：

> 除了鮮血、苦幹、眼淚、汗水，我無可奉獻……
>
> 從海上、陸上、空中作戰，窮盡上帝賦予我們的潛能與力量，發動戰爭，對抗那黑暗、可悲、繁多的人類罪行中，有如猛獸的暴政，那就是我們的政策。

我們永遠不希望看到兩岸兵戎相見，唯有抱此堅定信念，才能避免戰爭，免除浩劫，獲得一個世代的和平。目前台灣政治、社會相當分裂，許多先進民主國家，如美國、德國等，也都有極端思想崛起的現象，**可是我們面對的是生死存亡之爭，非常不同**，總是有鄰近勢力想要用「不戰而屈人之兵」的間接統戰手段，達成兵不血刃的目的。

整個世界政治、經濟、科技形勢變幻莫測，需要相當智慧、心胸、策略、技巧來面對內外交迫的挑戰。如何試圖團結全民，朝向共識維護自由民主制度是當務之急。

誠如退役海軍上將陳永康所言，台灣要重視國家安全戰略，不論國內或國外情勢，兩岸關係、社會韌性、外交國防，經濟及海洋的運用。除了加強基本戰力外，人民的耐受度及平時的儲備，從烏克蘭經驗，由電網到基礎建設被摧毀，我們若失去海上交通線，能源供應中斷，社會的承受力為何？這些風險控管和避險措施，相信政府已在強化中，而**更重要的是人民的心理建設，**

這需要人民願與政府共同努力建構。畢竟，「歲月靜好」的時機不再，勇敢面對殘酷的現實，是兩千三百萬人民的共同課題。正如雷根總統時期大力倡導的「以實力獲致和平」（peace through strength），要做好萬全的準備，不光在軍事上，更要人民心理、經濟、社會韌性、醫療防護等，真正做到「以拒止作為嚇阻」（Deterrence by Denial）。退役海軍上將李喜明也寫到：「台灣必須要讓中共相信，我們有『正確的戰略』、『防衛的能力』、『堅定的意志』以及『韌性的社會』，中共才不敢輕舉妄動，也才能避免戰爭。」

摩根索在討論國家權力時，**重視國民性格和國民士氣兩項**，是「一種看不見的無形精神，瀰漫浸潤著整個民族」。德國統一功臣俾斯麥（Otto von Bismarck）首相回憶錄中寫到，俄國人的那種「根本力量和精神」，願意把國家資源轉變為戰爭工具，而國民士氣更是項難以捉摸、不穩定的因素。烏俄戰爭三年後，傷亡已近百萬，流離失所國民超過六百萬，總統澤倫斯基的全國支持度仍高逾五成，僅低於戰爭初始時約兩成，烏克蘭斯拉夫民族的堅毅士氣，令人震驚！

根據我國官方統計，對日戰爭期間國軍總傷亡人數超過三百二十多萬人，中共則稱有三千五百多萬軍民傷亡，重大犧牲傷亡已是不可抹滅的事實。當時物資無比匱乏，仍苦撐逾八年，這應與外來者侵略的重大危機、攸關民族存亡有關，但**也促成了四年後中共建政**。回看歷史，納粹德國的國民士氣，到希特勒（Adolf Hitler）自戕的最後一刻仍未崩潰。而一八九六年清廷割讓後連續反抗日軍之後，台灣國民性格與士氣在對外來者入侵的承受韌性如何，值得深究。

依照台灣政治大學選舉研究中心近三十年來重要政治趨勢的紀錄，台灣人認同趨勢從一九九四年的二十・二％，到二〇二二年上升至六十一・七％，支持維持現狀人數亦從七十一・九％上升至八十八・八％。學者王宏恩認為，愈來愈多台灣人選擇主動維護現狀，或者是「主動拒絕再討論統一或獨立的議題」。二〇一九年香港反送中運動、二〇二〇年中國嚴厲的疫情清零政策、近來中共頻繁軍演、烏俄戰爭等發展，都是重要促成因素。中研院研究員吳介民也認為，蔡英文總統的「四個堅持」最能代表「維持現狀」的主流解讀。政論家陳信聰則指出，身為務實的海洋民族，主流民意已清楚彰顯不會追求獨立也不會進一步挑釁中國，只想維持現狀就好。他同時指出，要維持現狀，台灣也要付出極大努力。王宏恩教授並提醒，中美和台海關係未來會有大變數，要維持現狀，軍力和訓練必須加強，軍購及軍事合作須更加努力。

川普第二任期政策給全世界帶來極大不確定性，對所有國家決策者都是巨大挑戰，而美、中間結構性的對峙，讓夾在兩大中間的我國更需小心翼翼，須慎思因應作為，政府政策更要顧及人民生活安定及鞏固經濟基本面。這些都是國家領導人責無旁貸、必須的承擔。**我們需要執政團隊的勇氣與智慧，懂得趨吉避凶，「避險」策略，同時要屏棄過度理想化、短期內不易獲現實世界共識的國際法中某些思維，以務實精神面對當下的存亡挑戰。我們雖不喜歡，但無可否認地，「現實政治」（realpolitik）還是硬道理，而人民也要想清楚，是否還期待享受自由、民主的生活方式，相信要得出答案，應不困難。畢竟，享受自由不可能沒有代價（Freedom is not free）。**

致謝

這本省思錄能夠完成，首要感謝撫育、栽培我的父母親，求學中引導、開釋的師長，在職涯中給予提攜及機會的「貴人」長官，襄助的同仁朋友，讓個人能夠度過層層重要的考驗，有豐富的經歷。此外，更衷心感謝結縭四十三年的妻子池琳一貫的諒解、耐心與支持，即便已退休，仍將最多時間用於俯首書案。

感謝兩位前長官、蔡前總統、錢前院長親筆作序，溢美之詞令我愧不敢當，誠摯之情，衷心銘感。

要感謝的功臣甚多。三代交情的全球第一大金融機構摩根大通亞太區副主席兼台灣區總裁錢國維，祖父思亮先生是大學時代的校長，父親君復先生是老師，也是個人外交生涯的啟蒙師、長官及貴人。國維君引介不少企業界朋友，協助推動重要工作，更協助拓展個人視野及思維。大大數位基金會戴永輝董事長，在離任公職後伸出友誼之手，使我能為社會公益、慈善事業有所獻替，同時能專心寫作。

撰寫初稿時，國際事務的長期觀察家郭崇倫全程參與討論，提供獨到見解；特約編輯陳育晟耐心整理原稿、打字輸入，協助核對、增添有用資料；責任主編黃淑真，發揮文字專業，增進全書可讀性，都是我非常感謝的。另蒙好友梅復興、張宗智認真審閱、提供寶貴建議，十分有價值，著實是諍友。尹麗喬博士就內容及書名英譯提供協助，昔日同事林碩彥也悉心校對。大大數位基金會林宛君祕書，海峽交流基金會高蓓蓓高專也提供寶貴的行政支援。

好友江韋侖對美術編輯及封面文字的獨特思維令人欽佩，也使本書能以更美好的面貌呈現。

交情逾四十年的好友，聯合報系執行董事項國寧，聯經出版公司發行人林載爵、總經理陳芝宇，不只鼎力支持、協助，也提供建議，不可或缺。

People
和光同塵：一位外交官的省思

2025年6月初版　　定價：新臺幣880元
2025年8月初版第三刷

著　　者	李大維
企劃協力	郭崇倫
叢書主編	黃淑真
特約編輯	陳育晟
副總編輯	蕭遠芬
校　　對	馬文穎
內文排版	張靜怡
封面設計	兒日

出版者	聯經出版事業股份有限公司
地址	新北市汐止區大同路一段369號1樓
叢書編輯電話	(02)86925588轉5322
台北聯經書房	台北市新生南路三段94號
電話	(02)23620308
郵政劃撥帳戶第0100559-3號	
郵撥電話	(02)23620308
印刷者	文聯彩色製版有限公司
總經銷	聯合發行股份有限公司
發行所	新北市新店區寶橋路235巷6弄6號2樓
電話	(02)29178022

編務總監	陳逸華
副總經理	王聰威
總經理	陳芝宇
社長	羅國俊
發行人	林載爵

行政院新聞局出版事業登記證局版臺業字第0130號

本書如有缺頁，破損，倒裝請寄回台北聯經書房更換。　ISBN 978-957-08-7705-2 (軟精裝)
聯經網址：www.linkingbooks.com.tw
電子信箱：linking@udngroup.com

國家圖書館出版品預行編目資料

和光同塵：一位外交官的省思/李大維著．初版．新北市．
聯經．2025年6月．448面＋52面彩色．17×23公分（People）
ISBN　978-957-08-7705-2（軟精裝）
[2025年8月初版第三刷]

1.CST：李大維　2.CST：外交人員　3.CST：回憶錄

783.3886　　114006519